黑马王子操盘手记

HEIMAWANGZI

CAOPANSHOUJI

九

黑马王子◎著

清华大学出版社

北京

图书在版编目(CIP)数据

黑马王子操盘手记. 九/黑马王子著. 一北京:清华大学出版社,2017
ISBN 978-7-302-48415-8

Ⅰ. ①黑…　Ⅱ. ①黑…　Ⅲ. ①股票交易-基本知识　Ⅳ. ①F830. 91

中国版本图书馆 CIP 数据核字(2017)第 221967 号

责任编辑:刘　洋
封面设计:李召霞
责任校对:宋玉莲
责任印制:王静怡

出版发行:清华大学出版社
　　　　　网　　址:http://www.tup.com.cn,http://www.qbook.com
　　　　　地　　址:北京清华大学学研大厦 A 座　　邮　　编:100084
　　　　　社 总 机:010-62770175　　　　　　　　邮　　购:010-62786544
　　　　　投稿与读者服务:010－62776969,c-service@tup.tsinghua.edu.cn
　　　　　质量反馈:010-62772015,zhiliang@tup.tsinghua.edu.cn
印 装 者:三河市铭诚印务有限公司
经　　销:全国新华书店
开　　本:185mm×260mm　　　　印　　张:19.25　　　字　　数:415 千字
版　　次:2017 年 11 月第 1 版　　　　　　　　　　印　　次:2017 年 11 月第1 次印刷
印　　数:1～8000
定　　价:99.00 元

产品编号:077005-01

奇人·奇事·奇书·奇效

——编辑眼中的"黑马王子"及其"操盘手记"

我们关注"黑马王子"已经多年了,发现他是我国证券市场乃至全球证券市场的一个"传奇"。

一是"奇人"。黑马王子从2007年1月1日开始在股海明灯论坛(www.178448.com)发表"盘前预报""牛股预报"和"盘后收评",连续10年从未间断,单是这种十年如一日的精神就令人称奇,况且其预报的准确性高于70%,他于2014年6月27日至10月31日发布的盘前预报值竟连续85个交易日精准兑现大盘走势! 如此"奇人",如此"奇迹",世间的确少有。

二是"奇事"。奇怪的是,上述奇迹竟出自他的"不看技术指标、不听小道消息,只看量柱量线"的量学看盘系统。2011年以来,中国人民大学、清华大学、北京大学、浙江大学、《中国证券市场红周刊》等机构争相聘请他去讲课,没有打过广告却场场爆满,人数一期比一期多,效果一期比一期好。许多培训机构的负责人都说:"这是不可思议的奇事。"

三是"奇书"。黑马王子预报涨停的故事早已在中国股市传为佳话,但他毫无保留地将此"预报神技"写成《伏击涨停》和《涨停密码》两本书交由我社出版,许多读者看书一周或一月就能成功伏击涨停,纷纷致电本社称这两本书为"越看越有味的奇书"。经读者和专家的综合评审,《伏击涨停》一书作为我国证券类唯一作品当选2014年"中国影响力图书"。

四是"奇效"。黑马王子奉行"一花独放不是春,万紫千红春满园"的理念,帮助股海明灯论坛创建了全球独一无二的"伏击涨停大奖赛"专栏,每月都有成千上万的读者参与,大家用量学神技擒牛捉马,涌现了一大批"伏击涨停"高手。2016年5月14日开始的人大量学特训班,6天内竟有172个学员成功预报涨停,其中预报6个以上涨停的达32人,最多的成功预报了15个涨停,而这6天正是大盘横在2781筑底的时段。

黑马王子为什么能创造如此多的奇迹呢? 其量学理论为什么能在市场低迷的时候依

然如此神奇呢？在他的比天气预报更加精准的"股市预报"背后，是否隐藏着某些科学内涵呢？解开这个谜团的钥匙肯定就在黑马王子十年如一日坚持至今的"盘前预报"和"盘后收评"中。为了帮助读者找到答案，特将黑马王子 2009 年 9 月至今在明灯论坛所发表的全部文章汇集为《黑马王子操盘手记》出版，为了保证其真实性和原创性，除了矫正个别文字和标点符号外，力争做到一字不漏、原汁原味地展现给读者。

通过"时间窗口"采撷"操盘绝活"

——解读《黑马王子操盘手记》的窍门

航天部某所研究员　量学特训班学员　王晏虎

《黑马王子操盘手记》是一部不可多得的股市征战纪实作品。它如实记录了黑马王子张得一教授 2009 年以来在"股海明灯论坛"每天发表的盘前预报、涨停预报、牛股预报、盘后收评、盘中预警、周末讲座、特训课程等内容,其中部分内容编入《伏击涨停》和《涨停密码》之中,深受读者喜爱,经读者和专家综合评审,以高分入选 2014 年"中国影响力图书",在全国产生了极大影响。

黑马王子张得一教授是《现代写作学》的主编(由人民日报出版社出版),这是我国出版最早的写作学著作之一,也是《天然输入法》的发明人(由武汉大学出版社出版),现在潜心于股市研究,写出了《量柱擒涨停》《量线捉涨停》《伏击涨停》和《涨停密码》等量学专著,可见他是一位跨学科、跨行业、多才艺的实践型作家,他的《黑马王子操盘手记》是一座宝库,如果把它当作一部普通的证券图书来读的话,我建议你就不用读了。因为黑马王子预判的精准度和成功率往往会让你误以为这是一本事后诸葛亮式的行情点评或牛股分析,这样的阅读对你没有任何帮助和启发。

我认为,这套《黑马王子操盘手记》最有价值的东西就是"时间窗口",这是清华大学出版社别出心裁"原汁原味"再现王子看盘操盘的入口。那么,我们的阅读就要从这个"时间窗口"去采撷"操盘绝活"。怎么进入?如何采撷?德国著名思想家、作家、科学家歌德曾经说过:"读书要用两只眼睛,一只眼睛看到纸面上的内容,一只眼睛看到纸面背后的内容。"要想从这座宝库中真正获益,就是要透过纸面上的文字看懂纸面背后的思维逻辑和量学眼光。我们量学特训班的"三步阅读法",就是"看到纸面背后"的一把钥匙。

第一步,对照行情的走势来读。当你阅读某一章节时,应同时打开你的计算机行情走势图。以免费的通达信看盘软件为例,敲"47"调出"训练模式",显示如图 X-1 所示。

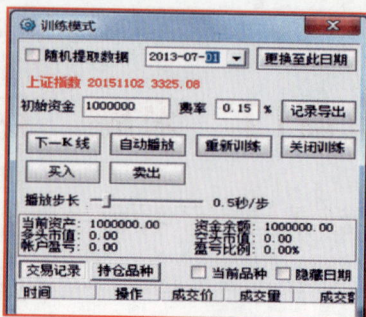

图 X-1　训练模式

第二步，对照自己的预判来读。将该书某一章节的发表时间填入第一栏的"时间框"里，然后单击"更换至此日期"，行情就会自动跳转到文章发表的这个时间点上。以这个时间为起点，先用你自己的眼光预判未来的行情，并记下你的预判结论（包括大盘的走向、预期的点位、涨停的趋势等）。

第三步，对照王子的预判来读。对照王子老师当时的预判和日后的行情，思考他为什么这样预判行情？为什么这样取点画线？为什么预选这只股票？从中找到了差距，你就找到了登高望远的阶梯。这时你才能真正看懂王子的预判方法和预判眼光，你才能体会到量学"不管指标、不管消息、不管业绩，只看量柱量线"的神奇效果。

"三步阅读法"的核心是把自己摆到书中，摆到当时的行情中，你会从黑马王子的得失成败之中看到一个从未看到过的全新的股市，你会发现从量学的窗口看股市是一种从未有过的享受。在阅读的过程中必须克服浅尝辄止、自以为是的冲动，要逐步学会用作者的眼光、用量学的标准来预判股市和股票，你会发现自己越来越接近王子的水平，甚至越来越超越王子的水平。《人靠衣裳》的作者凯勒说过："一本书就像一艘船，带领我们从狭隘的地方，驶向生活的无限广阔的海洋。"《黑马王子操盘手记》就具有这样的功能，它带领我们跳出自我的狭隘，驶向股市的无限广阔的海洋。

"手握灵珠常奋笔，心开天籁不吹箫。"初次阅读王子老师的著作，很多名词术语都是崭新的，余味无穷，若一时半会儿弄不懂，可以参阅《量柱擒涨停》和《量线捉涨停》的有关讲解，可以查看《伏击涨停》和《涨停密码》的有关阐述。前两本书是量学基础知识，后两本书是量学实战技巧。弄懂了基础知识再来看实战技巧和操盘手记的内容，你会发现这些崭新的名词术语简直就是天籁，蕴藏着丰富而简明的客观规律。正如特训学员"张博士"说的："王子老师的收评或预报浅显易懂，没有不认识的字词或故作高深的语句，但其内涵却极为丰富，初读总感觉很多内容没有读懂，或似懂非懂，或半信半疑。等到第二天收盘以后或者兑现以后，才恍然顿悟。"他的这种感触，道出了我们量学特训学员共同的心声。

读书是一门学问，更是一门艺术。只有读出味道了，你才会越读越上心，越读越贴心，越读越用心。读得拍案叫绝时，那才真正领悟了书中的奥秘。

股海明灯　照亮乾坤

——记黑马王子和他的股市量学

新华社重庆分社、湖北分社原社长　　王安(昱人少翁)
现　善　达　网　总　编　辑

作者致读者：

本文是应《上海证券报》副总编殷占武先生之约撰写的。从应约至今已有 10 个月了。我曾做过多年的新华社高级记者，退休后发挥专业特长创办了"善达网"，旨在为我国的公益慈善事业搭建一个扬善立信、推动公益慈善文化进步的新媒体传播平台。与黑马王子和他的股市量学结缘，最初是想通过股票投资收益支撑网站的持续发展，于是发现了黑马王子的四大名著《量柱擒涨停》《量线捉涨停》《伏击涨停》《涨停密码》，继而追踪参加了"清华大学伏击涨停特训班"，成为他的学生。

我是从 2013 年 11 月第 13 期特训班开始学习量学的。因为撰稿之约，就坚持继续学习到现在（其中只因事缺席了在上海举办的第 16 期），既为学好量学，也为观察、体验和采访。如今初稿完成，为了确保事实准确，特在股海明灯论坛发布，欢迎所有学员和网友帮助核对事实、补充事件、校对文字、集思广益，更欢迎大家给我提供令你最感动的故事，力争为读者奉献一篇客观真实、开卷有益的精品文章！

（编者注：本文 2015 年 5 月 10 日发表后，点击 195 068 次，回复 2 054 人，无异议）

一、掌握量学，股市可测

短期股市能预测吗？能！而且能精准预测。涨停能伏击吗？能！而且能基本准确地伏击。连续 5 年在中国人民大学、清华大学、北京大学举办的 20 多期量学实战特训班的实践证明，黑马王子创建的股市量学理论（作者称其为股市量价动态平衡学），正在日复一日地验证着这个结论！

股票——这个搅动了亿万人心的宝盒，从 17 世纪荷兰的海船上诞生至今，已经走过了4 个世纪。为了解开这只宝盒里的奥秘，400 多年来，无数仁人志士呕心沥血、废寝忘食、奋斗终生,却始终未能找到打开这只宝盒的钥匙。于是,人们将其视为"无规律可循的资本幽灵",甚至连全世界的投资理财教科书也将其称为"不可预期的资本魔方"。

直到 2013 年 10 月 14 日,瑞典皇家科学院在给当年的诺贝尔经济学奖颁奖理由中宣称:"可预期性是今年获奖成就的核心。人们无法预期股票债券在接下来三五天内的价格,但是却可以预测未来三五年内的走势,这些看似矛盾却又令人惊喜的发现,正是基于法玛、汉森和席勒的实证性研究的重大贡献。"这段关于诺贝尔经济学奖"获奖理由"的评语,自身也充满了"既矛盾却又令人惊喜"的色彩。其"惊喜"在于"股票的可预期性"打破了数百年来"不可预期"的传统观念,其"矛盾"在于"人们无法预期股票在接下来三五天内的价格,但是却可以预测其未来三五年内的走势"。

但是,在我国,被很多人称为"黑马王子"的张得一教授(当年他喜欢以"王子"为笔名写股评,同事和朋友见他一评一个准,还常常抓到涨停板,就给他送了个"黑马王子"的称号,他乐呵呵地接受并自此叫了起来),这个洋溢着科学家气质的传奇人物,用其自主研究创立的"股市量价动态平衡力学理论",颠覆了上述结论。

他认为:股票的走势不仅可以预测,而且可以准确或基本正确地预测三五天内的走势,而预测三五年后的走势那不叫预测而是猜测。

他从 2007 年 1 月 1 日开始直到如今,在股海明灯论坛(www.178448.com)以盘前预报的形式,连续 8 年对大盘和个股进行盘前预报与盘后验证,用无可辩驳的实证事实和实证数据得出了上述结论。请看他取得的实证成果。

对于个股的预测(每日盘前预报 1～3 只股票,2009 年前 10 日内验证,之后压缩为 5 日内验证)。

2007 年典型牛市,他成功预报了 217 个涨停板。

2008 年典型熊市,他成功预报了 331 个涨停板。

2009 年牛熊杂市,他成功预报了 365 个涨停板。

2009 年以来,四川人民出版社邀请他将上述盘前预报实践写成实证性专著《量柱擒涨停》和《量线捉涨停》,出版后,深受读者欢迎,3 个月内重印 7 次,荣获当年全国畅销书大奖。

2014 年年初,清华大学出版社特邀其将自己和大家的实证案例编写成《伏击涨停》和《涨停密码》两本书出版,再次获得读者好评,一举成为"淘宝网第一畅销书"。2015 年 1 月,经专家和读者综合评审,《伏击涨停》作为我国证券股票类唯一图书入选新华网"2014年中国影响力图书"。

同时,黑马王子先后应邀在《证券市场红周刊》、中国人民大学、浙江大学、清华大学、北京大学举办"伏击涨停特训班",用这套技术培养了一大批实证性盘前预报高手,不断验证着量学的科学性。许多人也创造了连续 10 日、15 日精准预报大盘,更有很多学员在盘前预报和实盘操作中不断收获着涨停板。学员"蓝马涨停"连续 3 年的预报成绩就是其中一例。

2012 年预报 281 只股票,获 152 个涨停板,成功率54%。

2013 年预报 874 只股票,获 420 个涨停板,成功率48%。

2014 年预报 926 只股票,获 427 个涨停板,成功率46%。

二、对于大盘的预测

他每天在股海明灯论坛盘前预报大盘指数的上、中、下三条线,供全体网友检验,验证标准:误差小于千分之一的为精准;误差大于千分之一的为失误。从 2007 年 1 月 1 日至今,连续 8 年的 2 000 多次预报,他很少失误,其精准率竟然高达 70%,其中:

2014 年 3 月 8 日至 4 月 14 日,连续 25 个交易日的实际市场值精准对应其盘前预报值。其中有 5 个交易日的开盘、收盘、最高或最低值精准对应其盘前预报的上、中、下三线数值,连一个点位都不差。

2014 年 6 月 26 日至 10 月 31 日,连续 86 个交易日的实际市场值精准对应其盘前预报值。其中,有 9 个交易日的开盘、收盘、最高或最低值精准对应其盘前预报的上、中、下三线数值,也是一个点位都不差。如果把 11 月 4 日的错位预报除外,从 6 月 26 日至 11 月 18 日竟有连续 98 个交易日的市场实际值精准对应其盘前预报值。

三、精彩绝伦的实战检验

说一个案例吧。就在沪港通开启前的最后一个交易日即 2014 年 11 月 14 日,黑马王子在《沪港通开启之前的预演精彩极了》的收评中,分享了连续 95 个交易日的市场实际值精准对应盘前预报值的科学原理之后,意气风发地说:沪港通开启之后的走势,将是全球精英斗智、斗勇、斗财的走势,定会精彩纷呈……也将更加彰显出量学这门股市科学的魅力。能够把握这个精彩脉络的,就是咱中国人发明的量学,"胜利属于用量学武装的投资人"!

此后的股市表现有目共睹。在这段令人错愕的日子里,黑马王子的股市量学,继续每天验证着自 6 月 26 日以来天天精准的大盘走势盘前预报,他用量学原理预设的上、中、下三线指导着大家健步股市。特别值得一提的是,当市场和学员迷茫于"见顶"之忧的时候,他明确给出了判断"见顶与否"的 3 项标准和应对策略,许多网友成功实践之后称为"判顶三绝";当热点板块腾挪迷离的时候,他又及时推出此轮牛市"八大金刚"的构成和判断轮动足迹的方法;当"119 大跌"之后,他又及时提出了"去杠杆之后的对策",帮助学员们气定神闲地踏着市场节奏轻松操作;2015 年 2 月 6 日周五,上证指数跌到 3052 点,许多股评人士大呼本轮牛市结束了,他却用量学的动态平衡原理指出:本轮下跌已到平衡区间,前期的"疯牛行情"即将转变为"健牛行情",果然,此后上证指数连拉 7 连阳,按照 45 度的斜率稳步运行,迎来了羊年春节前的"健牛行情"。

用大家公认的"实践是检验真理的唯一标准"来鉴定一下黑马王子股市量学的应用效果,你会惊奇地发现,股市量学太神奇了,神奇得令人叹为观止!

现代科学证明,可以复制的技术,才是科学的技术,可以推广的技术才是成熟的技术。例如:黑马王子在2013年6月28日盘前预测发布"一剑封喉"涨停趋势预报,接下来的6个交易日,两市涨停榜几乎全被"一剑封喉"股票占领。7月5日沪深两市20只涨停板股票,其中14只股票属于"一剑封喉"形态。

2013年国庆长假期间,《证券市场红周刊》与北京电视台合作,邀请黑马王子张得一教授做了3次电视演讲,他讲了3个专题9个案例,在国庆节后的5个交易日里,这9只股票竟然获得了14个涨停板,一时间在股民中产生了极大反响。

2014年5月9日上午,他应邀赴上海浦东电视台做《股市面对面》实况节目,那时,他和主持人是第一次见面,没有讲稿、没有提纲、没有排练,一上台就是电视直播。黑马王子当场给主持人讲了一下"十二字令"的要领,便让主持人就"任意一只股票、任意一个时段、任意一天开始"预判其后的走势,主持人按"十二字令"做了十次预判,竟然全部正确。对此不可思议的事实,主持人自己也不敢相信。他说:我主持了十多年股票节目,第一次感觉到这么神奇的炒股效果。更神奇的是,在这次节目中,黑马王子现场点评了3只股票,当天就有2只股票逆市涨停。随后的5个交易日中,这3只股票依然强势不改,先后获得5个涨停板。

2015年春节后的第一个交易日,黑马王子发布了"盯三防四五六起"的"T4变异涨停预报",接下来的15个交易日,两市涨停榜上几乎全是"T4变异涨停股票"。中国南车和中国北车就是在春节后第15个交易日冒出的"T4变异"大牛股。许多网友跟踪了这一轮涨停预报后,无不惊叹量学之神奇。

这样神奇的故事,几乎每天都在股海明灯论坛上演着。

2015年3月6日周五,正值"惊蛰",上证指数收盘于3241点,黑马王子在其收评《惊蛰小虫小动,可望大虫大动》中写道:"今天是惊蛰,群虫蠢蠢欲动,中铝却是一动惊天,比昨日的北车、南车动得更加潇洒。潇洒在哪儿?潇洒在'碎阳慢升+倍量伸缩'组合。它昨天和前天缩倍量回踩元帅顶,就是经典的双阴洗盘组合。依我看来,明天(即周一)银行股就要动了,即使四大行不动,四小行也要动"。这里所说的"四小行"即银行股中流通市值最小的宁波银行、南京银行、北京银行、华夏银行,王子戏称之为"四小龙"。

2015年3月9日周一,这"四小龙"果然比翼齐飞,宁波银行和南京银行悍然涨停,北京银行也是涨停后回落收涨9.20%。王子预报的"四小龙"带动银行板块旱地拔葱,带领大盘绝地反击,全天大涨61点,上下震幅高达109点。收盘后,有同学问他:上周五的量价结构是双向阴胜阳,您为什么敢于预报周一要大涨,并且敢于预报"四小龙"领衔大涨呢?

黑马王子当即在股海明灯论坛画图作了解答:任何一个板块都可以当作一只股票来看,周五银行板块的走势是"次阳过半阴",这是量学中经典的"极阴次阳"结构,此后必然上涨;而"四小龙"的走势却是"次阳盖全阴",此后必然跳空大涨。

事实就这样一次又一次证实着黑马王子的精准预判。正如开篇文字中呈现的那样,无论是从历史的记录看,还是从最近的实践看,无论是对大盘的把握还是对个股的操作,无论是黑马王子本人的实战收益还是特训班学员的战绩,甚至有人应用于期货和外股,也都屡试不爽。上述实践日复一日、年复一年地检验证明,黑马王子的股市量学已经成熟为股市应用屡试不爽的技术体系,其科学性鲜明地体现在每项技术都可以量化到支持判断抉择的程度。

站在无数实践验证的巨石上,我们可以理直气壮地放言:这已不是一般意义上的炒股技术了,而是进入了规律性与实践性完美结合的科学境界。黑马王子的股市量学,是中国股民自主创立的理论与实战完美结合的股市科学! 如果哪位读者有兴趣检验这种判断是否过于狂放,就请您进入股海明灯论坛(www.178448.com)游历一番,这里不仅记录着上述内容的原始信息,还有更多丰富多彩的知识交流和实战案例,相信不只会让您佩服和赞叹,更会让您获得股市科学的启迪!

四、股市量学 ABC

如此神奇的股市量学,究竟是一套什么样的理论体系呢?

黑马王子的股市量学,是一个独立于传统理论之外的量价双向结合的、完整系统的"股市量价动态平衡力学"体系(以下简称"量学")。黑马王子认为,长期流行的 K 线理论、均线理论、波浪理论,往往都是根据股市的价格变化这个单一要素,按照发明人的思路制定的一套预测系统。这种"以价格预测价格"的理论体系,违反了"A 不能证明 A"的逻辑学规律,陷入了"从价格到价格"的封闭循环桎梏。而量学则是跳出传统理论的桎梏,将量价结合起来,在量和价的动态平衡、失衡过程中,去寻找和发现其真正的发展方向与演变规律。

量学的基本原理呈现在四川人民出版社 2009 年出版的《量柱擒涨停》和《量线捉涨停》两本书中。

量学的基本技法呈现在清华大学出版社 2014 年出版的《伏击涨停》和《涨停密码》这两本书中。

量学的实战方法呈现在黑马王子主讲的中国人民大学、清华大学、北京大学《伏击涨停特训班》的实战教材中。同时,还有灿若满天星辰的知识亮点,闪烁在数千篇黑马王子的盘前预报、每日收评和周末讲座文献中。

笔者从上述著作中梳理出以下几个关键点,供大家参考。

1. 股市量学的理论基础

黑马王子股市量学的理论基础是唯一的,那就是记录市场成交量的量柱。

黑马王子认为,量柱是所有技术形态中唯一无法作假或作假最少的元素,因为每一根量柱都是用真金白银一点一点堆积起来的,所以每一根量柱都是有价的。这种真实可靠的"量价合一元素",是量学研究的基础。由此,黑马王子提出了其著名的"立体看盘法则",即一看到量柱就要关联其对应的价柱,一看到价柱就要关联其对应的量柱,以及此量柱与彼量柱的"量价阴阳真假虚实"关系。正因为如此,即使一模一样的两根量柱,也就有了截然不同的市场意义。

他提出,股市涨跌的原动力来自"三先规律"。

第一规律,卖在买先。只要没有人卖,任何人也不可能买到股票;必须先有人卖出,才可能有人买进。

第二规律,价在量先。无论是获利还是止损,无论是追高还是抄底,只有价格合适才能形成交易,有交易才有量柱。

第三规律,庄在散先。股市所有的量价表现都是由主力或庄家主导的。所以盘面量价的涨跌起伏,都真切地反映着主力的行为、风格和图谋。

上述"三先规律",显然与传统理论是背道而驰的。传统理论的出发点是"买",即"买在卖先",其核心是"量在价先",认为成交量总是先于股价,成交量是股价的先行指标。

与之相反,量学的出发点是"卖",即"卖在买先",其核心是"价在量先",认为股价是决定因素,股价"不如意"就不会有"卖的欲望",无卖就无量。量学的创新之处就在于超越了传统理论,构成了黑马王子股市量学透视股市活动的研究起点和剖析工具,并为我们分析股票打开了一扇新的窗户。用量学的眼光看盘,你会突然发现:在高高低低、红红绿绿、虚虚实实、阴阴阳阳的量柱和价柱的后面,隐藏着主力的谋略、心机和图谋。这些量柱个个生动灵性,是我们洞察先机、伏击涨停的得力助手。

2. 量学体系的知识要点

黑马王子的量学体系,是一套完整的、系统的股市量价动态力学的科学体系。8年的实战验证证明,它适用于大盘,也适用于个股;适用于内股,也适用于外股;适用于股票,也适用于期货。在这个知识体系中,按照从基础到应用、由易及难的自然规律,构成了七种量柱、七根量线、七条量波不同组合的擒涨停、捉涨停、抓涨停三个层次的操盘技术,一级比一级深入,一级比一级胜算更大。

这一切,都建立在股票基因基础之上。

面对波澜壮阔、变幻多端的股市,黑马王子用他科学家的研究方法,发掘出了七种量柱、七根量线、七条量波共21种股市基因的功能,并把这些崭新的知识用《量柱擒涨停》和

《量线捉涨停》两本书呈献给读者。

首先,黑马王子将纷繁复杂、千变万化的量柱进行了科学的分类和界定,从中发现了"高、低、平、倍、梯、缩、金"这七种量柱,黑马王子称之为"七因子"。与此同时,他进一步揭示了量柱七因子的不同排列组合和演变,可以组合成丰富多彩的涨停基因,一定的涨停基因按照一定的规律排列组合,又可以组合成丰富多彩的涨停密码,一定的涨停密码按照一定的规律排列组合,又可以组成丰富多彩的涨停交响曲。

在发现量柱七因子及其排列组合规律的同时,王子老师发现了量柱七因子在价柱上对应的各个关键点之间的连线——量线的相互关系及其变化规律。从而发现了七种量线,即峰顶线、谷底线、平衡线、斜横线、重合线、精准线、灯塔线,简称"顶、底、平、斜、合、精、灯"量线"七剑客"。

落实到分时上,又发现了七种波形,即"卧龙、虎龙、潜龙、蛟龙、恐龙、飘龙、天龙",并对这一系列的量线、量波及其相互关系进行了精辟的分析、论述和界定。

王子常说:量学就是研究成交量的学问。量柱是基础,量线是灵魂,量波是抓手;量波生根于量线,量线生根于量柱,三者互为因果;量柱是量学的音符,量线就是量学的旋律,量波则是拨动量线的手指。量价阴阳动态平衡学说就是量柱、价柱、量波按照动态平衡旋律共同演奏的波澜壮阔的股市交响曲。这里既有宁静温馨的小夜曲,也有大江东去、万马奔腾的咏叹调。

3. 股市"擒牛"36 计

黑马王子立足于对上述股市基因的深刻认识,根据这些基因的组合变化,从实战中总结出"股市擒牛36 计"(其实何止啊)。这些令人心潮翻涌、跃跃欲试的胜战技术和精彩案例,集中在清华大学出版社出版的《伏击涨停》和《涨停密码》两本书中。

王子老师发现,在量柱、价柱以及量线的奇妙变化和排列演绎中,一旦构成某种典型形态,就会出现涨停板甚至连续涨停板。于是他探幽索微,寻踪觅迹,反复验证。总结出18种伏击涨停板战法,诸如"金线战法""一剑封喉战法""倍量伸缩战法""接力小双阳战法""单枪小霸王战法""双剑霸天地战法""直憋解憋战法""大阴大阳战法""长阴短柱战法""黄金十字战法""凹口淘金战法"等。

当股价一路长阴短柱或阴阳相间下跌至尾期,一路百日低量,而且底部有精准线时,可以选择"一剑封喉战法"。

当股价在底部横盘时,如果发现有长阴短柱、长腿短柱,并且一直在长阴短柱或者长腿短柱的实顶与实底之间震荡徘徊时,可以选择"直憋解憋战法"。

当股价开始反弹向上时,可以选择"接力小双阳战法""金三角战法""阴线战法""黄金十字战法"等。

黑马王子对每一种战法应该适用的形态、要素、条件,直至介入点都有明确的论述,简明易懂地指导着成千上万的学员和网友在股海里畅游！

五、黑马王子的治学处世之道

黑马王子创造的股市奇迹，乍一听就像一则神话，而实际上其股市量学的创建和应用过程，也和我们日常生活中的"柴米油盐"一样具体、实在。

黑马王子早年并不幸运。1950年出生的他，由于父亲的右派身份，虽然学习能力出众，每次考试必获第一，但依然只能作为那个年代的牺牲品。尽管如此，骨子里不甘平庸的他从不放弃进取之搏。1977年恢复高考后，他以一个初中生的学历参加高考并被华中师范大学分院录取，完成学业后即留校任教。

1986年，他在其主编的《现代写作学》里提出了著名的"写作思维的三级飞跃理论"，被当时的人大副委员长周谷城先生誉为"开我国写作科学之先河的专著"，并亲自为《现代写作学》题写书名，推荐给人民日报出版社出版。

1996年，他发明了"三维天然码汉字输入法"，以其"不记字根、不用拼音、不论中外，人人可以当场学会汉字输入"的神奇效果，先后荣获1999年中国高新技术产品金奖、2000年国际发明专利金奖等10项国内外大奖。结缘于这个天然码，命运之神在这里创造了一个"遗憾"与"幸运"的大转换，促使黑马王子走上了股市科学的研发之路。

遗憾的是，由于天然码市场推广的合作之误，贻误了战机。虽然黑马王子为推广天然码北上京都，惨淡经营数年，依然没能让简单易学、老少皆宜、中外通用的汉字输入法跻身于广泛应用的产品之列。

幸运的是，就像无数个"命运关上一扇门的同时也会打开一扇窗"的传奇故事一样，黑马王子在携天然码参加深圳"高交会"期间，得到了一位高人"西山大师"的赏识。西山大师在襄助他参加香港国际发明专利博览会的过程中，最终鼓励他转向了股市量学的科研之路。

平心而论，黑马王子并非天生的股市奇才。在师从西山大师研究量学之前，他9年之久的炒股战绩是把6万元炒到只剩了3万元。他百思不得其解，凭着超强的学习能力，自己已把各种传统炒股技术烂熟于心，随形于手，怎么还这么被动？他开始怀疑，难道是这些传统技术本身存在问题？

对！传统技术本身有严重的问题。西山大师告诉他，传统技术都是按照"发明人"的"逻辑思维"来臆测后市的，难免带有"守株待兔、刻舟求剑"的"偶遇"；我们则要根据"操盘人"的"行为轨迹"来侦测后市，所以具有"警察抓贼、顺藤摸瓜"的"复遇"。说到底，就是用"股市侦探"的眼光来看盘炒股。大师将自己实战中发现的量柱对股价走势具有直接影响的现象和灯塔线支配股价运行方向的规律，无私传授给黑马王子，希望黑马王子用他发明天然码"不记字根、不用拼音、不论国别，人人可以当场学会汉字输入"的科研方法，去创立一种"不看指标、不听消息、不管行情，人人可以伏击涨停"的侦探式直观炒股方法。

在和西山大师朝夕相处的几个月里，黑马王子牢记"股市侦探"的宗旨，发挥善于学习思考的科研优势，起早贪黑地钻研剖析股票的各种形态，苦苦寻找背后的量价规律，先后突破了数十种技术形态，从大盘、板块、个股的宏观走势、中观波段、日线运行三大层次，初步掌握了它们的量学表现，为日后的独立科研奠定了坚实基础。

从那以后，黑马王子十年如一日，天天沉浸在股海波涛中，潜心体验"水性"，研究股票投资的量学技术，借助他在《现代写作学》中揭示的"三级飞跃理论"，完成了量学理论的三级飞跃。这么漫长岁月的科研艰辛，想想当年陈景润攻关"哥德巴赫猜想"情景，就都明白了。这就是科学家们的生活常态！只不过黑马王子的性情与少言寡语的陈景润截然相反，借用他夫人"嗔怪"他的话说："他工作起来把门一关不让你进去，跟他说话根本不理你。等他把难题解决了，就不管你在干什么，抓住你手舞足蹈地说个不停！"

在黑马王子身上，闪耀着很多令人感动、令人敬重的仁厚品质。在这里，我们就采撷几枝叶片，轻描淡写地奉献给读者分享一下吧。

先说说黑马王子的尊师之情。如今，他和他的股市量学，常常被他的学生和熟悉的同行视若大牛。可他总说自己就是一个肯吃苦、爱钻研的平凡之人，始终念念不忘西山大师的启蒙之恩。每次培训讲课，他都会不只一次地讲起西山大师的教诲，从不贪天之功。在作者采访中，他也如数家珍地强调灯塔线和其他一些关键技术，有的直接来自老师的研究基础，有的源自老师的思想火花。每每遇到大家感谢他、赞美他，他都会告诉大家，吃水不忘掘井人，要谢就谢我们的西山大师吧，是他把我带上了这条路，是他给了我量学启蒙。

再说说黑马王子的为师之道。热爱学员、尊重学员、对学员负责，教诲学员要炒股先做人，一直是黑马王子培训教学的座右铭。每次特训班教材都用醒目的大号字印着"特训班的纪律和规定"——不得代客理财，不得借钱炒股，不得收费荐股，不得贬低他人。无论在课堂上还是论坛上，王子老师总是要求学习量学的人应该尊重科学，尊重市场。在模拟炒股中没有战胜80%以上的对手时，不要轻易实盘；在涨停预报成功率没有达到60%的时候，不要轻易实盘；他每次都要强调，学习量学的人不要轻信任何人，更不要轻信王子，要相信科学，相信量学，相信自己，在学与习的过程中取得属于自己的成功。

许多老学员都熟悉这么一个精彩片段：2013年5月28日周二上午10点半左右，清华大学七号院内，60多名学员正在练习实盘，大盘冲高回落即将触及王子盘前预报的底线2280线，有位同学急忙向王子老师请教他持有的一只股票该不该卖。王子老师说：这只股票现在已出现买入信号，怎么能卖呢？该同学说"我已下卖单了。"王子忙说："撤单！撤单！"撤单不一会儿，这只股票逆市直冲涨停了！旁边的同学惊叫起来：王子老师一句话，让你今天赚了100多万呀！就在这时，大盘扶摇直上，许多同学盘前预报的股票纷纷涨停，报喜声、欢呼声一阵接一阵。

最后说说黑马王子的偕庄之道。每次培训分析个股时，黑马王子总要反复告诫学员，对于这些教学股票，大家最好不要参与，实在忍不住要买也不要超过100股，千万不要因为我们无序过度的参与破坏了庄家的运作节奏。一旦有谁对庄家有不敬之词，他就会严肃地批评这种行为。他常讲："庄家是我们伏击涨停的衣食父母，我们必须爱庄、敬庄、偕庄，绝不能轻庄、侮庄，更不能因我们的行为给庄家添乱！"

王子其人就是这样，在科研领域，他是一个"自强不息"的典范；在为人处世方面，他又是一个"厚德载物"的典范。

当然，黑马王子并不时时都是高不可攀。他可以很诚恳、很谦虚、很友好地接受任何人对他的量学进行探讨甚至质疑。可是一旦有人别有用心、野蛮粗暴地攻击、侮辱量学，尤其是当有人攻击量学特训班学员时，他就会像母鸡爱护小鸡那样奋不顾身地给予反击，甚至还会反常地爆出一两句粗话。

2012 年 11 月 15 日至 11 月 21 日，是中国人民大学第八期特训班开班的日子。11 月 19 日周一，大盘如期反弹，并且是如期跌破 1 999 点的反弹，收盘于 2 016 点，比预报的 2 015 点高出 1 个点；而上个交易日的收盘为 2 014 点，比预报的 2 015 点低 1 个点。特训班学员连续 3 天所做的盘前预报值全部精准兑现。对此，有些不服气的人，恶语攻击特训班学员"不过如此，碰巧罢了"。

王子立即回帖说道：本月从 11 月 1 日开始的全网"伏击涨停预报大赛"，大盘一路下跌，特训班学员胡友友的成绩却一路上涨，从开始的名落孙山，10 天后跃居前 20 名，20 天后跃居前 6 名，最后一天跃居第 1 名。这样的真功夫难道也"不过如此"？

那些人仍不认理：预报算什么？有本事拿真金白银比一比。

王子回复道：没有成功的预报，就没有成功的操作。训练场上不敢比试的人，真刀真枪只能输得更惨。你们如此浮躁，不打好基础，迟早要出事的。如果不信，待到 1 月 11 日，你们会急出尿来！

上述对话发表于 2012 年 12 月 20 日和 26 日。许多网友都在猜测：1 月 11 日到底会发生什么事情？结果，1 月 11 日这天大盘暴跌 40 点，真的让这些人"急出尿来了"。次日大盘又暴涨 68 点，两天之间从暴跌 40 点到暴涨 68 点。手握量学的特训班学员却稳如泰山，持股待涨 20 天，大盘从 2 235 点涨到了 2 433 点。可谓不打不成交，这些人后来也成为量学爱好者。

作者的一位同行好友，听了黑马王子的神奇故事，脱口蹦出一句感叹："这不是第四只苹果吗？此前的 3 只苹果，第一只被亚当和夏娃吃出了爱情，第二只被牛顿碰出了万有引力，第三只被乔布斯咬了一口卖火了手机和平板电脑！发现第四只苹果，多好的文章题目啊……！"

激动之余，沉思良久，作者也觉得这的确是一只"苹果"，完全可以和已经获得诺贝尔经济学奖的同类成果相媲美，但王子老师坚决反对用这个标题。我只好用量学学员们和热爱量学的网友们所熟悉的论坛股海明灯来作为这篇文章的题目。愿股海明灯越来越亮，愿获益股民越来越多！

黑马王子 20150614 多次强调 5045 一破就出

(第 22 期人大量学特训班 2015.06.14 讲课录音记录)

特训班学员 小黄牛

作者注：下面这篇文章是王子老师 20150614 周日特训课原始录音记录。这是"615 股灾"前一天的讲课。王子老师为了让大家看懂当前的行情，从行情的形成原理、已有的上涨幅度、面临的方向选择等方面，逐层剖析了当前要注意的重要量化标准和攻防措施。他的演讲融合了三元连动、梯四变异、高量攻防、区间目标、量化标准、攻守法则等量学元素，由点到线，由线到波，抽丝剥茧，层层递进，将高深的量学智慧娓娓道出，潜移默化地向学员们传授用量学眼光看盘的方法和技巧，最终得出"5045 一破就出"的结论。每每回听这节课的录音，我的眼里总是噙着泪水，仿佛又回到大会堂里聆听老师的讲课，那么亲切，那么无私，那么循循善诱，那么苦口婆心。当时我们谁也没有料到，老师说的一旦跌破 5045，将"找到 4 万亿的那个位置做底"竟然一语成谶。正是从这次特训开始，我才真正领悟了量学魅力，才真正学会了量化逃顶。

我们来看盘，如图 X-2"上证日线 20150612 周五留影"所示。大家注意了，看，我们不说远的，就说近的。在这儿（鼠标指向 0518 价柱即图中 D 柱），是不是一个阴元帅啊？在这儿呢？你看，有这三元连动，后面步步高升，看出来没有？注意，只要有很顺的三元连动（鼠标指向 A 柱），那么，到这儿来（鼠标指向 B 柱），它就启动了，它是一个、两个、三个，后面（鼠标指向 0529 价柱即图中 F 柱）接着又是一个、两个、三个，晓得不？这个看大盘啊，我从来不看消息，我从来不看指标，我也不管它的高低，发现没有，是不是啊？你到这儿来了（鼠标指向 C 柱），我照样是预报它还是要往上涨，到这儿来了（鼠标指向 D 柱），还是到这儿来了（鼠标指向 F 柱），同样！

不过，在这个位置要小心一下（鼠标指向 G 柱 0608 价柱的最高点 4146，语速放慢）。为什么呢？大家看，它后面的柱子是不是越走越弱了？是不是？这个柱子越走越弱，并且是盯三防四了（鼠标指向 G 柱后一日即 0609 的阴柱），刚好在这个位置掉下来了，第五根掉下来了。同样，从这儿往上攻，注意！这个是什么？（众答：阴元帅）对！这个谁啊？穆桂英,然后到这边来,是不是又一个,然后这边,还有一个,是不是这样的。所以,当出现这样的情况时,我们无动于衷,不管它,是不是啊?它跌呢,上次我记得说要跌到这儿来(鼠标指向0604的长腿),我说这个地方可以做,这是在多少点啊?大家看,4657,我那个地方只差了多少点啊?好像就差了3个点,我保守了一点儿。如果我夸张一点儿的话,往下多打一点,刚好就打到了这个位置(鼠标再次指点0604的长腿)。

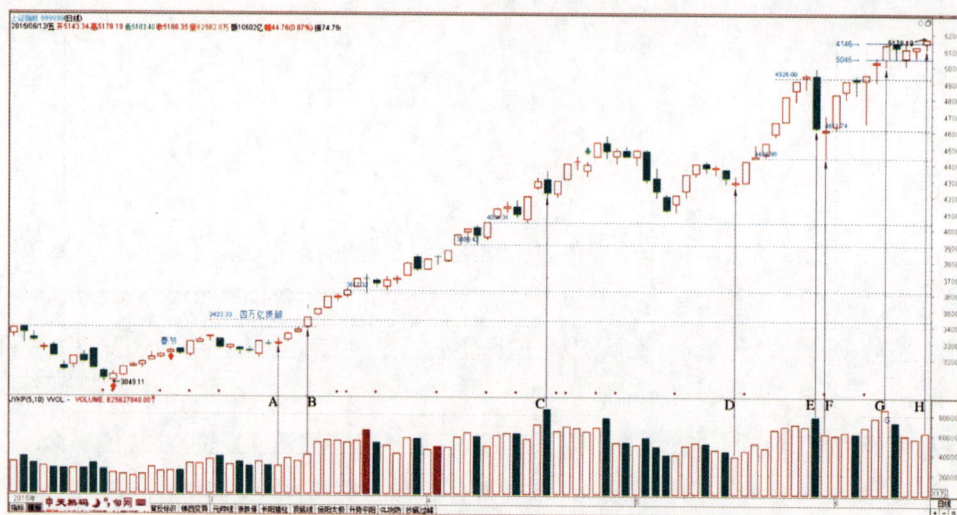

图 X-2　上证日线 20150612 周五留影

好,那我们现在再看这个大盘。从这儿开始(鼠标指向0604长腿),是不是一个元帅啊?两个元帅,是不是啊?第三个不成立,看出来没有?第三个有点儿危险。那好,现在的问题出现了,大家说,这个行情,明天该怎么走?(大家议论纷纷)

我把这个放大点,再放大点。大家看,会怎么走?这个量学就有那么一点好玩儿,就是你什么都不用看,就看这个量柱和价柱排列组合的对比,你就知道后面该怎么走了。

所以到这儿来,我们回到这儿看(切换到月线图,如图 X-3"上证月线 20150529 留影第6位现阻力"所示),这个位置是 5265,注意! 5265 是第六目标位,我们不设中继位。因为第五目标位是 4926,4926 就是这条线。那么往上攻的话,今天(指 0612 收盘价 5166)和 5265 相差多少? 99 点,就是 100 点吧,这 100 点大家注意,可能抽一支烟的工夫就没了,晓得吧?

我们这里的第一、第二、第三、第四、第五目标都是我们在 2016 年春节以后的特训班的高级班上,用四维看盘法,大家共同测算出来的。第六目标是第二期高级班大家测算出来的,5265。注意! 我们来看,就是这样,我们这一、二、三、四、五都测算出来了,其中有一个中继位在这儿,然后,第六目标位,是什么呢?阴实顶(鼠标指向月线图B柱),我记得是在2016 年第二期高级班上的时候,大家学了四维看盘法,然后来对着这幅图,我们说过,只要

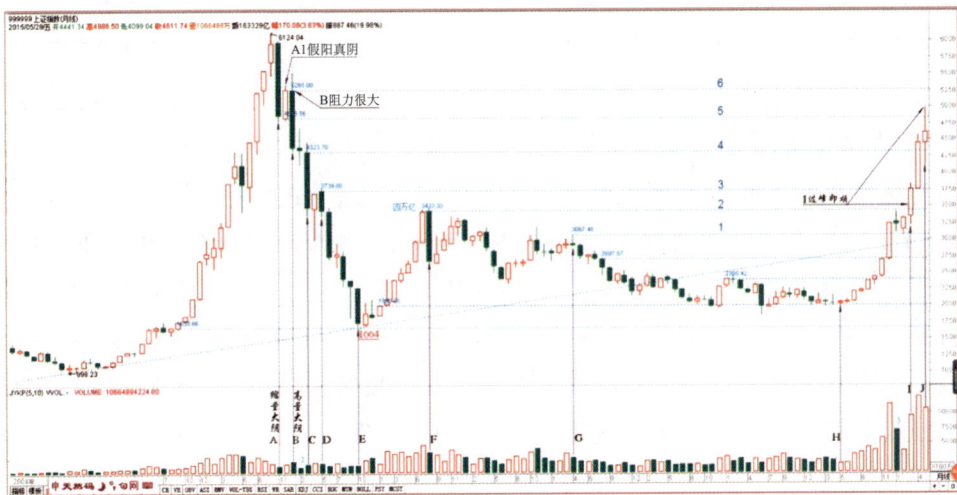

图 X-3　上证月线20150529 留影第6位现阻力

过4万亿这个高点（鼠标指向3430的凹间峰），往后去的走势将会是什么？将会相当顺利。

大家看出来了吧？这个阳（鼠标指向图中A1）是阳的还是阴的？（众答：阴的）它在三一位不到，我们还是把它当阴的看，所以，这还是阴、阴、阴、阴，一直阴到这（指图2的E柱），看出来没有？那么，我们把这所有的线（鼠标指向6124到1664的价柱）是不是可以当成一根合并，同类合并，合并以后，我们现在看，这个位置，到了什么位？上三一位，攻击力相当强，是不是啊？看出来没有？（掌声）根本没有必要听什么消息吧？根本没有必要看什么指标吧？我们就是看几根量柱和量线的对比，左右一对比就知道了，相当的顺利，就攻上去了，攻到这儿来了（切换到日线图，鼠标指向图1的H柱即0612的阳价柱）。

所以，明天（0615周一）大家要注意了，注意什么？重要的平衡线，要么迅速突破，就是说这个点位要迅速突破（鼠标指着0612价柱的实顶5166线）。若在迅速突破的过程当中，回踩一下，只要不破这个线（鼠标指着0608最高点5146线），那么就说明能够站稳，那么咱们第六目标位就能基本实现。

如果不能够迅速突破，就要注意了！（放慢语速）为什么？这个地方（鼠标指向图1的G柱即0608价柱），看一下，这根量柱是不是高些，看出来没有？就是这根量柱高些，这根量柱是不是最近的最高？（众答：是！）所以，在这个地方（鼠标指着G柱即0608价柱的实底5045线），不得不防，懂了吧？上线如果不能迅速突破，那么就要迅速撤退！

注意！我们明天看盘，应该要注意什么地方啊？99个点（指向图中H柱0612的收盘价5166与5265的差距）！是不是啊？你什么都不用看，你看99个点到不到，是不是啊？能迅速地突破100个点，那是好事，是不是啊？如果在99点附近它犹豫不决，很可能就会掉下来。

下到哪儿？大家找。如果当前是强势，就下到三一位。三一位怎么看？我今天再把方法教给大家,大家用这个百分比线,点击一下,然后,从哪个位置呢？就从第六目标位？注意,这个不从第六目标,要从我们今天现有的这个位置,在这儿,往下拉,拉到同类合并的位置。看到没有,拉到这儿,三一位在哪儿？这是五二位,这才是三一位,大家现在感觉到了没有？所以,大家说,会不会跌到这儿来？（鼠标指向 4 万亿的凹间峰 3430 线,有人说不可能。王子老师反问一句）不可能跌到这儿来？所以,我们怎么办？注意了,因为现在涨幅太大,我们找到什么位置？找到 4 万亿的位置做底（鼠标再次指向图中的 3430 的凹间峰）。

我的所有看盘数据,都写在盘面上,记都不用记,都在这儿。我现在说的 5045,大家看出来了吧？5045,就是这一天（鼠标指向 0610 周三的最低点）打到了 5001,其他的,都在这个上方,都在 5045 上方。所以我强调,大家看盘,你不要听消息,不要看指标,你看这儿,它上面给你写得清清楚楚,多空双方的格斗,非常地简单、明了,一看就出来了。好,这是讲到这儿了,说了一下。

另外,用我们今天看盘跟大家讲过的一个知识（即"量学逃顶三绝"）,距当前最近的高量柱是谁？是不是这个（指 0608 的高量柱实底 5045 线）。注意啊！这句话大家记清楚,是什么呢？是"高量高价柱"。当前的高量高价柱。注意:我们都是量价结合的,它既是高量,又是高价,这根柱子,只有它（鼠标再次指向 0608 高量柱）。那么,我们给它的上方定一条线,是什么线啊？刚好是多少？5146（鼠标指向 0608 高量柱的最高点）。它的开盘 5045,那么,明天的行情在走的时候,大家注意什么？这个高量的顶部破了,可不可怕？为什么不可怕？它的旁边还有一根基柱,是谁啊？对啦！下面还有一个元帅,怕什么？所以,现在担心的是什么？就是我强调的 5045,现在懂了吧？好,如果是打破了 5045 的话,咱们是不是先可以出来一下,懂了没有？对不对？（众答:对！）只要一破你就出！我们要像《我是特种兵》的小庄一样,让他抓不着。破 5045 先跑！

黑马王子"615 股灾"当天详解逃顶的标准和方法

（第 22 期量学特训班 2015 年 6 月 15 日王子老师讲课录音记录）

中国人民大学量学特训班学员　吴启华

"615 股灾"的当天，王子老师特意将第 11 讲的特训课程调整到第 5 讲来讲解，并且结合他自己在涨停价低 5 分钱卖出金山股份的案例，给我们上了一堂活生生的逃顶课。在我记录的这段 30 分钟的讲座中，王子老师语重心长地说了 35 次出逃，并且用了"迅速、果断出逃"的字眼，使我和特训班的许多同学能在次日成功出逃，实在太感谢王子老师了。这堂课的录音我听了几十遍，每每聆听老师的这段讲座，我都想流泪，我无法控制自己无比感动的泪水。我一字不漏地记录下这段讲座，希望能对参加过这次特训和没有参加这次特训的读者有所帮助。

我们开始讲新课了。这个课程稍稍调整一下，为什么呢？因为今天的大盘走到了我们说的下跌的第一个位置，就是 5045 线这一带，离我们昨天预判的三一位是多少呀？（众人答：5000）5000，只差 40 多点，不到 50 点了。

根据牛市这个大起大落的走势，有可能它往下踩一下呢？万一它下踩，甚至踩破 5000 呢？所以，我们要引起警惕。所以我们把课程稍稍调整一下（指投影：把第 11 讲的《九阴真经》调整到今天的第 5 讲）。

这个《九阴真经》是我们特训班的护身法宝，这就要求我们每一个特战队员，应该具备这种特殊的技能和技巧。我们每一届特训班，都要求每一个同学好好看一下《我是特种兵》第一集，也就是有主人公叫"小庄"的那一集。

这个故事是什么呢？我们国家要培养一批特种兵，于是就到侦察部队里头去选拔最优秀的人才到特训班集中营来。好！当这些优秀的侦察兵坐上汽车，把他们运往特训集中营的时候，路上，突然发生剧变，发生了一次很意外的事故，枪声大作，车轮翻转。这个时候怎么办？有些人不知道怎么回事，于是被天罗地网打得一干二净。

但是，"小庄"很聪明，迅速在这个环境当中脱身，躲起来，藏起来了，于是那些优秀的侦察兵，一个个都被抓了起来。而没有被抓住的人，才能当特种兵。

好，接下来干什么？接下来每一次的训练，都是暗中来捕捉这些特种兵。谁能跑得掉，不被抓住，谁就是特种兵。整个故事情节，就围绕着意想不到的抓和逃所展开的一系列的情节，很激烈。

其中，有一个最牛的高大队长，是从德国训练回来的一个高手。他非常厉害，往那一站，牛烘烘的样子，训练他的特种兵，那简直是把他们往死里整。但是，在一次实战演习当中，怎么样呢？咱们的高大队长被抓了，而他训练出来的"小庄"，却机智地躲过了重重的追捕，一个人单枪匹马，干什么？在最后的一环，捣毁了敌军的指挥部，使红军赢得了胜利。

这个故事说明了什么？说明所有特种兵的基本素质，都在侦察兵时已经形成。那么，特种兵的最大的本事，就是躲过追捕！懂这个意思没有？

回到我们的股市来，大家想一想，要想当一个特种兵，我们应该怎么办？要躲过每一次的追捕！懂没有？只要我们能够逃出追捕，你就是特种兵！好不好？（全场热烈的掌声）

这个"追捕"，它是无时无处不存在的。但是，只要你躲过一劫，你就赚一大笔，每躲过一次大跌，你就胜利一大片。留得青山在，不愁没柴烧。

你看，为什么我这只股票（指屏幕：金山股份），今天我差5分钱卖了，在涨停板上，本来我不想卖的，但是，最后我感觉到怎么样？这个大趋势有点儿继续往下探的味道。我今天在两点半以后逃跑了。我给它5分钱，把它卖出去。卖出去干什么？卖出去我准备学"小庄"，是不是啊？我要捣毁敌军的指挥部！对不对？（众人异口同声：对！对！全场爆发热烈的掌声）那么，只要我们能够胜利地、迅速地并且果断地在第一时间出逃，我保证，这个班的同学，个个都是"高大队长"，都是"小庄"，好不好？（众人：好！好！热烈的掌声）

其实，那个"小庄"，这个名字起得太好了。我们每个人都是"小庄"，是不是啊？（众人哈哈大笑：是啊！是啊！）所以，从这个意义上讲，大家回去再好好看一看，真的，越看越有味道，越看越过瘾。你想象不到的那些灾难，那些捕捉的技巧，你怎样躲过去，答案简直太好了。所以，我每次要求我们特训班的学员，回去看那个电视剧。

我们要想成功地出逃，首先，你要找到你出逃的最终的那个临界点，这个临界点与我们昨天跟大家讲的那种上行和下行的临界点完全一致，就是量学的临界点是一致的。

比如说啊（指屏幕上大盘今天的阴柱），凡是，注意啊！只要是阴过阳，快逃亡！懂这个意思没有？这是第一个。那么，临界点在哪儿？阳，哪个地方？（众答：阳实底）对！从上往下，只要一破阳的实底，怎么样？（众答：跑！）跑了干什么？跑了以后你学"小庄"呗，然后找个机会再去进攻呗，懂没有？懂这个意思没有？（众答：懂！懂！）

不是跑了以后我们就不管了。我们过去有很多同学，他只管逃（众人笑），不管进攻，那是没有意义地逃，是不是啊？所以，我们的《伏击涨停》那本书上就专门讲了，叫作"以退为进"，所以，逃是为了进，是为了更成功地进！所以，逃的时候要毫不犹豫。

注意，只要是阴盖阳，快逃亡！这是第一招"九阴真经"。你只要逃，看看啊，这个地方

（指点金山股份0615之前阴过阳的地方）、这个地方、这个地方、这个地方，所有的，只要是你按照"阴过阳，快逃亡"走，都可以躲过大劫，看出来没有？这是我随意找的一只股票，不是特意找的，大家可以在实践当中随便找一只股票来，你用这个办法，基本上，十有八九是准确的。但有时候可能出差错，但是你成功地出逃了，还是很成功的。这是第一。

第二，"九阴真经"的第二点：跳空阴，出干净。所谓的跳空阴，注意，跟我们昨天讲的零号战法刚好相对，发现没有？昨天的零号战法是什么？（众人答：跳空阳缺口）跳空阳，对！咱们就打进去；但是，跳空阴呢？要果断地跑出来，懂我这个意思没有？

好！我们来看案例，这个地方，看，这是一个阴，这是一个阴，这里跳空了没有？（众人答：跳空了！）跳空阴，出干净！记住这句话，这是我们量学的法宝：跳空阴，出干净！一定要记住！

好，我们再来看这个位置（指屏幕上的金山股份0506阴柱），这是不是一个阴啊？跳空阴，怎么样？出干净！再来看，这是个小阴，这个地方还有一点三一的感觉（指金山股份0527阴柱），但是第二天怎么样？跳空，一跳空，你就给我跑。

那，有同学问我了，他说如果它一开盘是跳空的，中间又往上攻了，然后再下来，我该怎么办？大家说呢？（众人答：出了再说）啊，跳空了，你就先出来再说，你管它呢？因为你出来以后，就有机会进去，是不是啊？你如果不出来，套死你，对不对？跳空阴，我们千万不要感情用事，只要有跳空阴，你就出干净。（有人提问：开盘跳空该怎样确定？）

那开盘基本上可以定，注意时间的3121，一天的时间是4个小时，对不对？时间节点是3121，21是中午对不对？31呢？刚好是前面的一个小时，如果一个小时它还不能收上去，你干什么？干什么？（众答：跑！）跑！懂了没有？如果跳空阴，你实在是留恋你这只股票，可以，你给它一个小时，行不行？如果一个小时它还不能上去呢？你就出来算了！

好，那有同学要问了，那如果它下午又上去呢？（同学们哄堂大笑）这个当中啊，当你学了量波，你就知道了，有的量波你一看，它根本就上不去了，是不是啊？一个小时完全可以断定，这一段时间量波还能不能上去。

现在大家可以在看量波的时候，适当地用一下3121，你来一分析就知道了，加上一个钟摆定律。OK，有的股票它根本就上不去了，所以你就不要留恋了。反正一条：跳空阴，出干净！记不记得？（众人答：记得！）OK！好。这个地方，临界点一定要记住啊，是阳的底，下行的时候，你就找阳底；上行的时候，你就找阴顶。

我们怎么样才能够用好这一招呢？只有3个字：左推法！就往左边看。有同学说，那我今天和前天看行不行？这个前天，它已经是战斗结束了，今天和昨天是战斗最近的地方，大家想一想，在战场上打仗，你是和昨天的敌人较量还是和前天的敌人较量？（答：昨天）肯定是昨天的，因为前天的敌人很多已经不存在了，是不是啊？你只能和昨天的敌人较量，就是这个道理。

　　还有，就是和明天的敌人较量，为什么呢？他新的部队来了，对不对？所以，一定要就近比！一定要就近比！量柱和量柱比，价柱和价柱比，量柱和价柱立体地比，这样你才能找到第一感觉。

　　我们来找一下（指案例重庆路桥），大家看，首先我们看这根柱子，这根柱子从上到下，已经到什么位置了？到这儿来了，看出来没有？已经到了这个地方，还有一个更重要的原因，在这儿，发现了没有？即使它们俩一般高，不分上下，但是，这个东西怎么样？已经告诉我们，不能守了！懂了吗？这只股票你即使对它有天大的感情，也不能再守了，看出来了没有？

　　所以说，这个地方，你要看量柱，注意：阴胜阳，快逃亡。还有，在这儿，要注意：这根柱子是什么柱啊？（众答：假阴真阳），它是假阴真阳，有的同学说，假阴真阳，我牵牛待涨啊！我这个底下又是缩量三一啊，这个地方很好！好，是好，但是，左证明了，右谁来确认了？右边的这根来确认了，结果跌破了这个阳底，你说，走不走？（众答：走！）对了！跌破了阳底你就走！管它呢？它后面涨是它的事儿，与我无关！懂这个意思没有？

　　所以，我们要想做一个成功的操盘手，你不要把自己当人（众笑），你要把自己当机器人。懂这个意思没有？因为当人的话，你就带有情感、色彩、很多其他的与股票无关的东西。比如，哎呀，这只股票是黑马王子老师说的呀，嗯，那我要捏死它（众笑），是不是？到底是你捏死它，还是它捏死你啊？（众人哈哈大笑）懂这个意思没有？别说是黑马王子，就是黑马爷爷给你的也不行（众人哄堂大笑），懂这个意思没有？

　　好，这还有一个，有人说，哎哟，这刚刚是我爷爷那边来的电话，说这只股票很好，马上下午（指0615当天）就要拉升了！你到底走还是不走？你听消息还是看技术？有好多爷爷的信息都是虚假的，是不是啊？

　　但是，技术优于消息就在这儿，就是实打实，我看到了这个阴已经胜过阳了，看量看价都是胜阳（再次指点今日大盘阴价柱），这个时候应该要清仓了。然后你再看这个阴，除了要看这（指0615阴价柱的底），更重要的是要看这（指0608高量柱对应价柱实底5045）。

　　大家记住啊，如果说一根阴柱在左边，一根阳柱在右边，两根柱子一般高，后市看涨还是看跌？（众答：看涨！）如果换个方向，阳柱在这（指左边），阴柱在这（指右边），对，看跌！它哪怕是一样高的，也是排列组合不一样，效果完全不一样。

　　所以，你可以迅速断定，这个地方不对头，马上走！这个是阴并阳，阳在左，阴在右，或者阳在前，阴在后。阴在后，就表示阴胜，所以说，阴胜，那就必须得走！

　　好，我们再来看，这么高一根，还是高开低走，这样的票，怎么整？很简单，还是看左边的阳的底，只要破底，你就走，走了再说。所以说，双胜阳，快逃亡！这又是一句话。所以，你只要按照我们的九阴真经的三字经，跟着练，不会错。

　　前面把基本的概念告诉大家了，现在还要从这个状态来分析庄家。一看他有什么动作,你就知道庄家在干什么了。下面就告诉大家,有些动作是主动的动作,有些动作是被动的。注意,大家一定要记住! 主动的动作和被动的动作,哪怕是一模一样的,它的结果也大不一样。

比如,高开低走的,注意,当一根柱子它是高开低走,一般是被动地撤退,可能有自救行为。碰到这样的柱子,你来不及出,不要紧,后面还有自救的行为。如果一开盘就低开低走,怎么样? 大家想想,是主动地撤退,可能有大跌。还有,就是长阴短柱一般是主动撤退,可能要回升。如果是长阳矮柱呢? 一般是主动地进攻,可能要上攻啦!

哎,(指着屏幕,拉长语速)在高位克阳,也就是阴克阳,在很高的位置(再次指着屏幕上大盘 0615 的阴柱),阴柱克了阳柱,一般是主动撤退,可能有大跌(再次指向大盘今天的位置),记住啊(放慢语速,一字一顿地说),在高位克阳,就是高位阴克阳,一般是主动地撤退,可能有大跌!

还有一种呢,是高位的阳克阴,一般是主动地进攻,这个时候,后面呢就有上涨的行情了。我们来看案例(有人提问:什么是克?)克是攻克,懂了吧? 阴柱攻克了阳柱,攻克,就是盖住了。

好,我们请大家看,这根柱子,是主动还是被动? (众答:被动)它是高开低走的,那么,它后面可能有自救。注意,它的自救行为,往往是从哪儿跌下去,还有可能上升到哪儿来。懂了吧,这是一种被动,也就是说,这个庄家,他一出手,他是往上走的,结果被另一对手盘打下来了,对手把他打下来之后,他就要报复,你打我一拳,我踢你一脚,于是两个人在争斗了,最后打成平手,还得要下来。

好,我们再看这个地方,是什么? 是高开低走,是主动还是被动? 被动! 他也有一个自救,但是,最多也只能搞到这个上去一点点儿,还得下来。因为碰到这种情况,他的阵容已经产生分裂,也就是和对手盘直接干起来的,那不是散户干的,是对手盘干起来的。所以,一碰到这样的情况,大家就要记住了!

好,这个是什么? 注意了,这个是平开的,平开的两种情况,第一,只要进阳半,跑! 但是这个阳太小了,一开就到阳底下来了,所以,还是主动。第二,你当天看不懂,就看第二天,一看就看懂了。如果这个是阴,那么,这个动作也是个阴,还要大跌,跌下去,就这么简单。

所以,只要看懂了主动和被动,那么,你即使当天不走,第二天走不走? (众答:走!)为什么? 跳空阴,出干净! 因为在实践当中,有很多时候,我们的眼光都有自闭,因为有的同学买了八九只持仓股票,他看不过来,他看张三的时候,李四自闭了。他看李四的时候,王二麻子自闭了。那不自闭才怪了。所以,自闭之后,我们要拯救自己,那你就要赶快研判,用我们的看盘方法。

你看这个地方该跑了,这个地方也是,如果你当天跑不了,第二天怎么样? 坚决跑! 为什么？这个是阳吗？不是阳！这是个什么？是假阳鬼子！所以，这一天跑不了，第二天有机会就跑。懂不懂？

所以，阴过阳，一定要快逃亡。核心是跳空阴，出干净！然后呢？阴过阳，快逃亡！这是最核心的核心！能记住吧？（能！）好！

......

市场残酷，老师最亲！

——回忆"615 股灾"中的黑马王子张得一教授

人民大学量学实战特训班学员　苏天发　单文军/文　吴启华/图

　　2015 年 6 月 15 日开始的股市大浩劫，在政府的干预下，已经于 2015 年 7 月 8 日戛然而止。在这场劫难的鼓角硝烟已经逐渐远去的时候，当回首去俯瞰审视之时，我们除了要向政府的及时救市致以最真诚的感谢、最热烈的欢呼和最崇高的敬礼之外，对我们全体量学学员来说，还有一个人是最值得我们感恩的，他，就是我们的股海明灯，我们的导师——黑马王子张得一教授！

一、暴风雨前　果断决策

　　这场股劫开始的时候，正是 22 期量学特训中级班开班之时（6 月 13 日至 17 日）。王子老师以他对股市的特有嗅觉，已经闻出了其中的异味。王子老师在 6 月 14 日周日的特训课中明确指出，"5045 一破就出"。6 月 15 日周一的收盘课又把最后一节课的《九阴真经》调到前面来讲。老师：现在情况很特殊、很微妙，本来要放在最后一节的课程，现在必须放到前面来讲了！

　　老师说：九阴真经说复杂很复杂，它涉及对股市走向的把握，涉及对个股进出的策略和技巧，但要说简单，也非常简单，只要牢牢记住 3 句话就行。

　　第一句：阳胜进、阴胜出。如果今天是价柱量柱双阳胜阴，那么，就可以适当介入，如果量柱价柱只有一个胜呢？怎么办？也简单，单边胜，看一阵，先看看再说嘛！但是，如果价柱量柱双阴胜阳，你就必须赶紧逃，这就叫阴胜阳，快逃亡！但要是只有价柱阴胜、量柱没有阴胜呢？也要跑，即使跑错了也要跑，先跑出来再说！如果它第二天敢阳胜阴，我们在它有效跨过阴顶时再杀回去也不迟，这可以有效帮助我们避免意外的风险。

　　第二句：跳空阴、出干净。如果你在阴胜阳的时候没有出来，那么，第二天跳空低开的时候，就是你最后的逃命机会。会不会低开之后再往上走？有时会，有时不会，我们可以给它定个一小时确认原则，也就是时间上的三一位，如果一小时内不能翻红，赶紧跑，先跑出去再说，过了时间上的三一位再翻红的也不能说没有，但概率很小，我们要做大概率的事，不做小概率的事。跳空阴出现之后的走势，往往是一字跌停！所以，必须跑，最好一开盘就跑，跑错也要跑,先跑出来再说,很多大幅低开的跳空阴,不到半小时就一字跌停,迟了就跑不出来了!

第三句:左正明、右确认,等待确认是灵魂! 如果行情出现反弹的迹象,要不要立即杀进去? 别急,这时的迹象,不过是左正明而已,能不能有效反弹,必须等待右边走势的确认,确认的时间原则是 3 天,也叫三天确认原则,很多处于大跌趋势中的股票,反弹一两天后又会大跌,趋势不明朗,我们就不要介入,一定要耐心等待,等待走势得到有效确认之后,再找好时机介入! 不要怕错过,也不要怕踏空,你错失了一个机会,就会迎来 2 000 多个机会,因为好股不是一个,还有 2 000 多只股票等着你!

老师最后说,九阴真经是我们的逃命法宝,大家一定要学好! 还没学会赚钱,要先学会逃命! 只有保存了实力,才能在反弹中取胜。逃命不是退出,而是为了更好地进攻! 大家要向《我是特种兵》里的小庄学习,在主力要抓你的时候,你要巧妙地逃出来,而当主力要向上的时候,你又要杀进去,把它俘虏了! 他问大家:我们能不能成为小庄那样的特种兵?

我们清楚地记得,当时全场掌声雷动,齐声应道:能!

二、辅导学员　彻夜不眠

但是,在真正实盘的时候,很多人都把老师的叮嘱给忘了。也许,这场股劫的程度之深、范围之广,远远超出了大家的预料。很多人都对自己的股票抱有幻想,没有在阴胜阳的时候出来,出现跳空阴的时候,认为有支撑,还是没有出来! 结果就一路大跌下去,很多都是一字跌停,连逃的机会都失去了。

有位同学留言:这几天,我天天都在反复重听老师在 T22 特训班的讲课录音,听着听着,就要流泪和失声痛哭! 老师问她为什么? 她说,她本来做得很好的,后来感觉自己实盘能力强,就开始代客理财和借钱融资炒股了。但是,当手中的股票出现阴胜阳的时候,没有及时跑,跳空阴的时候,也没有跑,结果就一路跌下去了,等到后来都麻木了,破罐子破摔了,结果最后被爆仓了,一下子亏了几千万! 现在一想起老师的教诲,就忍不住想哭!

还有学员留言:一想到大盘的暴跌,我就想流泪,不是为自己,而是为我们的民族和国家!

这样的信息,不断传到了老师那边。老师开始不安了,他深深地为自己的学生不该有的失误而痛惜。他深夜造访 T22 群,问大家到底退出来了没有? 当知道还有一部分学员没有退出来的时候,我们能感觉到老师的心在滴血,因为老师早在 22 期培训班开班的时候,就告诉大家要逃命了,还问大家能不能做到像小庄那样,大家都说能的。我们以为老师会发火、会痛斥、会大声责问,但没想到老师只是轻轻地说了两句话:

(1) 这次股灾,给我们上了生动的一课,一定要做好机器人。

(2) 量学的尺度摆在那里,我们只要照着做就行!

班长和班委根据老师的思想,要求大家好好反思,为什么要做机器人? 为什么之前做不了机器人? 怎样才能做一名合格的机器人? 通过广泛、深入的交流讨论,从根本上去解决问题。

在接下来的日子里，我们敬爱的王子老师不但更加仔细地研判大盘的走势，还每天加班到深夜，根据灯塔线的运行情况，给学生和明灯网友制定攻守策略，帮大家把握股市行情的走向。

即使在全体股评家失声的时候，唯有我们的王子老师还在孤军奋战，从未间断发表收评和预报。他的得意门生小黄牛、老耐、金哲男等师兄，还每天光临 T22 群，为大家解读盘面走势，帮助大家分析各自手上的股票，为大家的操盘策略提供了重要的建议。

有人说量学在大跌中也不顶用，可本文作者之一的老兵帅克，根据老师同类合并和极阴次阳的原理，每次在大盘同类合并形成极阴的最后一天介入，次阳当天出逃，成功操底华电能源、飞马国际、艾派克、福达股份等诸多涨停板，获得了小小的收获，其《我为什么敢在上周五抄底》等帖子赢得的喝彩，其实就是对老师和量学的喝彩！

看来，同样的老师、同样的理论，在不同的人手里，其效果也不会完全一样。这不是量学在下跌中没用，而是他们还没学会如何在下跌中运用。诚如小黄牛师兄所言：关公的刀杀人无数，但不会耍的你拿去了，也许敌人还没砍着，先把自己给砍了！

三、亲临一线　现身说法

7 月 6 日，当大盘最严峻的时候，当媒体上大呼出逃的时候，当大家都扛不住的时候，其实已经是快到底部的时候了。老师很明白这个道理。他从他的灯塔线上面已经看到了太阳即将从海平线上喷薄而出的那一抹霞光。他担心他的学员会做出割在黎明前的傻事，赶忙跑到 T22 群，叫大家千万别割，现在割肉不是止损，是自残，一定要耐心等待反弹的机会，而这个机会，也许很快就要到来了！

老师的态度，立即传递到了量学特训班的 20 多个群，也迅速传遍了网络。许多本想止损的学员，惊慌的心灵得到了安抚，悲观的情绪得到了释放，很快就静下心来默默地等待反攻的日子。

7 月 8 日一早，王子老师又来到了 T22 群，通过 T22 群转告其他群的学员，反弹开始了！他亲自找出 4 只股票：贵州百灵、大洋电机、富奥股份、新宙邦，外加一只学员选的票盛路通信，一共 5 只，要大家好好关注。他在盘中一路点评这 5 只股票的走势，并以其高准确率获得了学员的无数喝彩和鲜花，很多学员因为掌声太多、鲜花太多、喝彩太多而被禁言 1 小时！最终，这 5 只股票中，贵州百灵、大洋电机、新宙邦从跌停到涨停，当天涨幅 20 个点，富奥股份从跌停到 +8.40 个点，涨幅 18.40 个点，盛路通信从跌停到 +7.75，涨幅 17.75 个点！

收盘后，老师让大家晚上就按照这 4 只股票的量形特征找股票，按小黄牛师兄预测的一剑封喉外加下跌初期缩量三一二一，最近几天再次缩量三一二一的形态找，千万别错过了机会！

果然，7 月 9 日大盘逆势反转。王子老师 9 日一早再次出现在 T22 群，叫大家把昨天介入的股票在今天涨停的时候出了，去找还没启动或正要启动的股票，进行一石二鸟、一箭双雕的战术，多擒一个涨停板。在老师的指引下，很多人都多抓了一个涨停板。大盘也最终收出 200 多个点的巨阳，出现了千股涨停的奇观。

此后几天，大盘强势上攻，一路攻城略地，彻底扭转了狂泻不止的跌势。老师点评的那几只股，更是在几天内就出现了超过 60% 或翻番的行情。正当大家兴高采烈的时候，王子老师在 13 日左右又来到了 T22，要大家见好就收，对已经连续 4 个涨停板以上的股票不要恋战，目前的刹车行情基本要结束了，要退出等待换挡的机会。由于要准备 23 期特训班的工作，不能每天都来了，大家一定要耐心等待，同时要密切关注军工板块的行情！

第 23 期特训班开班之际，大盘和个股终于如老师所言的那样，出现了换挡的行情，军工板块也如期爆发，一直在虎视眈眈的众多量学弟子，立即满仓杀入。特训班上雷鸣般的掌声和欢呼声，就是广大学员给王子老师的最高敬礼！

经过这次大劫的洗礼，我们的许多新学员得到了锻炼，学到了新本事。比如，到了 7 月 24 日大盘触顶回落时，大部分学员终于能够像小庄那样逃出来，享受了别人无法理解的"量学七连阳"，剩下小部分当天进去的，也表示下周一定择机出来，不会再守在里面痴心等涨了。

看到已经逐渐成长起来的学长，回首即将过去的不堪往事，我们隐隐约约看到了老师时而奔走呼喊、时而振臂高呼、时而伏案疾书、时而谆谆善导、时而指挥若定的背影，每当这时，我们总会心头一热，眼泪就涌上了眼窝！

市场残酷，老师最亲！这是我们发自心底的心声。我们祝愿老师健康长寿、万事如意！老师的健康长寿和万事如意，就是我们全体学员最大的幸福和财富！

附图 X-4～X-8 如下。

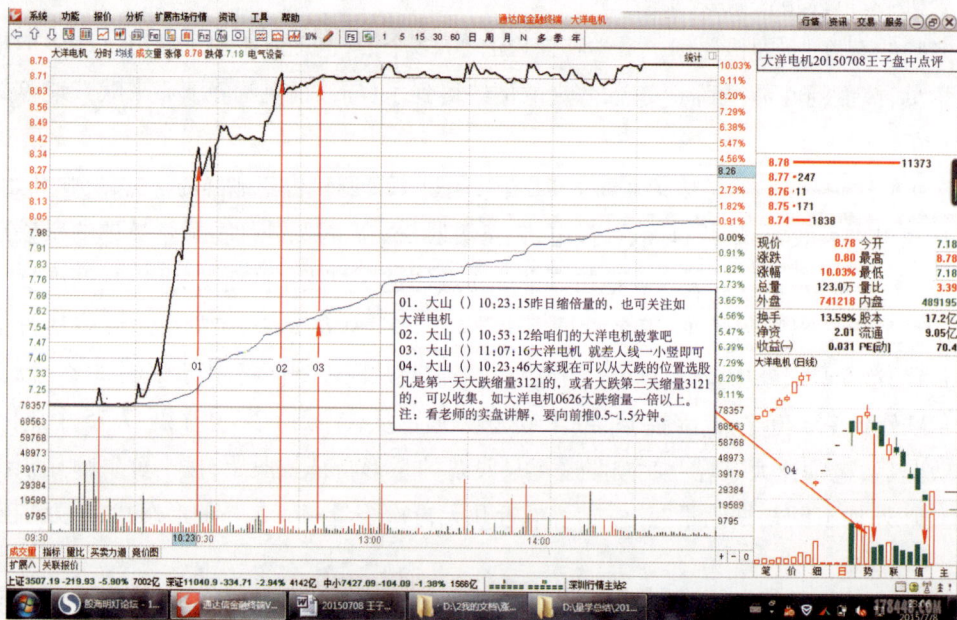

图 X-4　大洋电机 20150708 王子盘中点评

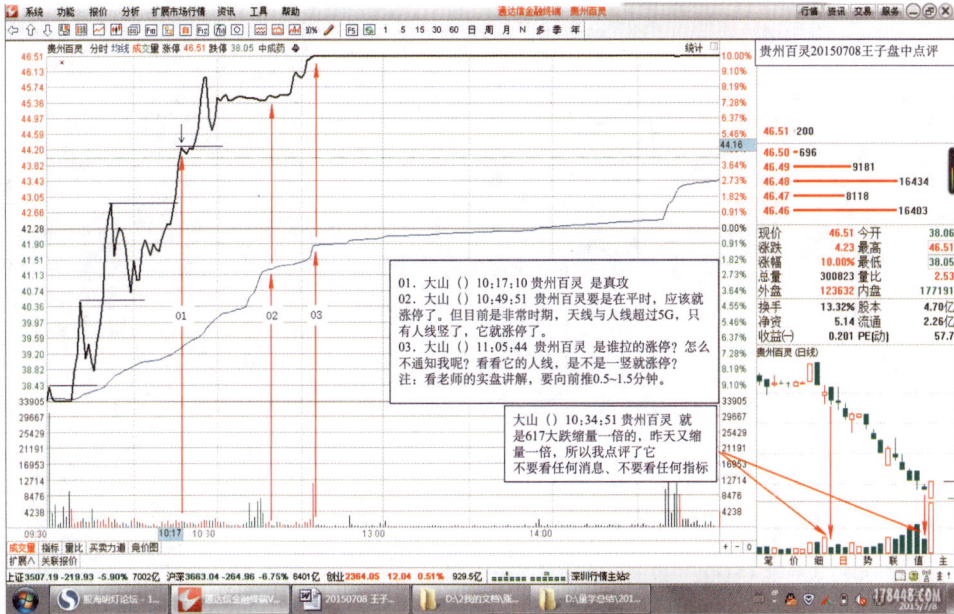

01. 大山（）10:17:10 贵州百灵 是真攻
02. 大山（）10:49:51 贵州百灵要在平时，应该就涨停了。但目前是非常时期，天线与人线超过5G，只有人线竖了，它就涨停了。
03. 大山（）11:05:44 贵州百灵 是谁拉的涨停？怎么不通知我呢？看看它的人线，是不是一竖就涨停？
注：看老师的实盘讲解，要向前推0.5~1.5分钟。

大山（）10:34:51 贵州百灵 就是617大跌缩量一倍，昨天又缩量一倍，所以我点评了它
不要看任何消息、不要看任何指标

图 X-5   贵州百灵 20150708 王子盘中点评

左阴实顶26.50
左阴中线25.69

01. 大山（）11:02:41 关注新宙邦618缩量多少？？
注：看老师的实盘讲解，要向前推0.5~1.5分钟。

图 X-6   新宙邦 20150708 王子盘中点评

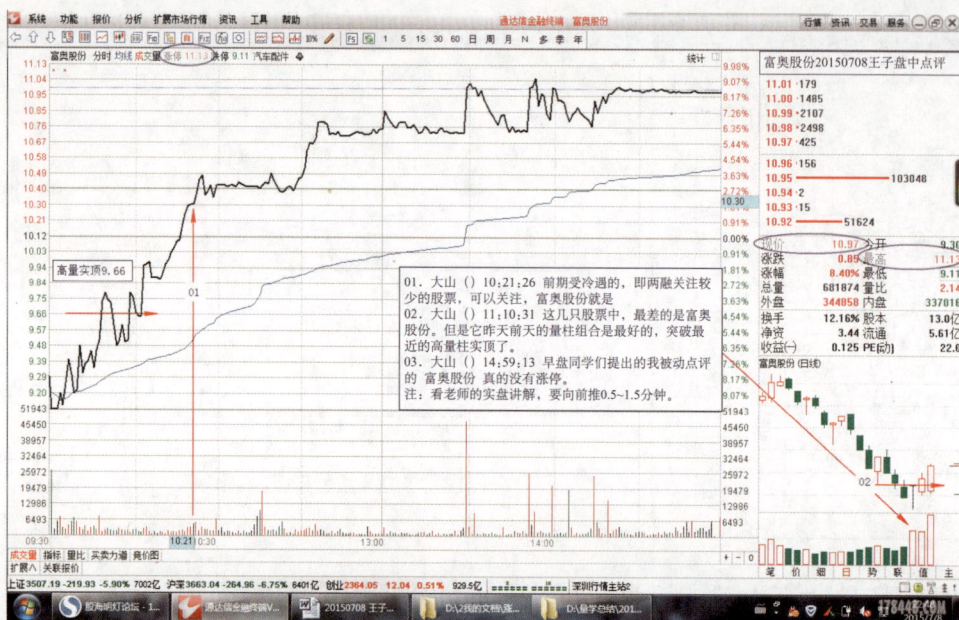

图 X-7　富奥股份 20150708 王子盘中点评

图 X-8　盛路通信 20150708 王子盘中点评

（编者注：本文 2015-07-25 发表，点击 25 666 次，点赞 745 人）

目 录
CONTENTS

关于确认跳空、确认阴元帅、确认阳元帅及伏击要领(0204 讲座)

2017-02-04

　　昨天晚上特训群关于"跳空"和"阴元帅"的讨论非常热烈。同学们产生分歧的主要原因在于对"收盘价"和"开盘价"的错位,即把"昨日收盘价"与"今日收盘价"混淆了而产生的错位。这样的讨论很好,让我认识到了"文字表述"与"读者理解"的错位。现将重要的内容归纳如下,若有不清楚的,请回复在下方。

一、关于跳空的确认原则(见图1)

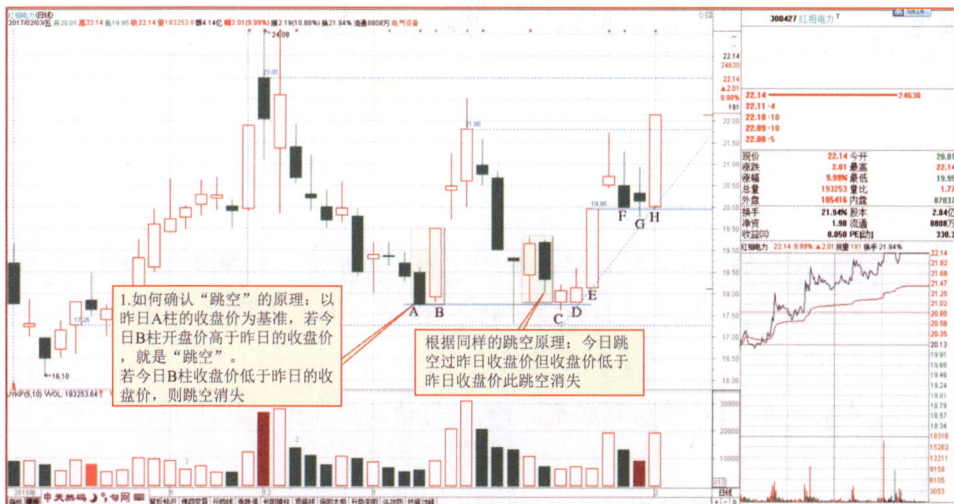

图 1

　　(1) 关于跳空确认的基本原则(参见左侧标注框):以昨日 A 柱的收盘价为基准,若今日 B 柱开盘价高于昨日的收盘价,就是"跳空";若今日 B 柱收盘价低于昨日的收盘价,则跳空消失。

　　(2) 关于跳空消失的基本原则(参见右侧标注框):根据上述跳空确认的基本原则,若今日跳空过昨日收盘价,无论阴阳均是跳空;若今日收盘价低于昨日收盘价,则此跳空消失;可见,跳空回补以实体为准,实体补空则跳空消失;有时,跳空后面有虚体回补,虚体补空则跳空存在。因为,虚体下引线往往只有瞬间补空,是假象,不能当真。

(3)关于跳空确认的分时研判:根据上述跳空确认的基本原则,只要分时图中开盘跳空向上没有回补,就是跳空。图中E柱就是一个隐形的跳空(分时图中可见)。

二、关于元帅的确认原则(见图2)

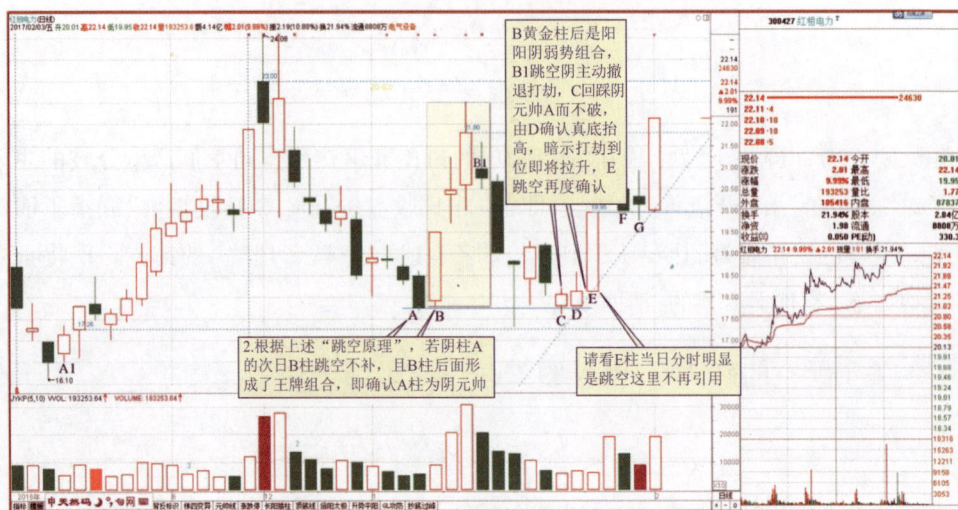

图 2

阴元帅的确认与阳元帅的确认有根本区别:阳元帅"跳空三日不补"即确认;阴元帅"必用王牌组合"来确认。

例如,图2A阴柱的次日B柱跳空不补,且B柱后面形成了王牌组合,即可确认A柱为阴元帅柱。再如,图2E阳柱的次日跳空三日不补,即使G柱瞬间跌破又收上去,是假动作,确认E柱为阳元帅柱。再看B黄金柱后是阳阳阴弱势组合,B1跳空阴主动撤退打劫,C回踩阴元帅A而不破,由D确认真底抬高,暗示打劫到位即将拉升,E柱跳空确认D柱也是元帅柱。

总之,E柱本身是阳柱,只要其后三日跳空不补,就是元帅柱。

注意:阴元帅必须由王牌组合来确认,阳元帅只要跳空不补就能确认。同学们讨论时,没有根据具体的阴阳对象来研判,而是把阴元帅的确认原则用到对阳元帅的确认,那就犯了张冠李戴的毛病。

有同学对D柱充当元帅柱不理解,关键在于对C柱的性质没有理解。C柱是低开高走的假阳真阴,D柱则是量价双向克阴的阳柱,其后的E柱跳空高开高走,确认D柱是阳元帅

（根据先者优先原则 D 柱也是）。

关于 E 柱的跳空，从日象上看不出来，但从其分时图一下就能看出（只要分时量波向上跳空不补就是跳空）。该股 E 柱的分时就是明显的跳空向上，详见图3。

图　3

朱明同学看了该股 E 柱的分时图后留言：哦，还有竞价不跳空，开盘分时跳空的。主力真心狡诈啊！防不胜防。没有十年功，不识真假跳啊！

vicky16888 同学留言：谢谢老师！关于 E 柱的分时跳空，日象价柱却没有跳空，如果没有认真看分时是很难发现其跳空的。肯定以后还会有很多类似这种跳空的。有一点我还是没有明白。日象价柱没有跳空是当日竞价的价格吗？还是主力狡猾隐藏其真实的目的以强示弱呢？

王子回复：这不是以强示弱，这是以假乱真，实际上就是异动！这种情况是主力为了掩盖其操盘真相时经常运用的一种手法，如果稍不注意就会被骗。

三、黑马王子伏击该股的全过程

弄懂了上面的基本原理，再来看这只股票，就会越看越有味，越看越佩服该股主力，越看越清楚该在哪儿伏击了。请看图4。

该股于 2016 年 6 月 8 日周三停牌（见图中竖线），于同年 12 月 22 日周四复牌（见竖线次日），复牌当日高开低走直冲涨停后回落，收了一根带长上引线的假阴真阳。次日跳空低开低走又玩了一把冲击涨停未果的游戏。

该股复牌后第三日低开低走，缩量一倍，明显是假跌。这个信号引起了我的特别关注。我就等着它跌到位，一直等到 A 柱确认其昨日是阶段低量柱，再次引起我的重视。

第一场战役：

A 柱是 0106 日周五，收盘后我仔细分析该股复牌以来的走势，跌的多么爽快，几乎没

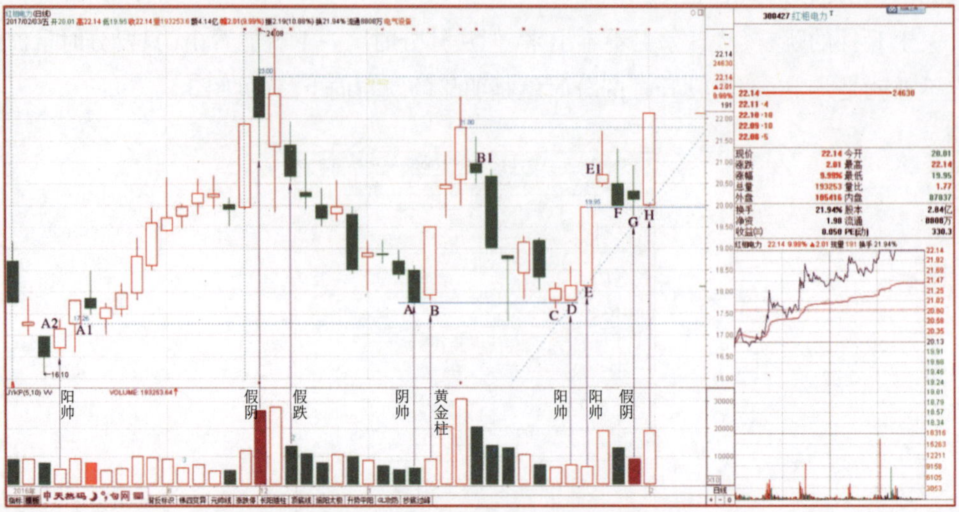

图　4

有介入的临界点,根据下跌临界稀少原理,凡是下跌干脆利索的主力,一旦上涨也会干净利落。所以我将它收进预选池,决定下周一重点关注:方法是以 A 柱二一位 18.11 元为伏击圈,并预设了预警线。

B 柱是 0109 周一,该股跳空开盘,飘逸斜上,迅速飘过 18.11 元预警线,当电脑发出预警声的时候,它已飘到 18.15 元,我迅速扣动扳机,用闪电买入法在 18.16 元伏击了它。

买入后,该股次日跳空向上,第二日又跳空向上,王子心中好不快乐,这时我哼起了小曲《一对对鸳鸯水上漂》,那个乐呀,那个爽呀,恨不得再来一曲《青藏高原》,但是,好景不长,10:30 分稍后,量波一到 22.53 元就下来了,22.53 元正是当日涨停价,我想,这是假下,继续等候它冲击涨停吧。

当天下午,该股连续两次触及涨停板即下,为什么封不住呢? 我看了一下日象图,该股从底部起来已涨了将近三个板的空间,并且今天是梯量第三阳,根据盯三防四原理,应该明日出货,但是,一看当日量能,我吓了一跳,今日量能是百日高量,放量滞涨,一定有痒! 看来,今天很难封上涨停了。先强后弱,出了再说,于是我在它第三次触及涨停回落的那个瞬间,以低于涨停板 3 分钱的价格胜利出货! 见图 5。

次日(0112 周四),该股跳空向下开盘(见 B1 柱),跌幅达 4.97%。幸亏昨天低于涨停板价 3 分钱出货了!

第一场战役胜利结束!

第二场战役:

该股 B1 跳空下跌,却缩量三一,次日又缩量三一。量学告诉我们:连续两个缩量三一等于缩量二一,是典型的假跌信号。那么,见此信号,我们就要继续关注该股了,关注什么?

图 5

关注它假跌到什么位置。

该股下跌的第三日，低开低走上攻，收了个长阴长腿，止跌信号来了。但不能介入，因为没有确认。

第四日又是低开，我一看，没有戏，也就没有关注它了。可它收盘却是中阳缩量克阴，应该是反弹信号。当晚做好功课，准备次日伏击。

第五日又是低开，我一看，幸好没有在集合竞价时介入。继续等。

第六日即 C 柱，再次低开，收了一个假阳。假阳真阴，务必当心。但其实底未破 A 柱阴元帅，心想，难道它是来回补阴元帅吗？浮力 7 分钱。等着明天的确认吧。

第七日即 D 柱，低开高走（日象显示为平开，可见量波多么重要），收了一个量价双向胜阴的长臂小阳，长臂上引线即侦察兵，量学告诉我们：凡是侦察兵到过的地方，可能就是主力要进攻的地方。

C、D 二柱的组合非常有意思。二柱都没有跌破 A 阴元帅，压缩的弹簧，反攻的脊梁，被压缩的零号"气球"是否会突然爆发呢？王子再次将它列入预选池，并将 D 柱侦察兵到过的 18.59 元作为预警线，一旦有效过线即开枪。

次日即 E 柱，高开高走，09：37 分突破 18.59 元，电脑报警，王子用闪电买入法介入，实际以 18.81 元介入，当天涨停，当天获利 6 个多点。

E 柱次日即 E1 柱，高开高走，王子心里乐开了花，哼起了《青藏高原》，梦想着一场战役获利三个板的那个美味即将实现。

F 柱（即 E1 柱次日），平开上攻，突然回落……走还是留？哼起了《其实不想走，其实更想留》的小曲。反观该股前期走势中，多次回踩元帅顶不破即上的惯用手法，决心和它博一搏。持股。

G 柱，高开，哈哈，正在庆幸持股成功，量波却突然下跌，然后横盘两个小时，水平的谷底波澜不惊,平缓的人线高高在上,14:05 分量波抬头向上,王子心想,机会来了,加仓,见图6。

图 6

刚刚一加仓,量波却突然大跌,跌破了昨日收盘价,跌破了E柱元帅顶。我的妈妈呀!谁知盘中餐,粒粒皆辛苦哇!当时,恨不得剁手、恨不得挖眼、恨不得金盆洗手、回家种红薯也。

也许是主力怕王子太伤心了,尾盘急速向上,收了一个惊心动魄的假阴真阳。哇!假阴真阳,牵牛待涨!

H柱,鸡年春节后的第一个交易日,正如大家看到的,该股逆市涨停!

有人问我:卖了吗? 没有卖! 原因有三个:

其一,它是逆市涨停;

其二,主力知道今天是周末,面临两天休市,它敢于逆市涨停,且敢于不顾周末休市的种种不确定因素而涨停,说明它胸有成竹再创新高;

其三,最重要的是量柱,涨停量柱H明显比百日高量柱低,而其对应价柱却比百日高量对应的价柱高。

有人问我:什么时候出货? 以左侧最高价柱即假阴真阳的实顶23.00元为标准,下周一能过23.00元就不出,不能过就出!

以上预案,仅供大家参考。不当之处,欢迎批评指正!

确认百低即反弹，三大主题率先行

（0206 收评兼 0607 预报）

2017-02-06

祝贺明灯论坛今日有 1051 人次成功伏击涨停板，原始预报详见股海明灯论坛"涨停预报"专栏 http://www.178448.com/fjzt-2.html? page=53。

网友提问：昨日关于振兴农业的一号文件发布，所有机构和大小股神纷纷抛出农业股大涨预报，几乎所有的农业股都被这些权威点名预报，为什么王子老师却稳如泰山，只字不提？

王子回复：农业股今天的表现就是最好的回答。量学的预报是不看指标、不听消息、只看量柱量线，因为农业股截至昨日的量柱量线不支持它们大涨，就是天大的好消息也没有用，只有等它们的量柱量线达到量学标准之后（如蒙草禾丰具有凹底淘金成熟形态），王子自然会预报。

王子在 0203 收评《节后首日凹底淘金股票逆市崭露头角》中指出："下周一（0206）的三线可以预设为 3130、3140、3160。个股方面，涉及混改央改的军工、环保、建材值得关注。形态方面，昨日讲座《回马枪之后将有凹底淘金涨停趋势出现》"今日最高达到 3158 点，比预报值 3160 低 2 个点，价升量升，确认百低即反弹，三大主题率先行（见图 7）。

哪三大主题？王子在 0124 收评《主力为何悄悄潜入这三类股票？》中明确指出："主力资金有节前潜入迹象，潜入对象集中在混改、供改、军改三大主题。"今天正是这三大主题率先启动，尤其是军工混改股亮眼。王子 0203 在特训群预报的三只股票就有两只。0204 周末讲座中详细讲解了其中一只股票的伏击过程和进出策略。

明日大盘三线可预设为 3148、3156、3171。

个股方面，涨停形态以凹底淘金居多，如禾丰牧业、精华制药、三祥新材等股票，就是典型的两级卧底王牌凹底淘金形态，稍有变形的那就更多了，如蒙草生态、通灵珠宝、金桥信息等不胜枚举，大家对照明灯论坛上 0202 周末讲座《回马枪之后将有什么涨停趋势接力》的案例看看就清楚了。

我们在筛选凹底淘金股票的同时，应该关注突破左峰的股票，次权三通股票也到了该

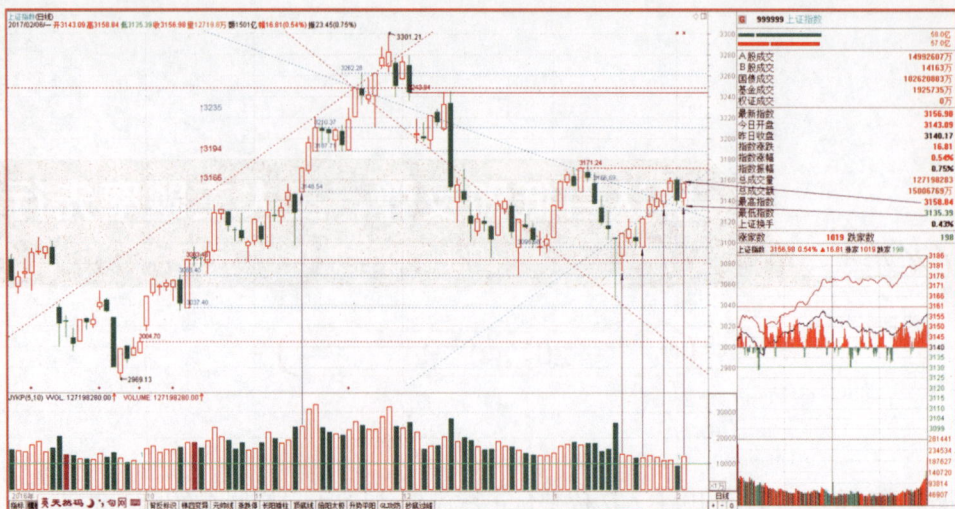

图　7

伏击的时候。祝大家今晚能选到如意股票。

jacinta2017－2－6 19:38 留言：王子老师0204讲座太棒了,量学太棒了,之所以这样讲,是因为老师操作的任何一个步骤都有理有据,买,为什么买,出,为什么出,留,为什么留,从没有"差不多",所谓科学就是拒绝"差不多",您永远是我们膜拜和学习的榜样。敬佩之至。祝身体健康!

宏图高科 2017－2－6 14:29 留言：王子老师0204讲座真好! 语言幽默风趣,即使不炒股的人看着都觉得妙趣横生。希望老师以后多发表一些自己伏击股票的过程,我们能从中学到很多。

jiashubao 2017－2－6 19:10 留言：王子老师0204讲座很是精彩,既防量友们的跟进,又达到了学习的效果;既讲到了量柱擒涨停,量线捉涨停,又讲到了量波抓涨停,真是五味俱全,十分感谢!

kenny 枫 2017－02－06 14:33:38 留言：王子老师,读了您的书差不多快一年了,一直没有抓到过涨停,一直在不停地反省,也在改变自己的看盘方式。今天(2月6日周一)我抓到了第一个涨停,000885 同力水泥,而且我还是跌停板见主力快把跌停封单吃完前买入的。这一抓从跌停到涨停,盈利22%,太激动了!

林泽伟 2017－02－04 00:25:57 留言：量学战法多,王子老师的凹口淘金康桥战术较适合普通小散。能否大涨取决于凹口左上方的假跌,刹车后的倍阳,凹间的倍阳,右侧换挡的倍阳。1月19日尾盘伏击了小倍阳后缩量过康桥的东方铁塔,1月23日尾盘伏击了小倍阳后平量过左峰的豪迈科技,1月25日尾盘伏击小倍阳后缩量平康桥再跳空过康桥的江西铜业。

给力春讯 2017 - 02 - 04 06:05:56 留言:谢谢王子老师无私分享,年前我按照量学理论找出来的 600698/600801,成功潜伏并在论坛预报,新春开盘,600698 封板,600801 逆市大涨近 6 个点! 衷心感谢王子老师! 衷心感谢量学理论!

陌上 2017 - 02 - 05 19:11:47 留言:王子老师,年前用您的办法选的赛摩电器,缺口附近入货,感觉到了量学的伟大!

003 平斜叉下收长腿，凹底淘金放异彩

(0207 收评兼 0208 预报)

祝贺明灯论坛今日有 676 人次成功伏击涨停！原始预报数据详见"涨停预报专栏" http：//www. 178448. com/fjzt－2. html？page＝34。

见图8，大盘今日最高点3059，比预报值点1个点。最低点3140，收盘于3153，全天收长腿阴十字星，坐落于0117灯塔A线与3156平衡线交叉下方。

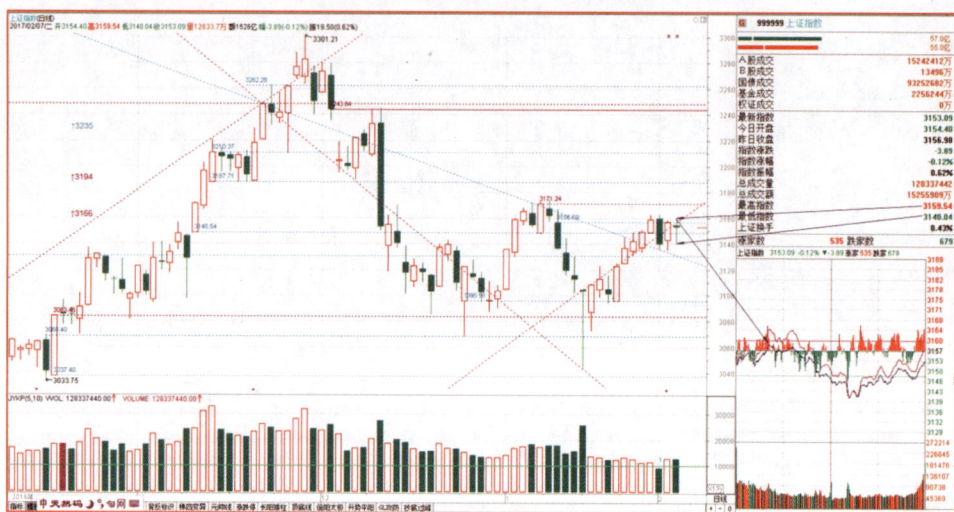

图　8

今日大盘在国内外多重利空消息影响下能收成这样，已属非常强势了。这得利于什么？得利于凹底淘金股票的逆市大涨。

有人说：量学必须有消息刺激才能大涨，那么请看今日的"中科云网"，既不是政策热点，也没有消息刺激，就凭它那标准的凹底二级黄金梯，踩着第二级黄金线于早盘09：56分直奔涨停！其形态和王子昨日收评点评的三祥新材一模一样。如图9所示。

它为什么能逆市涨停？清华大学出版社出版的《涨停密码》一书中专门讲过，"十月怀

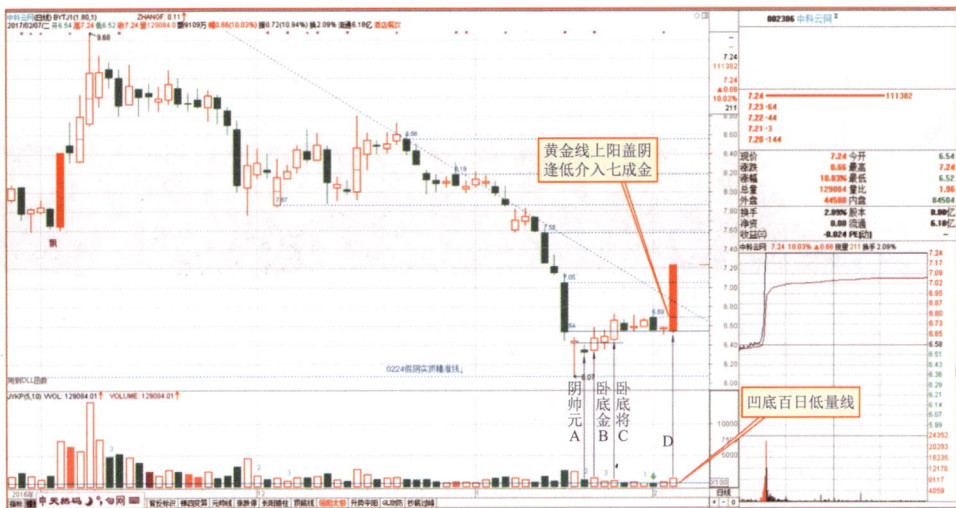

图　9

胎"成熟，一朝临盆分娩，即使地震海啸它也要出生。这就是量学的科学底蕴。

有人说：王子为什么不早说呢？现在涨停了你就会嚷嚷了？同志且慢，王子早在春节期间的周末讲座《回马枪之后将有什么涨停趋势接力》就指出凹底淘金即将接力，春节后的第一交易日、第二交易日，王子又再三叮嘱大家注意凹底淘金形态，今日这种形态终于逆市爆发了！

与三祥新材和中科云网类似的还有嘉凯成、梦洁股份、麦迪电气、杭齿前进、金路集团、上峰水泥、方大化工、新海宜、中泰股份、溢多利、煌上煌等，一不小心列的这出11只股票，无一不是凹底二级王牌柱托起的涨停板。

建议有兴趣的网友可以把今天的涨停股票全部过滤一下，看看凹底淘金占据多大比重。当那些相信量学的网友纷纷成功伏击涨停的时候，还有人在寻求什么所谓的"量学与消息组合"，这不是捧着金碗讨烧饼吗？

明天三线可预设为3148、3153、3160。个股依然重视凹底淘金。

祝大家今晚能选到如意的股票。

凹底淘金 + 凹口淘金讲座、王子集中答疑预告（0208 答疑预告）

2017-02-08

　　王子 0202 春节期间在《回马枪之后将有什么涨停趋势接力》讲座中提前发布了"凹底淘金涨停趋势预报"，并讲解了凹底淘金的方法和技巧。

　　春节后的这四个交易日，凹底淘金股票逆市大涨，王子周一点评的凹底淘金经典形态"三祥新材"至今三个涨停，许多网友取得了凹底淘金的涨停成果，纷纷留言回报涨停喜讯，但多数没有讲出理由，下面八位网友讲了他们的伏击理由和伏击方法，特发表在下面和大家分享。

　　（1）轻飘的炊烟 2017 - 02 - 08 09：17：05 留言：按照王子老师的凹底淘金战法，前天买入金路集团，昨天涨停，量学真是炒股的科学。

　　（2）丫丫慧 2017 - 02 - 08 07：46：24 留言：成功伏击东北电气，0125 假阴真阳，0126 缩量二一，0203 缩量三一，0206 缩量三一，今日涨停。

　　（3）贺雪英 2017 - 02 - 08 07：16：59 留言：感谢王子老师创造的量学，我在年后第一个交日，就进入了中科云网，我是用凹底淘金 + 百日低量柱 + 平斜线上一定有中到大阳，坚持一定有涨停，果然回报了我一个大红包。

　　（4）给力春讯 2017 - 02 - 07 22：55：47 留言：感谢王子老师，昨天出 600698，第二次伏击 002651，今天如约涨停。不用管大盘，只要有局部，就有得赚。新春只有 3 个交易日，就伏击了 2 只涨停个股。学习量学 2 个月，神奇！今日，在网上将王子老师的书全买齐了，潜心学习，2017，让我们撸起袖子加油干！

　　（5）鸥夷子皮 2017 - 02 - 07 22：44：55 留言：昨天成功运用量学理论预报了第一个涨停板（华灿光电）该股今天早盘开盘低开整理后便一路快速拉升至涨停板封死直到收盘，说真的，当我看到股价涨停时就像做梦一样，那感觉超好！感谢王子老师，致敬量学理论！赞美的话就不多写了，希望老师一定要注意多休息，千万不要过度劳累。

　　（6）路过 2017 - 02 - 07 22：16：47 留言：学了王子老师的量柱擒涨停理论之假阴真阳战法，今日成功抓获到了一个涨停板 000585 东北电气。0125 假阴真阳，0126 缩量二一，

0203、0206 继续缩量三一二一并踩精准线 7.60 元,今日成功涨停。量学真是太神奇了,在此特别感谢王子老师! 衷心祝福您老人家身体健康!

(7) 猫猫不见了 2017 - 02 - 06 21:23:28 留言:感谢量学,今天抓住三涨停! 周五小倍阳阳包阴伏击了时代万恒和恒大高新今天涨停,早上蒙草生态三天跳空不补伏击后涨停! 太激动了!

(8) 蔡安南 2017 - 2 - 6 22:04 留言:感谢老师精彩的点评,让我如同身临其境,太精彩了,而且有依有据,这就是量学,这就是科学,这就是哲理。谢谢!

王子回复:以上八位网友的成功,只是万里长征迈出了第一步,后面的路还非常长远,望你们戒骄戒躁,永不自满。

但有一些网友,学了凹底淘金的方法却不会用,对凹底淘金提出了一些非议,甚至说上面这些网友伏击涨停的成功是瞎猫碰上了死老鼠。天呀! 同样是学习凹底淘金,为什么会有这么巨大的反差呢?

(9) 守株待兔 2017 - 02 - 07 22:12:00 留言:凹底形态很多啊,比如 002011、002632、600129、600222、002655、300465、603258、603528、603888、300352,我选的这些怎么一只都不涨?

王子回复:他一口气列出了 10 个失败案例,说明这位网友是认真的。但是,为什么别人选的凹底淘金能成功涨停,而他选的却不能涨停呢? 我看了他所选的案例,"多是跌幅很深的、躺在地下的、好像已经跌到底部"的股票,而其本质不是量学的凹底淘金股票。

注意:有些"好像躺在地板上"的股票,并非"躺在地板上",这个地板下面也许还有地板。这个周末讲座,我们将专门讲讲"凹底淘金战术",希望大家提前预习一下成功和失败的案例。

凹底淘金+凹口淘金组合如期上演

(0209 收评兼 0210 预报)

2017-02-09

图 10 不是今天(0209 周四)的日象图,而是前天(0207 周二)的日象图,王子为何在今天让大家看前天的日象图?

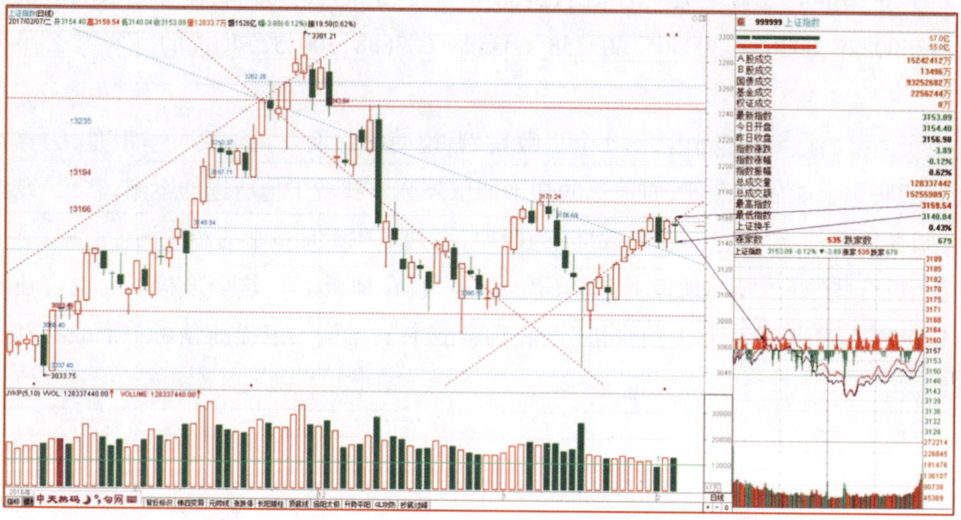

图 10

第一,是想让大家看懂周二已是连续五天站稳于 1122 灯塔 C 线上方,大盘如期沿着 0117 灯塔线运行。

第二,王子周三中午发布《凹底淘金、凹口淘金》讲座预告,下午大盘即凹底淘金扶摇直上,个股更是凹底淘金纷纷暴动。

第三,今日则大盘凹口淘金继续上扬,一举冲过 3171 防线,最高点离图 10 最近的 3187 防线仅 1 个点之差,个股则是凹底淘金+凹口淘金层出不穷。

好一个"凹底淘金+凹口淘金"组合拳,把沉寂多日的 A 股激活了。

现在再来看今日大盘的日象图(见图 11)。

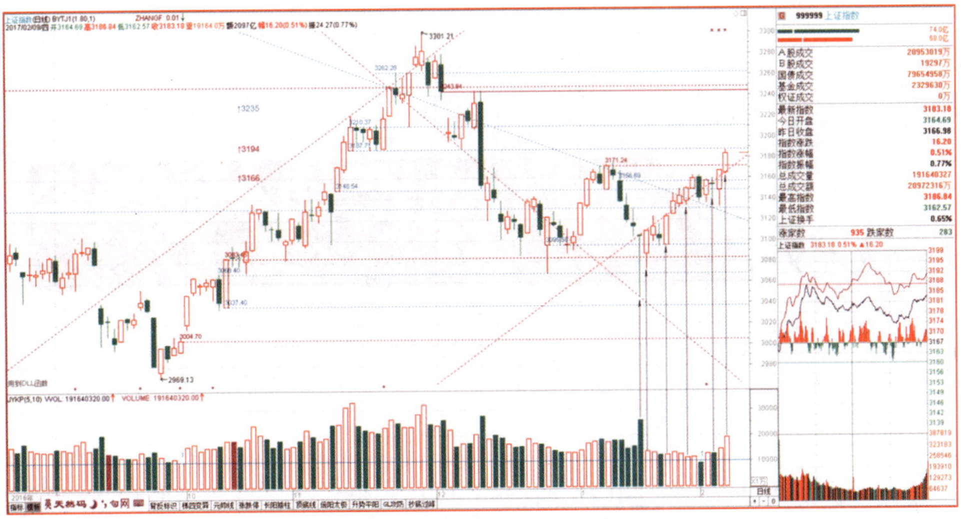

图　11

对照图 10 再看图 11,是不是有豁然开朗的感觉? 如果再把眼光放开一点,看到0117
灯塔线和太极线绝对重合的态势,是否认识到王子 0125 收评指出的这条双线重合的重要
意义?

今天下午和杨晨老师交流时,他大呼过瘾,他说:难怪你昨天中午突然冒出《凹底淘金、
凹口淘金讲座预告》,原来是暗示"凹底淘金＋凹口淘金行情即将启动"。是的,昨天收盘
后,有 200 多位学员接到我的"测试通知",许多学员回答:知道了!

我问:知道什么了?

答曰:凹底淘金＋凹口淘金!

请看今天,"凹底淘金＋凹口淘金"的股票是不是如雨后春笋般冒出来了?

明天的行情怎么看? 八个字:大涨大卖,大跌大买。何解?

向上,盯住大阴中线3197 防线,不能过则大涨大卖!

向下,盯住凹间峰线3171 防线,不跌穿则大跌大买!

线条和位置都指出来了,具体临盘决策,那就千变万化了,王子不可能一一指出来,特
训班的学员应该知道怎么临盘处置。

个股方面,继续用"凹底淘金、凹口淘金"组合拳! 管它什么板块? 管它什么概念? 符
合"凹底淘金、凹口淘金"的就干,底部凹底淘金上去后,只要符合凹口淘金的就干,不符合
标准的就走。

有网友问:我还不会凹底淘金、不会凹口淘金怎么办? 那就等明后天的周末讲座吧。

弄懂八字方针，用活凹口淘金
（0210 收评兼 0213 预报）

2017-02-10

今日明灯论坛有 752 人次成功伏击涨停！原始预报记录详见股海明灯论坛"涨停预报"专栏第 38 页 http://www.178448.com/fjzt－2.html？page＝38。

（1）太极精灵 2017－02－10 10:01:01 留言:江阴银行 002807 王子老师牛。初学凹底淘金抓一股！

（2）轻飘的炊烟 2017－02－10 09:13:12 留言:昨天按照老师的凹口淘金战法，抓住了青松建化，前天涨停过左峰，昨天精准回踩左峰拐头时进入后涨停，不过中间多两次打开，今天看样子要走了，不知道我的判断对不对。感谢老师，感谢量学！

（3）吴忠仁 2017－02－09 23:04:06 留言:今天成功抓到三只涨停票，伟大的凹底淘金，神奇的量学！

（4）猫猫不见了 2017－02－09 23:00:06 留言:今天这么多涨停居然没抓住，只有一只宝光股份 9 个多点差点涨停，还要继续研究学习。

特向上述网友致敬！

大盘今日收于 3196 点，比预报的上线低 1 个点。"一带一路"领衔大涨，涨停形态由凹底淘金为主如期过渡到凹口淘金为主的趋势。再次展现了量学涨停趋势预报的独特风采。

从日象图看来（见图 12），大盘今天是梯量柱第三阳，按照量学"盯三防四"原理，今日没有站到 3197 上方，应该"大涨大卖，择机调仓"（午前封住涨停的股票除外），下周一若不能突破 3210 高地，将面临正常回调，回调不破 3180 线可以"大跌大买，凹口淘金"（也有凹底淘金的机会）。

下周一可以只设上线 3210，能过则持股，不能过则持币，等候回踩 3180 的机会。若午前量柱超过 0116 的高度，则要随时准备出货，但不一定马上出，应该视量波的形态决定去留。

许多网友要求详细讲讲凹底淘金和凹口淘金涨停战法的基本形态、组合基因、伏击方法，王子将于这个周末在股海明灯论坛"周末讲座"讲解，目前的周末讲座都是图文方式，

图　12

不受时空限制,可以随时查看。

　　明天就是元宵节,王子提前祝大家元宵节愉快!

007 凹底淘金与凹口淘金的关联
（0211 元宵讲座）

2017-02-11

各位量粉，大家好！

今天是元宵节，祝大家元宵愉快，合家欢乐！

在这个合家团圆的节日里和大家讲讲"凹底淘金、凹口淘金"，希望大家吃着圆滚滚的汤圆，财源滚滚，天天淘金。

关于"凹底淘金、凹口淘金"在清华大学出版社出版的《伏击涨停》和《涨停密码》里都有详细讲解，可广大量粉希望王子结合当前行情、用最新案例讲讲，同时解答一些实际问题。下面分五个部分讲解。

一、凹底淘金的提前预判

网友提问：王子老师春节期间在 2 月 2 日讲座《回马枪之后将有什么涨停趋势接力》，明确发出了"凹底淘金涨停趋势预报"。此后连续六天的行情证实，果然都是凹底淘金涨停趋势。请问王子老师，你怎么在 2 月 2 日就能发现会有凹底淘金涨停趋势出现呢？

王子回复：你这个问题提得非常好！算是抓住了牛鼻子。我们倡导的伏击涨停，关键在于"伏击"二字，要伏击就要提前行动，要提前行动就要提前发现，所以，提前发现凹底淘金就是关键的关键。

提前发现，绝不能提前猜测。我们是唯物主义者，一切要从实际出发，一切要从规律出发。量学告诉我们的规律是股市本身的动态平衡规律，那么，我们就要在"动态和平衡"之中去寻找规律，运用规律。

早在两个月之前，即 2016 年 12 月 14 日的人大特训班上，我在实盘课上指出：12 月 12 日的大跌之后，大盘将进入现场直憋行情，这个现场直憋行情至少要持续一个月。憋到最后，还必须挖坑，什么时候挖坑，就是启动的前奏。我们只要盯住挖坑就行。挖坑之前采取"大涨大卖、大跌等待"的八字方针，挖坑之后，将会依次出现"回马枪、凹底淘金、凹口淘金、过峰保顶"等行情。事实正是如此。

请看图 13"上证日象 2017 – 02 – 10 留影"。

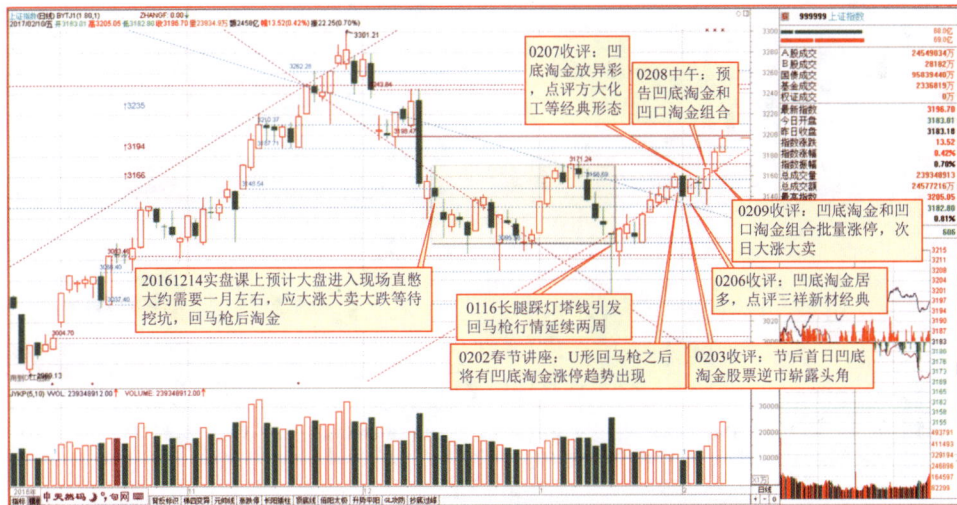

图 13

0116 出现长腿挖坑,然后就是回马枪行情。按照历次行情的演绎规律,回马枪行情一般可持续一到两周,这次的回马枪行情从 1 月 16 日延续到 1 月 26 日春节放假之前,刚好两周,10 个交易日,至 1 月 26 日出现了一批凹底淘金涨停股票,最典型的是英洛华、佳创视讯、长亮科技。所以,我在春节期间的 2 月 2 日发布了"凹底淘金涨停趋势预报",至今 6 个交易日,天天都是凹底淘金行情,至 2 月 10 日开始向凹口淘金转换。

由此可见,量学研判涨停趋势,不是猜测,而是预测,是按照量学的基本原理,根据此前行情动态平衡的态势,来研判此后行情的动态平衡趋势。也就是我们常说的"到什么山头唱什么歌,下什么河道开什么船。"只要用科学的眼光、遵循科学的规律来研判行情,才能得到切合实际的科学的结论。

二、凹底淘金的典型形态

"凹底淘金"是相对于"凹口淘金"而言的。"凹底"就是某个波段的谷底,"凹口"就是某个波段的凹沿。显然,凹底低于凹口,也就是不同的位置决定不同的性质。

凹底与凹口,是两个不同的位置,有不同的研判方法和操作方法。下面主要讲讲凹底淘金,举一反三,也就懂得凹口淘金了。

下面请看春节后 0206 点评的"三祥新材 2017 – 02 – 06 留影"(见图 14)。

图 14 中的 H 柱到 L 柱之间,就是量学的凹底淘金区间。

先看 H 柱:是连续下跌之后的极阴次阳,过昨阴二一位,此后三日价柱参差向上,此后三日量柱参差低于 H 柱,将此后三天的收盘价 8.38 + 28.53 + 29.18 除以 3,得 28.70 低于

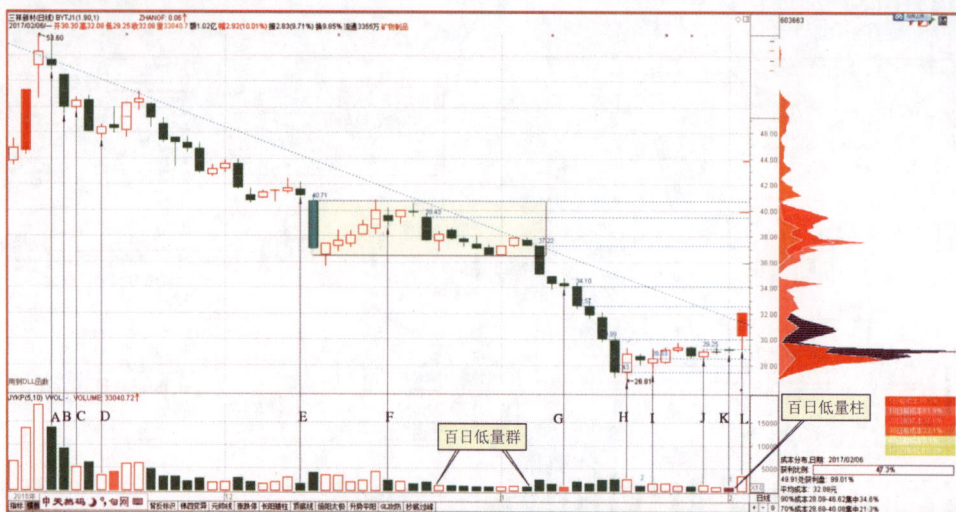

图 14

H 柱的实顶 28.89，所以 H 柱是将军柱。因其处于底部且不张扬，量学称为卧底矮将军。

再看 I 柱：精准对应 H 柱的二一位开盘，最低点精准打到 H 柱实底，平衡位掌握得相当好，此后三日量柱低于 I 柱，而此后三日价柱收盘价高于 I 柱实顶，是第二个底部王牌柱，本质是黄金柱，量学称为卧底黄金柱。

再看 J 柱：精准对应左侧大阴 G1 柱二一位开盘，其后两日价柱均高于 J 柱实顶，其后两日量柱均低于 J 柱，是底部第三个王牌柱，本质是黄金柱，也是卧底黄金柱。

王子在 2 月 2 日讲座中说过：凹底王牌柱的排列组合非常重要，它相当于底部倍阳柱的功能，第一个倍阳柱或王牌柱，一般是试探，第二个倍阳柱或王牌柱一般是试攻，第三个倍阳柱或王牌柱则是主攻。只要底部有两个王牌柱接力或者合力，凹底淘金的机会就可能要出现了。当然，王牌柱的质量越高，效果越好；反之，效果则低。

应用上述观点来看该股：I 柱与 H 柱合力，J 柱与 I 柱接力，连续三个王牌柱在底部出现，价柱逐步抬高，而量柱却逐步走低，至 K 柱形成了凹底百日低量柱，其上攻的欲望越来越强烈，按照王牌柱排列组合规律，H、I、J 是将金金组合，看涨或大涨。所以 L 柱拔地而起，爆发了一个凹底淘金涨停板。

综上所述，凹底淘金有几个重要的助涨基因和助涨功能：

（1）探底：极阴次阳柱 H 探底成功；

（2）刹车：卧底矮将军 H 刹车成功；

（3）换挡：合力黄金柱 I 换挡成功；

（4）加油：接力黄金柱 J 加油成功；

（5）蹲底：凹底百低柱 K 蹲底成功。

短短 9 个交易日就有五组助涨基因密集出现,几乎每天都有助涨基因叠加衔接,形成了一组基因链,这是强烈的助涨组合信号,所以才有 L 柱拔地而起,爆发涨停。

图 14 中还有 A、B、C、D、E、F、G 这 7 根量柱有什么意义呢? 其意义相当重要,甚至比凹底基因组合链更重要。

三、凹底淘金的底部确认

从上面的案例可见,凹底淘金的底部确认是非常重要的环节。如果不能找准底部,若想凹底淘金有时就可能淘在山腰。

确认底部有两种方法:

一种是"左侧确认"即通过左侧的其他重要穴位来确认,即"他平衡";

另一种是"右侧确认"即通过右侧的自身最近组合来确认,即"自平衡"。

1. 关于"左侧确认"即"他平衡"

就是用当前基柱左侧的重要基因如大阳、王牌、真底等七大穴位来确认底部。请看图 15"乐金健康 2017 - 02 - 09 留影"。

图　15

图 15 中 G 柱(0116 周一)大跌挖坑,但其收盘价与左侧 0517 的涨停板实底价 7.38 元精准重合,涨停板本身就是重要的助涨基因,况且这个涨停板是前一波行情的起点,至 G 柱(0116 周一)没有被有效跌破,这就是"左侧确认"。

G 柱既是长阴短柱,又是精准回踩左侧涨停板实底,并且有长阴加长腿下跌已到位的信号,三要素叠加,这里就有左侧确认探底成功的迹象。

2. 关于"右侧确认"即"自平衡"

就是用基柱右侧的重要基因如极阴次阳、卧底王牌、百日低量等最近的有效基因组合来确认底部。

例如图 15 中的 H 柱：缩量下探 G 柱虚底，最低点高于 G 柱最低点，H 柱次日缩量为百日低量柱，这是第一次确认。

再看 I1 柱：其后三日价升量缩，形成卧底黄金柱建构，确认 I 柱为卧底元帅柱，这是第二次确认。

一般情况下，只要右侧有再次确认，即可确认底部探明。若还不敢确认底部，可以再往右侧看 J 柱，这是明显的黄金柱建构，是第三次确认底部，那么这个底部就基本探明了。

综上所述，底部确认一定有两组以上的组合形态：

第一，有探底成功的基因（长腿踩线＋卧底王牌等）；

第二，有探底成功的建构（刹车换挡＋凹底百低等）；

第三，有探底成功的确认（真底抬高＋黄金台阶等）。

底部确认的过程，就是真底逐步抬高、基因逐步叠加的过程，在这个过程中，主力的动作越小，暗示其图谋越大。而我们有些读者喜欢动作明显夸大的股票，殊不知，动作越大，越可能是陷阱。

四、凹底淘金的涨幅预测

有些读者总是脱不了追涨杀跌的旧习，一见到凹底出现了涨停板，就不管三七二十一地往里钻。一旦碰到反向回马枪就傻眼了。所以，凹底淘金一定要有涨幅预测，该进就进，该出就出，千万不要以为凹底淘金后面都会大涨。

我在特训班讲过，任何一只当前涨停的股票，后面不一定还有涨停板。真正的牛股，不是看其上涨，而是要看其下跌。也就是说，下跌最凶狠的股票上涨才凶狠，其关键在于凶狠下跌时隐含假跌基因。

这就是图 14 给大家留下的 A、B、C、D、E、F、G 这 7 根量柱的悬念。为了大家看图方便，我们将图 14 制作为图 16。

请看图 16"三祥新材 2017－02－10 留影"。

所谓假跌，就是缩量三一二一的下跌或大跌。图 16 中的 A、B、C、D 四根量柱都是缩量下跌，但其缩量的幅度都不大，其中只有 C 和 D 缩量接近三一，但此后有量柱价柱组合将 C 和 D 克服（见图中黄色方框），所以 C 和 D 缩量三一的假跌基因消失，说明这个主力这个时段的下跌不够凶狠。其下跌最凶狠且隐含假跌基因的是 E 和 G 两处。

请看 E 处：缩量二一下跌，这是假跌的重要标志，次日长阴短柱跌停，又是假跌，然后依托这个跌停大阴进行现场直憋。

图　16

再看 G 处:缩量二一下跌,这是假跌的重要标志,次日开始连跌四日,都是长阴短柱,价跌量增形成左喇叭口,是挖坑吸筹的重要标志。

正因为 E 处的下跌是假跌,所以 M 处上攻的最高处刚好打到 E 柱所处的位置;再看 G 处的假跌和其后长阴短柱以及挖坑吸筹三重基因组合,造就了 L 柱开始的连续三个涨停板。

根据上述假跌原理,L 处的凹底淘金一旦抵达 E 柱实顶线(凹沿平衡线)而上攻乏力时就要及时出货。

由此可见,凹底淘金的涨幅预测有三个要点:

第一,关于凹底淘金的涨幅预测,重在看其左侧的下跌建构;

第二,首跌阶段缩量越大越好,没有被销蚀的可作涨幅参考;

第三,缩量下跌基因被销蚀的,即本轮上涨预测价值被销蚀。

当前(0210 周五)该股在凹口平衡线开始下跌,它会跌到哪儿去? 它会不会再度上攻?这就是下面将要讲到的"凹口淘金"的内容了。

五、凹口淘金的接力拉升

凹口淘金的位置高于凹底淘金,利润空间也大于凹底淘金,所以,王子在《量柱擒涨停》和《量线捉涨停》里只讲了凹口淘金,没有讲凹底淘金。清华大学出版社出版的《伏击涨停》和《涨停密码》书中,讲解过凹口淘金与凹底淘金接力的案例,大家可以对照查看,体会二者的联系和区别。

下面补充几个最新案例和运用窍门。

请看图 17"西部建设 2017 – 02 – 10 留影"。

图 17 中可见,A 至 D 之间是凹底淘金区间,这个区间的 A、B、C、D 都是底部王牌柱接

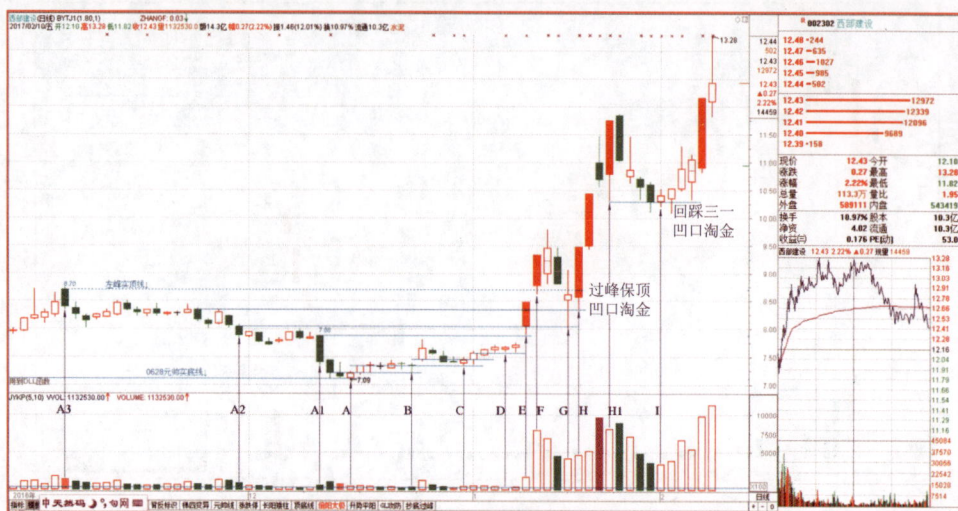

图　17

力向上,间隔逐步缩短,动作逐步缩小,动力越来越强,至 E、F 柱连续爆发两个涨停。

请看 F 柱:涨停过峰后,缩量回调三日,G 柱长腿精准回踩 A2 实顶线,收盘于 E 柱涨停板实顶线的上方,完成过峰保顶动作,随即 H 柱涨停。

过峰保顶所形成的凹口小坑 G 处即金坑,其涨幅一般要大于凹底淘金的涨幅,所以从 H 柱开始至 H1 柱的凹口淘金,获得接近四个板的空间。

许多牛股的起步,就是从金坑开始的,例如最近的天山股份、同力水泥、湖南天雁都是这样。所以,在最近六天没有吃到凹底淘金的量友请不要着急,有牛劲的股票往往会在凹口附近做个金坑,一旦走出金坑,就会大幅拉升,关键是我们要善于发现金坑,守住金坑。

大肚腩 2017 - 02 - 10 23:51:38 留言:老王子师元宵节快乐! 我学了量学,抛弃了之前学的理论,眼光有了提高,成功抓到"天山股份",享受了四个涨停,爽的飞起! 以前教我的老师问我怎么选的这只股票,而且是涨停前一天开始伏击,涨停前一天我把这只股票发给我原来的老师看了,但他觉得一般般,还得等。结果,他错失了四个涨停,见了我说后悔死了。这就是眼光的问题,涨停摆在面前都不认识。真心感谢王子老师的量学,提高了我的眼光! 炒股比赛也因为提前伏击了这只股票,从 600 多名 4 天内一下子飞升到前 30 名,那种心情真是美啊! 虽然比起第一、第二名还差很远,但我相信有一天我也可以拿第一,然后去参加王子老师的特训班!

最后,希望大家结合今天讲座的内容,谈谈对"守株待兔"网友提出的如下 10 只股票的看法。"凹底形态很多啊,比如 002011、002632、600129、600222、002655、300465、603258、603528、603888、300352,我选的这些怎么一只都不涨?"(备注:守株待兔留言次日,002632 道明光学涨停,请问它为什么涨停? 它回调后能否进入凹口淘金行情?)

008

凹底凹口接力上，不过阴顶择机出

（0213 收评兼 0214 预报）

2017-02-13

祝贺明灯论坛今日有 680 人次成功伏击涨停！原始预报记录详见论坛"涨停预报"专栏 http://www.178448.com/fjzt－2.html？page＝34。

见图 18，今天的大盘走得很稳，王子周五预设的 3210 防线成为今天的震荡平衡中枢，最终收盘于 3216，比预期高出 6 个点，从日象上看，今天是梯量第四日，价升量缩，明显是变异，明日还有新高。所以明天的上线可以设在 3233 大阴实顶一线，若攻击此线受阻或上攻乏力，可以先出来看看，但要视手中个股情况而定。王子预设 3210 为下线，在大阴二一位 3198 红线设伏，操盘策略是"不过阴顶择机出，不破红线逢低进"。

图 18

个股方面，今日资源股领衔大涨，金融股也不甘落后，带动中小创普涨，形态上还是凹底淘金和凹口淘金占据主流。王子前天周末讲座《凹底淘金与凹口淘金的奥秘》看来没有白讲，许多网友用凹底淘金和凹口淘金连环战术成功伏击涨停，下面选发三则新人留言：

（1）尤苏夫 2017 - 02 - 13 14:06:08 留言:感谢王子老师,通过学习在 2 月 6 日买入天顺股份、三祥新材、爱司凯,收益都不错,量学太牛了。

（2）静待风起时 2017 - 02 - 13 13:26:33 留言:股海一直浮沉,却从没有静下心来学习!两个月以前下定决心学习,买了老师的 4 本书,看书的过程中也常有迷茫,也曾想放弃……但是坚持下来了,现在老师的那 4 本操盘手记我也已经看完三本,春节过后到上周末抓了 5 个涨停,现在我都不太相信,每天都问我弟弟是运气还是实力……

（3）李会贞 2017 - 02 - 12 22:29:26 留言:凹口淘金与凹底淘金王子老师讲得很好,正在学习与实践之中。选的青松建化与北新路桥如出一辙,全部涨停。

王子点评:以上读者的成功,再次说明"量学没有后来者,只有后来居上者"。从不会到学会,都有一个蝶变的过程。坚持运用科学的方法,一定会走上成功的道路。大家今晚可以继续寻找这类股票,抓大放小,跟上主力步伐。

009

兵临城下作调整，此线不破可介入

(0214 收评兼 0215 预报)

2017-02-14

怎么也没有料到：今日明灯论坛有 1470 人次成功伏击涨停！比昨天整整多出一倍。原始预报记录详见 178448.com"涨停预报"专栏。我问几位伏击涨停高手是什么原因？他们都说：王子老师元宵节的讲座让人大开眼界，把凹底淘金和凹口淘金结合起来用，真是太爽了！

见图 19，今日大盘依然以 3120 平衡线为震荡中枢，上下只有 7~5 个点的差距。看来，王子预判的 3120 线确实令人回味无穷。

图　19

有网友问：王子老师昨日新增了一条蓝色斜衡线，我试着以 AB 二柱的实顶连线，今天最高点精准触线，太神奇了！

王子回复：你的眼光真厉害！昨天画了这条线，没有时间讲解这条线，竟然被你一眼就看出来了。这是本轮上升中的第一元帅柱次日 0123~0126 实顶连线，即 0123 灯塔线，也就是用0123实顶与其后第三日实顶连线，大家可以把此线画出来，只要大盘沿着这条线运行，就是强势，可以持股或调仓换股。

今日大盘在0123灯塔线今日当值精准受阻，说明市场主力对市场的动态平衡把握得很准确，目前大军兵临城下，在攻击左峰之前蓄势收敛一下是完全必要的。只要不是有效跌破图中红线（大阴二一位），就是正常的，正好有利于我们调仓换股。

明日关注的重点是3200～3198区间是否有效跌破，不破就是逢低介入的机会。个股方面，对于左峰的突破应该是金融挂帅、资源唱戏，一带一路殿后，才有新的上升空间。这个次序非常重要，若没有按照这个次序轮动，就要防止高位回落。

选股依然用元宵讲座介绍的方法，选凹底淘金凹口淘金股票。例如廊坊发展、宝信软件、界龙实业就是很好的凹底淘金形态。凹底一定要有卧底王牌柱（王牌柱的组合质量很重要），最好是接力合力的三组王牌。祝大家今晚能选到如意的股票。

如期冲高回落，静待凹口淘金

（0215 收评兼 0216 预报）

010

2017-02-15

王子 0213 周一收评指出：近期"上线可以设在 3233 大阴实顶一线，若攻击此线受阻或上攻乏力，可以先出来看看，但要视手中个股情况而定。王子预设 3210 为下线，在大阴二一位 3198 红线设伏，操盘策略是不过阴顶择机出，不破红线逢低进"。

王子 0214 周二收评指出："对于左峰的突破应该是金融挂帅、资源唱戏，一带一路殿后，才有新的上升空间。这个次序非常重要，若没有按照这个次序轮动，就要防止高位回落。"

果然，今天（0215 周三），大盘最高冲至 3236 回落，最低跌至 3206 微升，收盘于 3212 点，和王子的预报值和运动方式基本兑现（见图 20）。

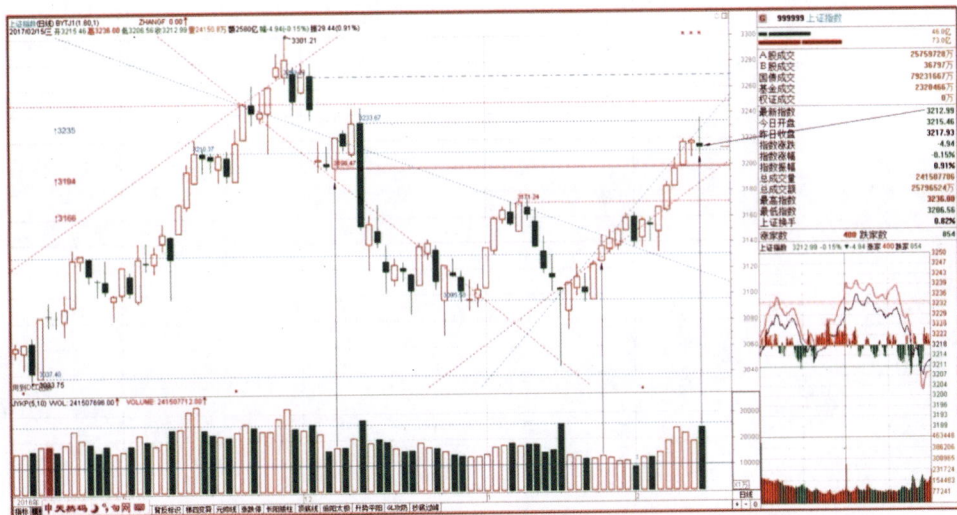

图 20

喜笑颜开 2017－02－15 14：50：25 留言：太牛了，今天大盘真是金融挂帅冲高回落。

polo 2017－02－15 13：45：09 留言：龙头股份今天很经典的凹底凹口淘金，凹口突然凹陷,凹底无量,底部刹车换挡,黄金＋阴元帅＋黄金＋小倍阳过左峰＋凹口平衡性大阳,教科书般的存在。精彩!

王子回复:这两位网友看懂了盘前预报,看懂了凹底淘金,所以才有这样的感慨。有网友留言,看王子的盘前预报,每个字都有深刻的含义,越看越有味道。其实,这种味道是一种共鸣。随着学习的深入,领会的提高,这种共鸣会越来越多。

大盘今天的回调是正常的,合乎规律的,在这个位置应该有保顶动作,关键是看它能否站稳大阴二一位上方,若能站稳3198～3200区间,就是回调介入的机会。

个股方面,依然用王子0211元宵讲座的方法,重点关注凹底淘金和凹口淘金的股票。今天又是这两种类型的股票占据涨停板的主流,其形态值得我们认真研讨,例如锦江投资、深深宝、雪榕生物,比上面说的龙头股份更有特色,底部百日低量、三级黄金台阶,精准一剑封喉,完全是按照量学的套路走,有人惊呼,难道这些主力都是量学特训出来的学员啊?他们不一定是量学特训出来的学员,但他们是按照股市自身的动态平衡原理在操盘,这样的操盘才轻松活泼、游刃有余。我们跟着这样的主力,哪有不赚钱的呢。

希望大家今晚继续筛选底部百日低量、三级黄金阶梯、精准一剑封喉的股票,有的股票,在底部第二黄金梯的位置就要关注了。

真假突破在即，做好两手准备

（0216 收评兼 0217 预报）

2017-02-16

祝贺明灯论坛今日有 680 人次成功伏击涨停！原始预报记录详见论坛"涨停预报"专栏第 34 页 http://www.178448.com/fjzt-2.html？page=34。

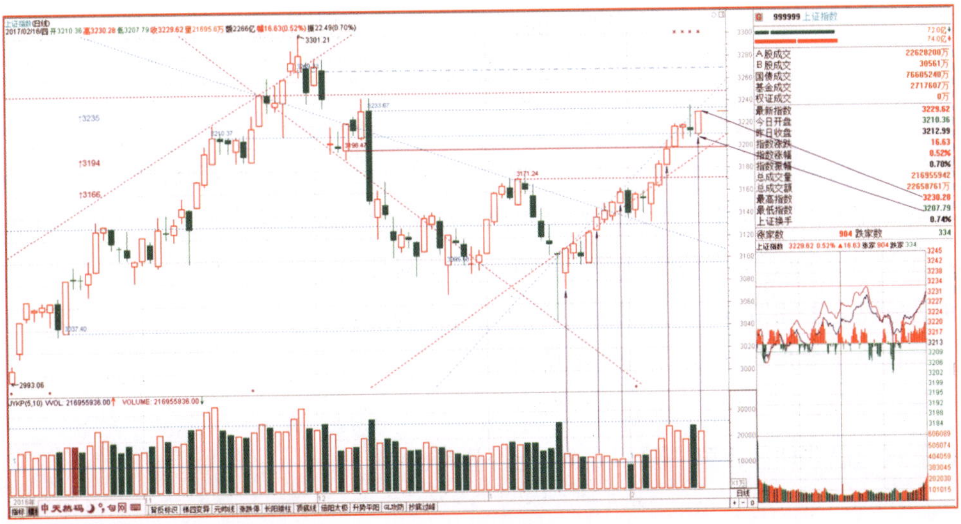

图　21

见图 21，今日大盘最高点 3230 基本对应灯塔线 A 线，最低点 3207，比 3210 平衡线低 3 个点，主力轮动阵营符合昨日盘前预报的预期，即金融→证券，资源→有色，一带一路→中字头。但这个轮动阵营比预报迟到一天。关于今天的行情，请看特训班"神州之剑"同学昨日收评（见图 22）。

明日将攻击 3233 大阴实顶，所以应该做好两手准备，一是攻击 3233 受阻；二是迅速突破 3233。按照攻顶的基本规律，迅速突破则为真攻，犹豫不决则为假攻。我们要根据量波的形态做好两手准备。

突破 3233 之后若在 3240 受阻是正常的休整，只要不回落到 3233 下方，不必急于出

一点之差再叙神奇，假阴真阳仍欲上涨 [复制链接]

发表于 2017-2-15 16:34　只看该作者　只看大图

一点之差突显量学精准神奇是神州之剑的追求！今日大盘再次上演了这一精准神奇！
今日神奇体现在三个方面：
1.最高点3236点，比预设上线3233点高3个点，而恰恰比0120灯塔A线当值3237点低1个点。充分验证0120灯塔线对近期行情的神奇调控作用；
2.最低点3206点，又比预设下线3205点高1个点！说明行情仍然在强势之中！
3.二龙定位如期压制大盘高位回落震荡。
这一切皆是量学的功劳，让我们能够清晰地看清大盘的表演！
今日价柱为假阴真阳，因为人线全天绝大部分时间在地线之上，收盘也在地线之上。
故行情虽然有震荡风险，但向上进攻趋势没有改变。

图　22

货。最近四天，我们都强调3210一线可以作为当前补仓线。

注意，上面讲解的几条线都是就当前短线行情而言，若过了一段时间，或者前提变了，这几条线也就应该随之变动。

继续用凹底淘金、凹口淘金和次权三通选股。选股请务必注意整体和局部结合，千万不要瞎蒙。量学的选股标准是相当严格的，不要一叶障目、不见森林。更不要似懂非懂、不懂装懂。

练习：

静静的小河 2017－02－16 10:21:57 留言：看看最近002753永东股份，庄家在给量学信徒挖坑。庄家很阴，按王子老师的标准走出两个倍量柱，而在后第三天用二万手阻涨，第四天猛砸下七个多点，惊心动魄。王子老师，如何应对此类恶庄？

请大家结合上述留言和该股走势回答如下几个问题：

（1）这个庄家是在"给量学信徒挖坑吗"？

（2）这只股票"符合量学选股标准"吗？

（3）这只股票即使在第二倍阳介入，能否盈利出手？

预防风险与临盘决策的技巧

（0217 收评兼 0220 预报）

2017-02-17

各位王粉,大家好!今天讲讲预防风险和临盘决策两个问题。很多王粉会买不会卖,知道风险却不会控制风险,经常赚了又亏。所以王子心中为此着急,今天结合实盘和大家讲讲。

先说预防风险。这是王粉每天都要完成的差事。凡是长期跟踪盘前预报的王粉都知道,我们的盘前三线,就是预防风险的王牌。特别是下线,只要从量波上发现下线难保,就要在第一时间备逃或出逃。

例如,王子0213周一收评指出:近期"上线可以设在3233大阴实顶一线,若攻击此线受阻或上攻乏力,可以先出来看看,但要视手中个股情况而定。王子预设3210为下线,在大阴二一位3198红线设伏,操盘策略是不过阴顶择机出,不破红线逢低进。"图23中的3198红线就是关键下线。

图 23

再如，王子0216收评《真假突破在即，做好两手准备》中明确指出："明日（0217周五）将攻击3233大阴实顶，所以应该做好两手准备，一是攻击3233受阻；二是迅速突破3233。按照攻顶的基本规律，迅速突破则为真攻，犹豫不决则为假攻。我们要根据量波的形态做好两手准备。"这段话的核心内容就是预防风险。其中有三个要点：

第一个要点，3233是上线；

第二个要点，攻击上线的规律是迅速突破；

第三个要点，若是犹豫不决就是假攻。

对于上述内容，一定要连贯地看，综合地看。可我们有些王粉，往往只是断章取义地看，选择合乎自己心意的某一条件，这就不对了。

再说临盘决策。就是以上述研判为依据，按照量学的标准，灵活机动地处理。例如周五我们对于上述研判是这样处理的：

上午10：55分，特训群中的留言如图24所示。

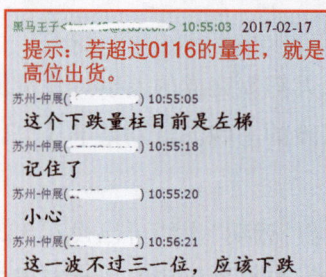

图 24

一是指出量柱的高度与对比的量柱；二是注意风险；三是量波不过三一位。有了这几个要点，临盘看盘操盘就有标准了，所以就有了下面的情节。

上午11：08分，杨晨老师发出预警（见图25）。

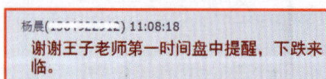

图 25

中午12：27分，老兵帅克在论坛上发布警报（见图26）。

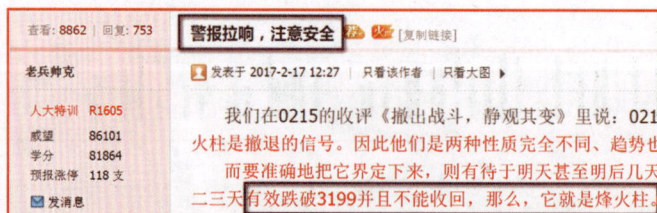

图 26

这是对下线的预警。那么如何处理手中的股票呢？我们在前面说过,要根据个人手中股票的情况来灵活处理。怎么处理？个股也有盘前三线,根据个股三线与量波的关系,该出就要出,该进就要进。这个问题不可能用一个盘前预报来处理,每个王粉要有自己的王策。一般情况下,跌破下线就出。

有人肯定会问:要是处理错了呢？错了就要及时纠正。在社会上,人们出错了很少有人认错,他可能活得很滋润;但要是在股市上,出错了不认错的话,肯定活不长。

现在说说如何出错纠错。

例如,假设周五我们有很多王粉按照上述预报和预警出了货,要是周一大盘反弹了怎么办？很好办。我们给周一预设三线 3198、3202、3220(注 3220 是王子周五发布预警的点位)。

如果周一惯性跌破 3198 线,线下若有全天 1/3 时间(240/3＝80 分钟)不能收上去,就是真跌,否则就是假跌。一旦发现假跌,若量波出现尖角波加圆角波,就是介入的地方。

这么讲解,部分网友肯定一时难以弄懂,等明天或日后出现这样的波形我们再作讲解。

个股方面,依然要关注涉及混改国改的基建、军工和年报预增股票。其形态上还是以凹底淘金和凹口淘金为主,适当关注板后假阴真阳的股票。

今天就讲到这里。

013 平斜二龙展雄风，抓大放小建奇功

(0220 收评兼 0221 预报)

2017-02-21

各位王粉，大家好！

有网友问：昨天的收评中，怎么使用"王粉"呢？呵呵，因为有许多网友反映，他们转发盘前预报之后，亲朋好友都说"量粉"不好听，还有人说黑马王子的"黑粉"更不好听！此言确实有点道理。几经商议斟酌，从昨天开始，咱们统称"王粉"了！黑马王子之"王粉"，王子老师之"王粉"，多么英气的称呼，比"量粉""量迷"好多了！"王粉"二字，英气、豪气、霸气、牛气！一身正气，两袖钦风也！"钦"者，王者之气也！这下好了，大家转发也就理直气壮了！咱们一身正气，两袖威风也！大家可以使劲转发了，祝愿王粉的队伍越来越壮大。

王粉留言：王子老师周五收评中预设周一三线为 3198、3202、3220（注 3220 是王子周五发布预警的点位）。今日早盘于最低点 3198 开盘，迅速向上，至 09：56 分差 1 点触及 3120，在 3219 开始回落。似乎整个大盘就是王子在操控一样。服了！昨日量价双向阴胜，今日为什么会大涨呢？

王子回复：这是量学的看盘法则之"位置决定性质"所决定的。如图 27 所示，当前的指数处于两个二龙定位交叉处的中间，周五抵达上线的二龙交叉，遇阻即回落到下线的二龙交叉，完全符合动态平衡原理。对于周五的收评兼周一预报，有许多王粉都看懂了其中的关键点。请看图 28。

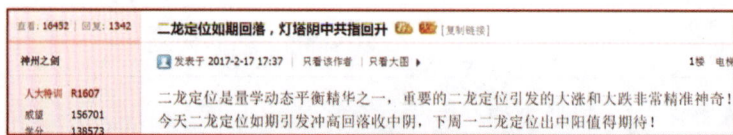

图 27

显然，今天在 3198 精准开盘就是对下方二龙交叉的验证，许多王粉知道，又上中到大阳，所以今天是很好的介入点。

介入的对象周五收评中归纳了三点：涉及混改国改的基建、军工和年报预增股票。其

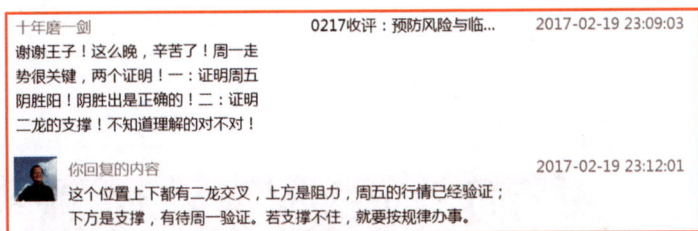

| 十年磨一剑 | 0217收评：预防风险与临... | 2017-02-19 23:09:03 |
谢谢王子！这么晚，辛苦了！周一走势很关键，两个证明！一：证明周五阴阳出！阴胜出是正确的！二：证明二龙的支撑！不知道理解的对不对！

| 你回复的内容 | | 2017-02-19 23:12:01 |
这个位置上下都有二龙交叉，上方是阻力，周五的行情已经验证；下方是支撑，有待周一验证。若支撑不住，就要按规律办事。

图　28

形态上还是以凹底淘金和凹口淘金为主，适当关注板后假阴真阳的股票。今天果然是基建为主，银行、酿酒为辅。对此，许多王粉也有先见之明请看"一定成功"的留言（见图29）。

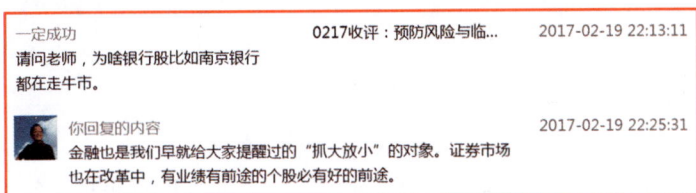

| 一定成功 | 0217收评：预防风险与临... | 2017-02-19 22:13:11 |
请问老师，为啥银行股比如南京银行都在走牛市。

| 你回复的内容 | | 2017-02-19 22:25:31 |
金融也是我们早就给大家提醒过的"抓大放小"的对象。证券市场也在改革中，有业绩有前途的个股必有好的前途。

图　29

今日银行股新秀普遍大涨。南京银行也不甘落后，大涨 5.05%，成了老牌银行股的龙头。关于留言和回复，许多王粉忘记查看，忘记点赞，建议大家养成好的浏览点赞习惯，予人玫瑰，手留余香。因为微信每天只能发一次，临时点评的内容只能借用回复功能和王粉交流。

再看"我仍然是我"2017－02－20 10：3152 留言：量学厉害，王子老师威武！今日伏击福建水泥（600802）：其早盘精准回踩黄金线 10.57 元，立刻拉升，在其阳盖阴 11.00 元处扣动扳机，将其擒拿归案！

午后 14：23 分，大盘精准抵达 3233 点即折回，有王粉留言：我看过许多名博大威的预报，都是大概什么什么，可王子老师总是指出具体的点位，为什么大盘就按照王子老师预报的点位精准运行呢？

王子答曰：这不是王子预报的点位，而是股市的动态平衡点位，只是由量学将它们提前揭示出来罢了，只要学懂了量学，你一样可以做到。请看图27，这是量学特训班学员神州之剑0217 周五收盘时对0220 周一的预报。今天又是精准兑现。神州之剑能做到的大家一定也能做到！

明日三线可以预设为3220、3241、3255。看盘和决策的方法，详见明灯论坛周末讲座之《盘前三线的设置及操作要领》一文。

个股方面，宜关注今日缩量二一且回踩重要平衡线的股票。这种股票往往不受利好利空消息的干扰，只要按量学的方法操作即可。

王子今晚回京路上，先发此收评。祝大家今晚能选出如意的股票。

创业板凹口淘金，互联网有望领衔

（0221 收评兼 0222 预报）

014

2017-02-21

王子昨日收评预设今日三线是 3220、3241、3255。

今日早盘 10:06 分，最高点 3254，离预报的 3255 差 1 个点开始回落，最低点 3239，午后逶迤向上，最高点 3254，收盘于 3253。精准兑现了昨日收评的预报（见图 30）。

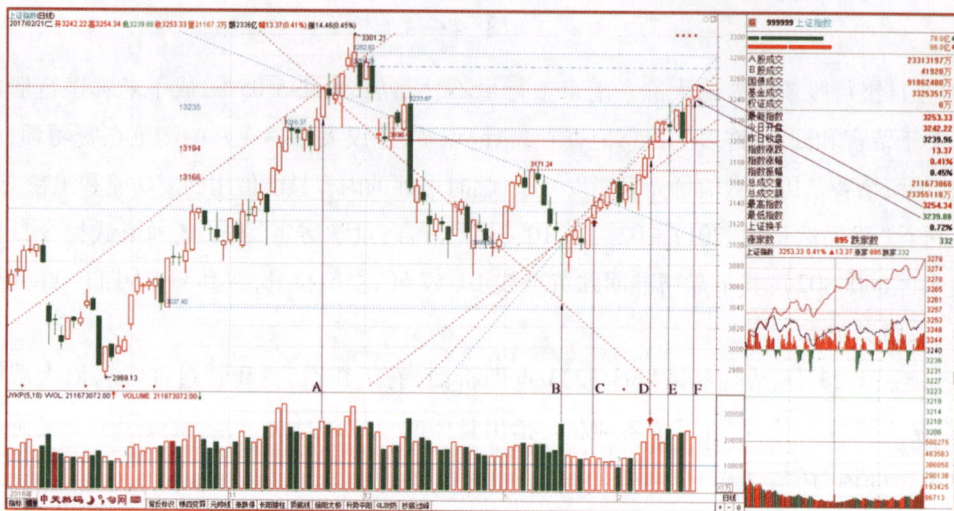

图 30

量友留言：太神奇了！今年元旦以来，我天天坚持查看王子老师的收评和预报，几乎天天精准，其预报值和实盘值最多错位 1～2 个点，为什么会这么神奇呢？其理论根据是什么？

王子答曰：谢谢你的恭维。昨日预报中请大家注意 0123 灯塔线今日当值，就是 3255 点。今日再请大家在自己的电脑上画一条线，就是以 0210 周五的价柱实顶与其后第三日 0215 周三的价柱实顶连线，今日最低点就是回踩这条线今日的当值 3239。为什么这么精准，因为灯塔线是股市内在的动态平衡线，它是用主力的行为轨迹和穴位来侦测主力的行为方向和幅度，所以能够这么精准。下面几位量友的留言值得认真体会。

（1）"凤"2017-02-21 15:17:39 留言：翻过年的这一轮行情，不才一路有赚，这对于去年微亏的我心存感激！更让自己惊讶的是，身边的传统高手这一路都是踏空的！量学威武！感谢王子老师和众前辈！

（2）ni. hao2017-02-20 16:13:06 留言：老师，上星期我就记住了您的一句话，大盘不是有效跌破3200点，就要"大跌大买，大涨大卖"，八字箴言，赶上主席的八字游击箴言了"敌退我进，敌进我退"。谢谢老师，大盘在您的安排下稳步上升！

（3）大肚腩2017-02-20 16:13:54 留言：王子老师，过完年后我感觉自己就和开挂了一样，买啥啥涨，而且做到了飞身换马，一笔资金一天两涨停！那种感觉，从来没有那么好过！我还是坚信老师的教诲，勤奋出高手！

（4）睡狮2017-02-20 17:19:54 留言：很感谢王子老师的指点，80分钟内没有刺破3198，介入，追入无锡银行，虽然没有追到吴江银行，也算可以了！

王子回复：以上四位量友的留言我相信都是真诚的，但大家的成绩千万不要算在王子头上，我只是把我发现的量学规律如实传授给大家，师傅领进门，修行靠个人。一两次的成功不是成功，要坚持长期成功才是真正的成功。

今日大盘价升量缩，暗示明日还有新高，但是要提防突然回调，所以明天的三线预设为3248、3253、3260（即0123灯塔线明日当值），若在3260回调就是正常回调，不破3240的回调还可逢低入货或调仓换股，但入货或调仓的目标股一定要有后劲。例如，昨日收评请大家预选假阴真阳或缩量三一二一左右的股票，今日都有不错的涨幅，像海亮股份昨日缩量三一今日涨停，而华茂股份则是假阴真阳后缩量三一今日涨停。这只股票值得认真研究，它昨日回踩的位置很有价值，凡是近期助涨基因叠加越多，涨停的概率就越高。我们伏击涨停只是以涨停的高标准来要求自己，如果能涨三四五个点也就不错了。

最近有许多量友对特训班非常感兴趣，以为上了特训班就一定了不起。我认为这是错觉，上了特训班的也不一定都是高手，甚至还有亏损的。我对特训学员的要求并不高，是每周涨3个点，一年下来，那就了不起了。只要认真读懂量学著作，以每周3个点来要求自己，不上特训班，你一样牛！

价升量缩创新高，三一二一逞英豪
（0222 收评兼 0223 预报）

2017-02-22

　　王子昨日收评指出："明天（0222 周三）的三线预设为 3248、3253、3260（即 0123 灯塔线明日当值），若在 3260 回调就是正常回调，不破 3240 的回调还可逢低入货或调仓换股，但入货或调仓的目标股一定要有后劲。例如，昨日收评请大家预选假阴真阳或缩量三一二一左右的股票，今日都有不错的涨幅……凡是近期助涨基因叠加越多，涨停的概率就越高。我们伏击涨停只是以涨停的高标准来要求自己，如果能涨三四五个点也就不错了。"

　　见图 31，今天上午 10:14 分，指数最高达到 3259 点，比预报值低 1 点，此时红色力柱孤独无援，量波出货信号也！至 11:14 分，指数回落到 3243 点，距预报的低点 3240 高出 3 个点，圆波向上，至 11:21 分绿色力柱突然消失，11:22 分红色力柱拔地而起，此乃量波入货信号也！

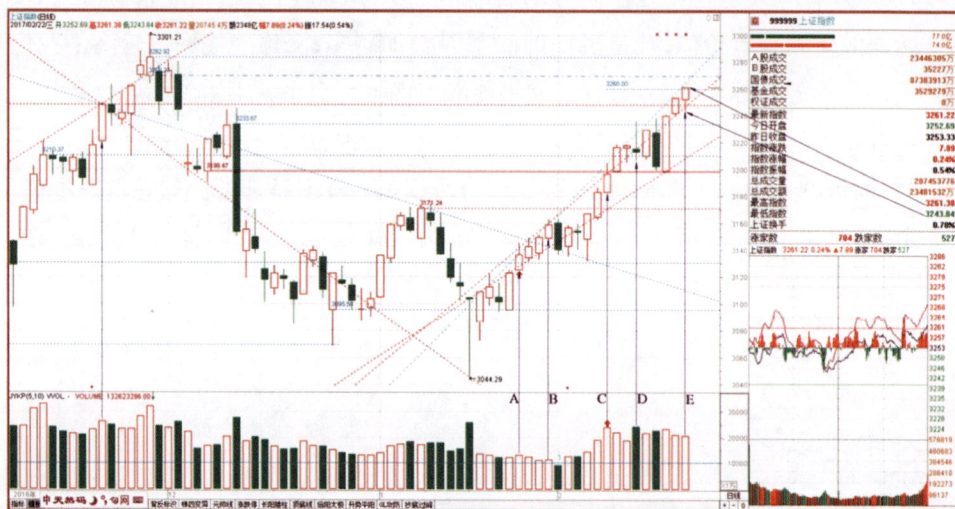

图 31

　　若是看懂了昨日收评和预报，看懂了预报中的 3260 和 3240 两个高低点的来由，看懂了量波力柱的消涨节点，今日就可轻松玩一把高抛低吸的游戏。

今日大盘收于 3261 点。比预报值高出 1 个点，全天行情处处精准对应着王子昨日收评预报的点位，连过程都精准兑现。这就是量学的风采。不管你信不信量学，它总是那么潇洒地存在。

今天的大盘又是价升量缩，明天会怎么走？根据量学原理，价升量缩，还有新高。关键看这个新高能否站稳。若是出现冲高回落走势，就要注意了。因为当前的指数处于相对高位，从 0116 的 3044 点到今天的 3261 点，整整上涨了 200 多点而没有一次像样的回调，所以应该看涨防跌。

明天盘前三线可预设为 3250、3260、3269。若是冲高回落，最好落袋为安，也可参考今天解盘的操作方法，回踩不破 3240 伺机再战，没有学懂量波的朋友千万不要轻举盲动。操作方法详见股海明灯论坛周末讲座专栏中的《盘前三线设置与操作要领》http://www.178448.com/thread－959915－1－2.html。

个股方面，缩量三一二一，回踩重要平衡位的股票仍是首选。例如今日涨停的厦工股份、豫能股份、音飞储存、世纪游轮等，都是很好的案例。它们的共同特征是缩量到位、回踩到位、基因叠加到位。请看这位网友昨天和今天的两次留言：

老房子 2017－02－21 21:13:57 留言：昨天没有操作，在回味王子老师的量学理论讲到的价升量缩还有一冲。今天大胆在 9.45 分买入 002222 虽未能封涨停，但也是终于提高了士气！看到了量学理论的曙光，让我坚信这句话：跟狼走，有肉吃；随狗行，吃狗屎！

老房子 2017－02－22 17:52:28 留言：昨天 002222 没封涨停，今天震荡终于封住涨停，请问王子老师（002222）0220 这天是您在量柱理论中提到的元帅柱吗？这是您所提到的黄金坑吗？明天冲顶能否成功呢？给您添麻烦了，谢谢！

王子回复：首先祝贺你昨日伏击 002222 今日成功涨停！关于它 0220 周一的量柱，不是元帅柱，而是典型的缩量三一价过康桥之柱，其开盘价与左侧几个重要的价位精准重合，是回踩到位、缩量到位、基因叠加到位的典型案例。观其最近的左峰，乃缩量三一之假跌，此后缩量连阴迅速触底，明日理应冲顶，但要视其过峰之量波是否健康，再作定夺。祝你成功！

祝大家参照这些样板股筛选出更多好股票。

高位调整如期至，保顶成功或再上

（0223 收评兼 0224 预报）

2017-02-23

王子昨日收评指出："当前指数处于相对高位，从 0116 的 3044 点到今天的 3261 点，整整上涨了 200 多点而没有一次像样的回调，所以应该看涨防跌。明天盘前三线可预设为 3250、3260、3269。若是冲高回落，最好落袋为安，也可参考今天（0222 周四）解盘的操作方法，回踩不破 3248 伺机再战，没有学懂量波的朋友千万不要轻举盲动。"

见图 32，今日大盘指数 09:40 分上探 3264 点，比昨日最高点高出 3 个点。09:41 分上红下绿，必然下去。果然最低下探至 3236 点，最后收于 3251 点，比预报的下线高出 1 个点。昨日领涨的基建板块今日领跌，昨日启动的医药板块今日领涨，可见板块轮动迅速，获利盘回吐明显，致使阴量柱比昨日微高，形成了不太明显的量价双阴胜阳态势。

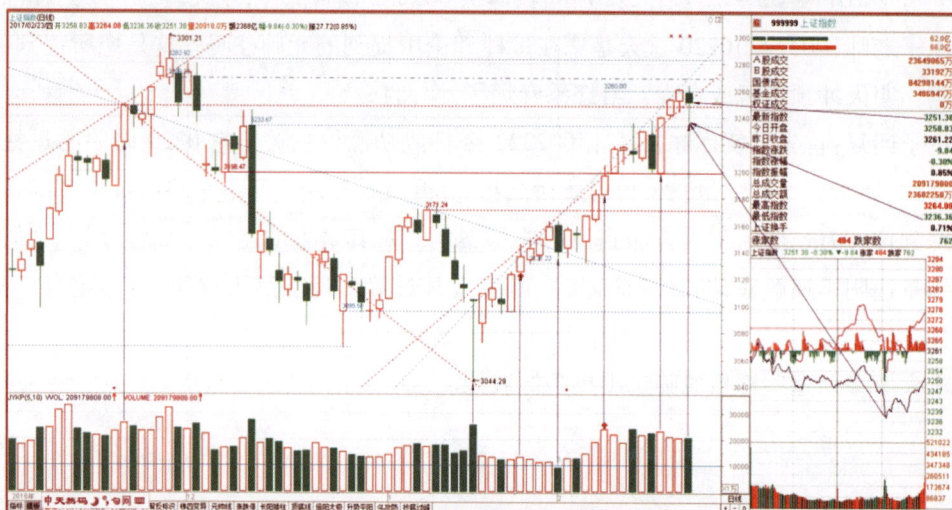

图　32

从量价双阴来看，调整还会继续；但从今日回踩 3236 收于 3251 的长腿来看，有大量踏空资金尾盘入场。显然场内资金和新进资金将进行一轮较量，我们散户不要急于参战，做好谁胜跟谁的准备。

明日三线可预设为 3240、3251、3269。若有效跌破 3240 继续观望；若回踩不破 3248 即向上，说明今日进场资金实力强劲，可以跟进；若回踩不破 3240 即向上，说明两路资金旗鼓相当，可以择机跟进目标股。

目标股的选择已讲解很多，请看如下网友今日留言：

（1）空海 2017－02－23 19:11:51 留言：谢谢王子老师，从买书到现在我还真的自己找到几只票，日月股份我的成本价 39.00 元，今天买的太平鸟，成本价 37.00 元，还有多只虽然没有涨停，但是都有十几、二十个点的收益，您的书真的让我在股市中找到了方向，王子老师，向您致敬。

（2）竹富贵 2017－02－22 23:01:00 留言：感谢王子老师！感谢您传授的量学！神奇的量学确实让人回味无穷！今天在量学理论指导下抓住了姚工老师说的大金重工！感谢老师们提供的研究性股票！里面真的有金子！只要肯钻研，就一定有收获！

（3）懒虫 2017－02－22 22:28:16 留言：王子老师，今天成功抓到两个涨停板：000923 和 000789，我都是涨停缩量选出来的。你太牛了！量学太好用了！

（4）柏安 2017－02－22 22:15:36 留言：王子老师晚上好，自从研读您的四本书，两周时间先后模拟伏击了锦江投资、北新路桥、金字火腿、河北宣工，还有一个触及涨停打开的个股金立泰。深感量学的实用与神奇。感谢老师的豁达与无私。祝您身体棒棒哒！天天开心。

017 0224 收评（兼 0227 预报）

2017-02-24

A Mr. 尹 2017－02－23 22:24:38 留言：请问老师，什么是保顶成功？一直关注微信号且每天点赞，希望得到老师的回答！

王子回复：你这个问题提得很好！我在收评中提的“保顶”二字，特训班学员都知道内涵，我以为是给特训班解盘，所以没有详解，经你提醒，我才知道应该补充解释一下。所谓“保顶”就是保护顶部。当前的顶就是左侧大阴实顶 3233（详见大盘日象图 33 中距今最近的蓝色虚线），它是本轮上攻的最大障碍。上攻途中它是左峰，现在冲过去了，这个峰里可能还有没消化的筹码，所以应该回踩；回踩途中它就是左顶，保住左顶不破就是保顶，就是左支右撑的平衡位。若下次冲过左峰 3282 的保顶，必然是保 3282 了。保顶动作可以错位，但要保持平衡。由此可见“过峰保顶”是一套完整的组合拳，是保护自己打击对手的攻守技法，有经验的主力常用这套组合拳来操盘，一边清洗浮筹，另一边平衡价位，主力认为安全稳妥了才能再上新台阶。大家可以把所有的牛票翻出来看看，几乎全都玩过这一招。特训课程中识庄、跟庄的三级量化标准，就是这一招的深化和细化。但愿这次保顶成功。

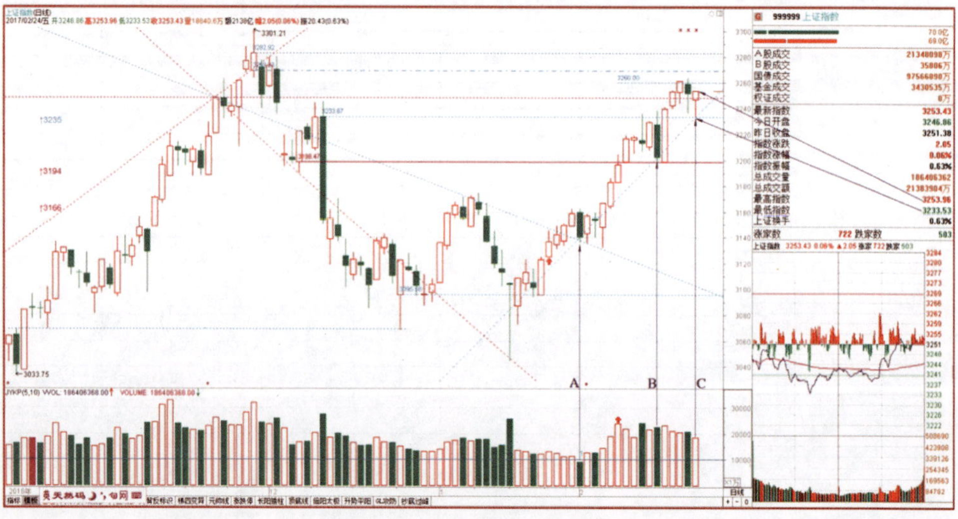

图 33

哈哈,今天的大盘精准打到3233点,保顶动作兑现,收了一个长腿光头阳柱,用量学的眼光来看,这是一个假阳,第一,它没有攻克昨阴二一位;第二,其分时人线没有攻克昨阴收盘价。左证明它是假阳,明天能否右确认就非常关键了,因为今天明显缩量,有保顶成功的迹象,所以,明天的盘前三线可预设为3246、3253、3260。若3246不能守稳就继续观望,若有效守稳3253则暗示保顶成功,可以参战。一旦保顶成功(三日不破3233大阴实顶)两会行情则可顺利展开。两会行情应关注一带一路、供改混改、环保健康及PPP板块。

目标股的筛选和操作此前已讲过许多,请参见如下量友的留言:

(1)懒虫2017-02-23 23:19:31留言:用量学看大盘,昨天抓板的000923高位卖出,妥妥地收了15%,000789也收益8%。昨天实盘喊朋友买入的和胜股份今天也收板。老师,我是您的忠实粉丝,我要加强学习,希望有机会去北京看您!

王子回复:这只懒虫并不懒,还非常勤奋,经常抓到涨停板,并和大家无私分享心得体会。这使我想起一句名言"敢自嘲者真名士",和那些自称××神、××仙的半吊子相比,建议大家信虫不信仙。

(2)M. BPP2017-02-23 22:33:50留言:000663永安林业,0124卧底将军柱,以其后三天最低收盘价15.44元画黄金线,至0217竟然总共9个精准点位,包含0113中阴虚顶,0126缩量百低踩线,启动前0217中阴收盘等多个重要点位。该股今日复牌,09:42分触左侧阴柱实顶15.77元不过,线下徘徊15分钟后迅速通过,立刻将其擒拿归案,今天收获半个涨停,谢谢王子老师,谢谢!

(3)柏安2017-02-23 22:06:58留言:王子老师晚上好,上周选出的太平鸟模拟今天涨停,累计涨幅十多个点,感谢量学,感谢您让散户在股海博弈中提高胜率。我一直想了解一个问题 就是说主力庄家能否以量学反制量学,反制手法是什么呢?希望得到您的解答。谢谢。

王子回复:以上网友昨天的成功值得祝贺,但我的祝贺都要带一句提醒,昨天的成功不能代表今天明天也能成功,因为股市弄潮儿身在变幻无穷的股市长河中,逆水行舟,不进则退,懈怠不得,骄傲不得,否则,你今天赚了明天又得亏回去。让我们共勉。

关于主力用量学反制量学的问题,是因为你根本没有弄懂什么是量学。量学的"量"字既是名词的"量柱",又是动词的"衡量",说穿了,量学是通过量柱来侦测股市动态平衡的科学,主力想用量学反制量学,只要他一动手,就会被量学侦测出来。所以,我们在特训班提倡看两部电视剧,一部是《我是特种兵》,争当股市特种兵;另一部是《神探狄仁杰》学会狄仁杰的顺藤摸瓜,无论作案者多么狡猾,只要有蛛丝马迹,就会被狄公擒拿归案。因此,我们量学的第一本基础教材就是《量柱擒涨停》!

018 要想股市赢利，必用这步妙棋（0227 盘前）

2017-02-27

周五的收评发表后，很多量友发表了很好的留言，和大家交流了各自的经验和体会，正如量友"顺势而为"说的："翻看学友的留言，也可以学到很多东西。"希望大家翻看一下，一不小心就会学到一个绝活。例如下面这位量友的留言，就很有水平。

炮五 2017－02－25 11：24：28 留言：老师，你文中提到周五大盘"没有攻克昨阴二一位"，可大盘昨阴二一位应该是取虚体的二一位 3150 点吧，周五收盘已过了 3150 点了，为什么说没有攻克昨阴二一位？

王子回复：这位量友对量学的三一二一战法有很深的理解，所以，他对王子周五收评的意见非常正确。

第一，按照量学三一二一法则的标准，个股应该用实体计算，大盘应该用虚体计算，所以，周五收盘过了 3250 点（用周四的虚体计算），应该是攻克了昨阴二一位，为什么王子却说未过二一位呢？这就是下面将要讲到的另外两个法则。

第二，在量学三一二一法则中，还有一个法则，就是要具体问题具体分析，例如，若个股的实体太小，就要用虚体计算。这是按大小做具体分析。

第三，在量学三一二一法则中，还有一个法则，就是要具体位置具体分析，例如，若是在下跌初期出现第一个阳克阴半时，或者反攻力度不够强劲时，我们的研判就应该提高一个级别，将虚体二一位提升为实体二一位。

例如，周五过了昨阴二一位 3250，我们立即认定是阳克阴半的话，就显得急促了一点，若是周一继续下跌呢，那就形成了单阳不阳的建构。为了解决这个问题，我们就要适当提高研判标准，就是用实体研判法来研判周五的假阳。所以，王子研判周五的假阳没有克阴半。

这种方法是下跌初期或上涨初期掌握主动的一着妙棋，无形中提高了我们研判的命中率。因为，用实体研判法周五没有过二一位，应该警惕下跌，如果周一下跌，正好说明研判正确；反过来，一旦它不跌反涨呢，该跌不跌正好可以从容应对。这样，我们就永远处于主动位置。要是其上升趋势或下跌趋势已经形成，我们就要当机立断。

我在特训班实盘时经常和大家讲的一句话就是：等一分钟做出决断。这里说的"等一分钟"，和上面讲的"升一档次"都是同样的一个原理，就是等候趋势确认。等一分钟也好，升一档次也好，都是在等候趋势的确认。这就是"要想股市赢利，必用这步妙棋"。

望大家慢慢体会这步妙棋，用好这步妙棋。

王子周五的收评讲过：周一的盘前三线可预设为3246、3253、3260。若3246不能守稳就继续观望，若有效守稳3253则暗示保顶成功，可以参战。一旦保顶成功（三日不破3233大阴实顶）两会行情则可顺利展开。两会行情应关注一带一路、供改混改、环保健康及PPP板块。

另外，特训班的老兵帅克同学今天在178448.com股海明灯论坛发了一个帖子《周末解读：宝能、恒大受罚的背后》内容很好，小编专门将其涉及宝能和恒大的股票罗列出来，发表为另一主题，供大家参考。估计这一批股票中，有部分开盘就要下跌逃命，有部分开盘可能拉升自救，个别股票可能稳住待援，若大家手中有这些股票的话，建议拉拐出货。王子曾经多次强调过，不要沾惹神仙打架的股票，沾上了就要付出代价。

2017-02-28

今天有许多量友留言感谢王子发布恒大宝能系股票预警，这不是王子的功劳，这是特训班学员老兵帅克的奉献，王子只是要大家拉拐出货，王子自己的牛票红相也在拉拐无力时出货。

今天还有许多量友留言感谢王子对假阳真阴的预报和详细解说，帮助大家躲过了一劫。对于周五假阳真阴的详解，大家应该多看几遍，这是很重要的研判窍门。

对于假阳真阴的研判，衡量标准是昨阴二一位。一般情况下，大盘用虚体计算，个股用实体计算；特殊情况下，个股实体太小的就要用虚体计算，大盘下跌初期就要提高一个档次用实体来计算。昨天对于周五假阳真阴的研判，就是提高档次用实体二一位来衡量的，今日再次得到验证就是很好的例证。

量学对于盘面的研判标准是有严格标准的，到什么山头唱什么歌，千万不要在特殊情况下使用一般情况的标准，也不要在一般情况下使用特殊情况的标准，二者是相辅相成的。

下面再告诉大家一个绝活，即"精准计算灯塔线或太极线的某日当值"，和不能上特训班的量友分享，也希望即将上特训班的量友提前学会这一招。

请看图34，将 A 柱 0120 实顶 3123.14 与 B 柱 0125 实底 3137.65 相连，就是 0120 灯塔线。现在我们来计算这条线今日的当值。

第一步：计算 0120 至 0125 的上升斜率 $K = (B - A)/3$ 天

即：$K = 3137.65 - 3132.14 = 14.51/3 = 4.837$

第二步：计算 0120 到今天的上升幅度 $F = K \times 21$ 天（D）

即：$F = 4.837 \times 21 = 101.58$

第三步：计算 0120 至今天的指数当值 $C = F + A$

即：$C = 101.58 + 3123.14 = 3224$

今日最低点精准抵达 3224。真牛啊！熟悉这三个步骤之后，一步就能计算出来。即：$(B - A)/3 \times D + A = C$

从指数的精准度来看，主力对当前多空力量的动态平衡把握得非常准确，尽管今日指

图　34

数跌破了 3233 凹间峰，但主力借助利空消息的洗盘已暴露无遗。只要明后两天收盘价不在 0120 灯塔线下方，就会出现反弹。

周二的三线可预设为 3220、3228、3248。

缩量保顶成功，有望开门见红
（0228 收评兼 0301 预报）

2017-02-28

王子昨日收评指出："（0227 周一）从指数的精准度来看，主力对当前多空力量的动态平衡把握得非常准确，尽管今日指数跌破了 3233 凹间峰，但主力借助利空消息的洗盘已暴露无遗。只要明后两天收盘价不在 0120 灯塔线下方，就会出现反弹。"

见图 35，今日开盘于 3225，收盘于 3241，看来 3233 凹间峰的保顶工作已经完成。从量价结合上看，今日缩量过昨日阴半，明日应该看涨。

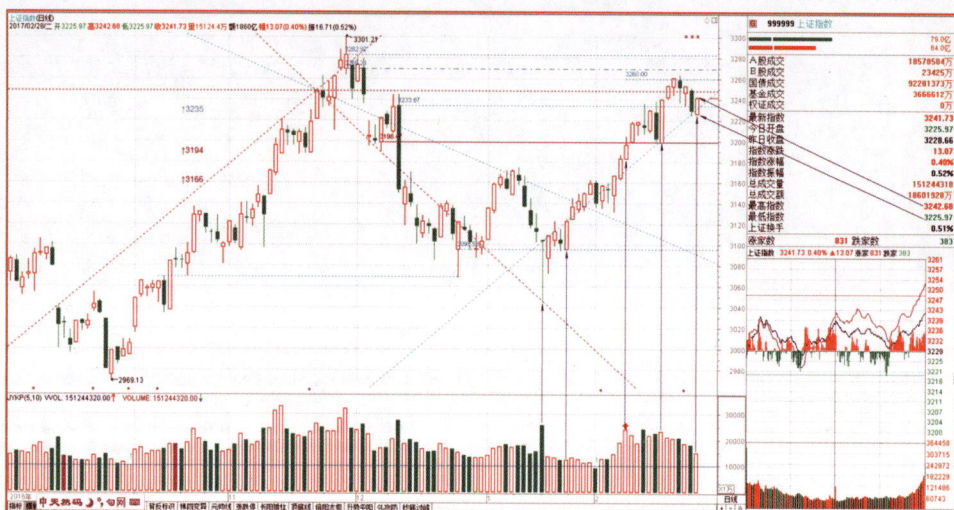

图 35

明日三线可预设为 3233、3241、3260。若冲击上线乏力，应该将今日伏击之票落袋为安。因为明日处于二龙交叉处，正是奋力上攻之绝佳时空平衡位，若不能冲过 3260，就是主力准备不足，所以应该落袋为安以待良机。当务之急是寻找合格的潜力股票。

昨日要大家"根据如下目录找股票"，有人留言说"看不懂"，有人说干脆给我们说几只票。天呀！有这种想法最好不要炒股。自己不会选股票，你永远也赚不到钱。

凡是读过《黑马王子操盘手记》前言的读者，应该认识一位老革命王安先生，即《股海明灯，照亮乾坤》的作者，他曾经是新华社重庆分社、湖北分社的社长，微服私访咱们量学特训班却被量学吸引，成了量学的老学员，刚刚收到他给我的留言（见图36）。

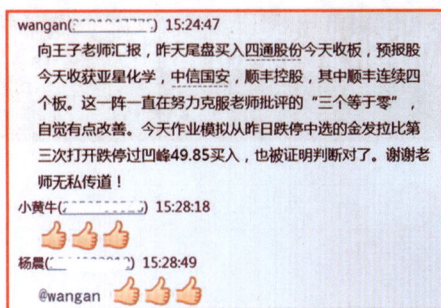

wangan(　　　　　　) 15:24:47

　　向王子老师汇报，昨天尾盘买入四通股份今天收板，预报股
今天收获亚星化学，中信国安，顺丰控股，其中顺丰连续四
个板。这一阵一直在努力克服老师批评的"三个等于零"，
自觉有点改善。今天作业模拟从昨日跌停中选的金发拉比第
三次打开跌停过凹峰49.85买入，也被证明判断对了。谢谢老
师无私传道！

小黄牛(　　　　　　) 15:28:18

👍👍👍

杨晨(　　　　　　) 15:28:49

@wangan 👍👍👍

图　36

他从来不找王子要一只股票，并且凡是王子讲解和预报的股票，他一律不实盘，完全凭自己努力学习，经常收获涨停板，今天实盘一个涨停板，成功预报三个涨停板，其中顺丰连续四个板。王安先生年近七旬了，他能做到的我们年轻人更应该做到。

量学告诉我们寻找股票的方法很多，都在《黑马王子操盘手记》中，关键是我们能不能发现这些找股的方法。我曾经多次讲过，找股要靠眼光，找到选股的方法和技巧也要靠眼光。如果你没有发现金子的眼光，即使金子摆到你面前你也不认识。要想真正学会量学，没有捷径，只有扎扎实实看书，看一章消化一章，千万不要急于求成，囫囵吞枣。路要一步一步地走，饭要一口一口地吃，吃急了，会咽死人的。

选股方法重点是双向回马枪、凹底淘金、凹口淘金、兵临城下、三一二一五种量学形态，方法和技巧都在目录内的文章中，读懂之便能选之。祝大家都能选到如意的股票。

021 如期触顶即撤退，站稳此线可伏击
（0301 收评兼 0302 预报）

2017-03-01

祝贺明灯论坛今日有 793 人次成功伏击涨停！原始预报记录详见股海明灯论坛之"涨停预报"专栏，1 ~ 2 月涨停预报冠军"天赋闲荡"荣获 29 800 元奖学金即免费参加 0318 ~ 0322 人大量学特训班。欢迎大家参与预报，训练眼光。

焱垚 2017 - 03 - 01 15：04：05 留言：老师，关注你很久了，分毫不差！佩服至极！今日高点 3259.98！老师实在太神了！

喜笑颜开 2017 - 03 - 01 15：02：22 留言：太牛了，预报上行阻力位 3260 它就达到 3259.98，跟你家开的似的，量学厉害。

王子回复：呵呵，以上两位可能是新来的网友，请勿吃惊，精准兑现预报值是量学的家常便饭，君可见，昨日公布的黑马王子 2 月的收评兼预报，几乎天天都是精准兑现的。真正值得吃惊的是预报中的操盘策略，在什么位置、见什么量波、做什么操作，也是精准兑现，这才是量学炒股的绝活。

昨日收评制定的策略是"冲击上线乏力时出货"。关于乏力，一是量波形态乏力；二是力量柱对比乏力，今天的两个高点都符合要求。请看图 37。

第一，A 峰下面对应的力量柱呈上红下绿，量学原理是"上红下绿，必然下去"，可以出货，但力柱缩量不足三一二一，可以视手中个股择机而出。

第二，B 峰低于 A 峰，量学原理是"高点不高，即将回调"，C 力柱缩倍，正好撤退。因为"上红下绿，必然下去"，此时撤退正好处于次高位。

上面的叙述可能许多网友难以看懂，多看几遍，真正看懂了才有味道，否则等到下次再讲量波时你就懂了。

个股方面，kenny 枫 2017 - 03 - 01 12：52：48 留言：感恩王子老师无私的教授！今天（0301）很高兴，用"一剑封喉"的方法，再次擒获一只涨停（供销大集 000564），在买入后第 6 天涨停，之前买的比较着急 8.45 就进了，应该等离 0207 黄金线近一点，8.25 左右的时候再进。感谢量学，谢谢老师将博大精深的量学不断传授给我们，还请老师注意身体和休息。

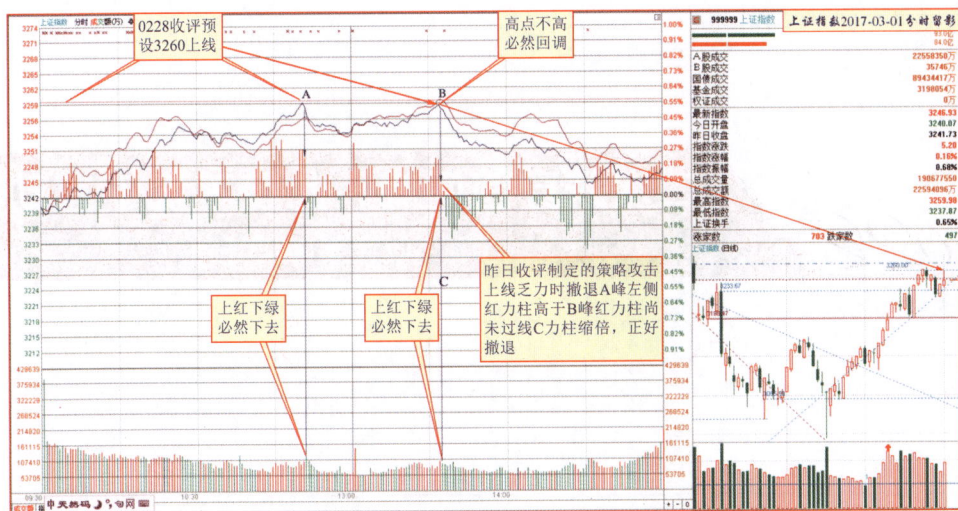

图　37

特训班"老耐班长"悄悄擒了一头大牛鼎泰新材，今天出货了，我才敢把他的图片发出来（见图38）。

图　38

鼎泰新材就是改名后的顺风控股。老耐班长是重仓，他的重仓可不是一般的概念，可能100个散户加起来也没有他的仓位重。这次特训班上（0318～0322）老耐班长将和大家分享他伏击这只牛股的体会。昨天介绍的王安老先生也将和大家分享他最近的伏击体会。当然，王子也将和大家分享伏击红相电力中信国安等股票的体会。祝参加这次特训班的量友们能够大饱眼福。

明天的底线预设为3240～3246区间，只要不是有效跌破此区间，应该就有突破3260的机会，所以，看准量波以后，可以采取大跌大买的策略。形态上要注重调整到位的、有卧底王牌的凹底淘金、凹口淘金。谨记：量柱选股、量线选价、量波选时，三者缺一不可。

二次跌穿凹间峰，此线不稳不宜动

（0302 收评兼 0303 预报）

2017-03-02

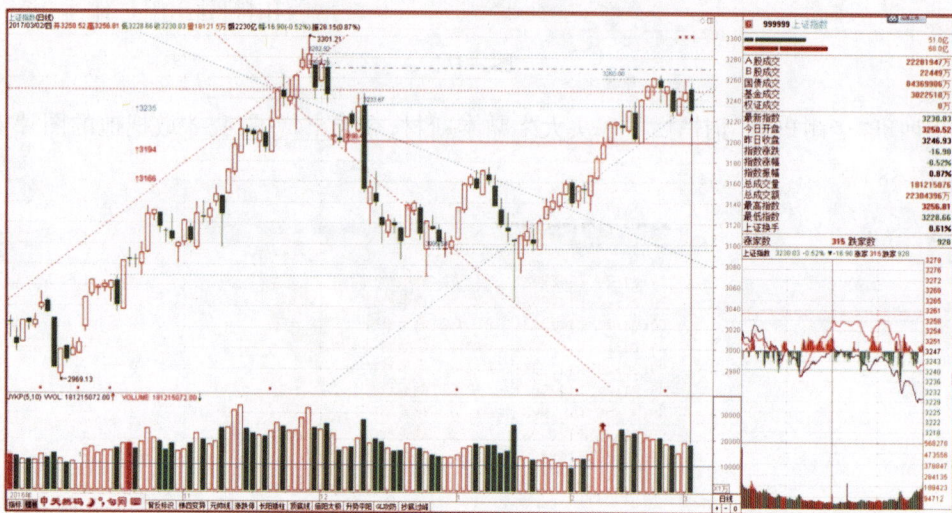

图 39

祝贺明灯论坛今日有 270 人次成功伏击涨停。原始预报记录详见股海明灯论坛之"涨停预报"专栏。欢迎大家参与预报，锻炼眼光。本月的预报冠军将获 19 800 元奖金即免费参加下月的伏击涨停特训班。

今天大盘跌穿 3233 凹间峰，这是第二次跌穿，给最近的保顶之战增添了若干变数。昨天成功出货的量友今日应该没有钻进去，因为今日早盘即跌穿预设下线 3240，午后最低下跌至 3228，尾盘收在 3230。那么，明天的下线需要降级对待，三线预设为 3220、3230、3240。

个股方面，今日两市共 29 只股票涨停，除去次新股复牌股只有 4 只股票正常涨停，形态上两只凹底淘金，两只凹口淘金，说明当前选股还是要抓住这两个重点。同时需要关注环保旅游和供给侧改革板块。所选股票不要急于介入，看准时机，不破 3220 方可。

焱垚 2017－03－01 19∶04∶26 留言：老师，我学过很多理论，我接触量学才三个月，但量学给我的触动很大,我很崇拜您!不过现在有一些对老师的误解,比如说"如果股市能赚大钱,为什么不闷声发大财股市里提钱?而要出来教学?"老师,我觉得您是想传道普度众生,而不是他们说的那样,老师是这样吗?

王子回复:哈哈!隔行如隔山哪,因为人所处的位置不一样,难免对另一位置的人不懂。譬如"闷声发大财"与"埋头搞科研"就是两个不同的位置,自然就有两种不同的乐趣。特别是"闷声发大财"之后再"埋头搞科研"并且取得了超越"发大财"的乐趣,那更是一般人难以理解的乐趣。

假如某名牌大学请你去讲一次课,也许请你讲做饭,也许请你讲美容,也许请你讲种地,你去不去?假如你去讲了一次,口碑很好,学员和学校都希望你再讲,你讲不讲?一旦众多名牌大学争着请你去讲,你讲不讲?

肯定会去讲,而且会力争一次比一次讲得更好!哪怕是免费也情愿,因为这是社会和时代对你的认可,是一种荣誉。荣誉是金钱买不到的哦。何况我是一个教书匠,教书育人者总希望快速见效,看到一个个学生超过老师是什么感觉?是骄傲和自豪,这也是金钱买不到的哦。

我在大学是教写作的,曾经主编了我国第一部《现代写作学》,由人民日报出版社出版,我的学生中有央视记者、有省电视台台长、有省级报社社长、有新华社十佳记者等,但他们最快要半年或者几年才能见效。

但是教股票就不一样了,今天讲的,明天就能见效。我的收评大家都见证过,十年来的预报,几乎天天精准兑现,其中的乐趣非一般人能够理解。这种乐趣是金钱能买到的吗?

讲实盘课那就更过瘾了!刚刚讲的,三五分钟后就能见效,当暴风雨般的掌声突然响起时,那种感觉是什么?是幸福。是金钱买不到的幸福。幸福得恨不得把心肝都掏给鼓掌的人。

还有,如果你所教的学生,今天听课选票,次日或五日内就能成功获得涨停,这是什么感觉?是金钱买不到的成就感!每当看到学员擒到涨停骑上牛股的时候,比我自己擒到还要开心万分!这种开心,也是金钱买不到的。

实话实说,王子闷声发大财的日子已经过去了。现在衣食住行万事不愁,只愁中国出不了巴菲特,因为我曾经梦想做个巴菲特,但我的年龄、经历告诉我不能,所以只能寄望于我的学生中能出一个巴菲特。这不是今天才讲的,而是我在每期特训班上都讲过的一个愿景。

因此,我勤勤恳恳地钻研,兢兢业业地备课,踏踏实实地讲课,就是希望能培养出一个巴菲特式的能人,能为咱中国人争气,能为复兴中华争光!这个愿景是金钱能买到的吗?

朋友,我的心里话你能听懂吗?有朝一日,当你衣食住行都不愁的时候,你的追求和感受一定会超越金钱。

跳空下跌收长腿，此线仍是分水岭

（0303 收评兼 0306 预报）

2017-03-03

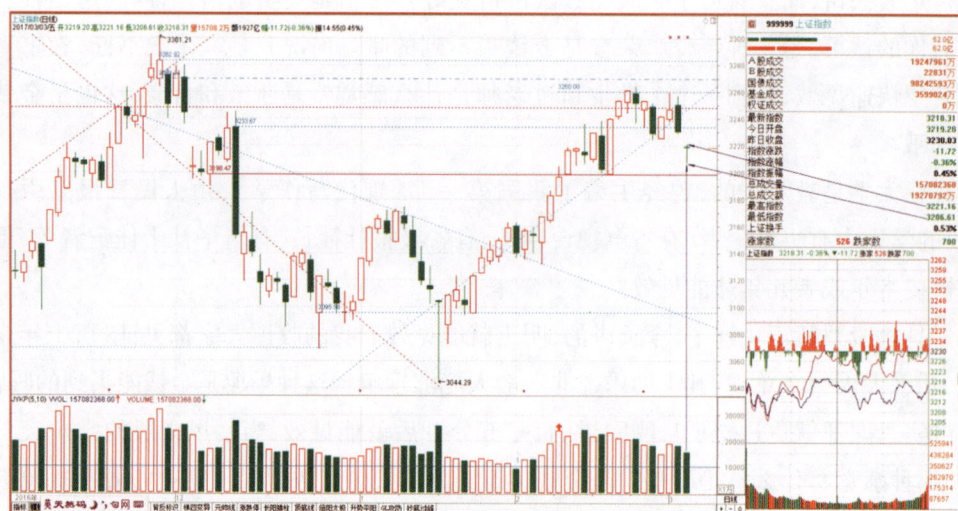

图 40

今日大盘大跌，最高点正好是王子预报的下线，而上线预报失误，特向大家致歉。事实说明，王子是人不是神，望大家牢记王子的"三千万"：千万不要迷信王子，千万不要崇拜王子，千万不要效仿王子。

失误并不可怕，怕的是找不到失误的原因。这次失误的原因是什么？是相信消息。王子昨日收评中讲过："这是第二次跌穿凹间峰，给最近的保顶之战增添了若干变数……两市共 29 只股票涨停，除去次新股复牌股只有 4 只股票正常涨停。"这段话里有两个要点。

第一，两市只有 4 只股票正常涨停，说明市场极弱，大量出货。

第二，第二次跌穿凹间峰，就是向下的"二号战法"，大家知道，向上的二号战法是急涨，向下的二号战法自然是急跌。

所以，我当时只设了 3220 一条攻防线，并且注明站稳 3220 线方可参与，收评的标题就是《二次跌穿凹间峰,此线不稳不宜动》。

就在这时,电视里播送了两会召开的信息。我想,别的消息可以不听,两会这么大的消息多少应该参考吧,所以我就鬼使神差地加了中线和上线。一念之差,凉水塞牙,忘了"不看指标、不听消息"的量学原则,尝到了消息的苦果。

望大家和我一道认真吸取这个教训,千万不要迷恋消息。因为,任何消息进入我们耳朵的时候,都是过时的。即使再好的消息也要结合盘面走势来综合研判。例如,面临两会召开的重大好消息,为什么两市只有4只股票涨停?为什么大盘会在两会前夕第二次跌穿凹间峰?说明主力已经提前做了两会预喜行情,一旦利好兑现就是利空,就是主力借机逢高出货的时候。出货是为了应对两会实质性行情,即转移到两会主题行情。

周一的行情怎么看?今天这个跳空长腿阴,有一步到位的可能,周线的趋势线保存完好。所以周一还是以3220为攻防线,以3198为分水岭,只要不是有效跌穿3198线,就可以择机埋伏目标股。目标股以军工混改、地方基建和环保旅游为主线,两会期间出台的政策应仔细研究。

关于目标股的伏击,今日明灯论坛有262人次成功伏击涨停,多数都是凹底淘金和凹口淘金。请看如下几位量友的伏击情况:

(1)冰菊物语2017-03-03 18:38:32:老师你好!终于抓住了002805丰元股份的涨停板,就像老师说的那样,碎阳漫升有好戏,红肥绿瘦。

(2)开心刘2017-03-03 11:14:06:老师,今天我抓到300340科恒股份,我看它就像您说的凹底淘金,是不是属于凹底淘金呢?

(3)Tony_xiaoguo2017-03-03 06:59:06:老师,珍宝岛这只股票,我在0227那天发现它缩量探20.30元这个价位,然后第二天只是一个巨量的中阳线却并没有涨停,之后回调0301当天真阴假阳,0302跌破20.69元虚顶缩量三一,这种短期站上凹口平衡线的股票是不是好股票?

王子回复:以上三位量友的留言很好,都讲出了伏击的位置和伏击的理由,让人一看就有收获,就知道为什么能涨停或大涨。第三位量友,你要相信自己,相信科学,只要你选股的理由正确而真实,它就会顺着你的理由走。今天大盘大跌,你的珍宝岛真的成了两市少有的珍宝。祝贺你们进步了,也祝贺大家这个周末能选到如意好股。

有些新来的网友老是询问"如何选到好股",这个问题王子已经解答过N次了,建议大家提问之前先到明灯论坛的搜索框里查询一下。不同的时段有不同的选股方法。例如,当前要选凹底淘金的股票,那么,凹底淘金有什么要求呢?第一是突然急跌(假阴真阳、长阴短柱);第二是下跌到位(有支撑);第三是缩量三一二一或缩为百日低量;第四是凹底有王牌柱。按照任意一个标准都能找到一批股票,然后筛选出理想的股票。这个周末将在明灯论坛的周末讲座专栏专门讲讲阶段选股的方法和技巧。目前的周末讲座都是图文方式的,以方便大家任何时候都能查看。

似曾相识燕归来，一不小心就涨停

（0304 答疑）

2017-03-04

（1）海之蓝 2017－03－03 22：14：55：多谢王子老师的收评预报。我在论坛上预报了两个涨停，实际操盘却亏得一塌糊涂。是我太心急，不断买卖寻找涨停。结果还错失了牛股。检讨自己。知道是基础不扎实，没有悟透量学。我会继续努力的。好好学习，领悟量学。争取到预报涨停的股票越来越多。

王子回复：反省自己，成功之道也！有人失败了就怪别人、怨别人、骂别人，这是不可能成功的。告诉大家一个绝招，凡是怨人、责人、骂人的人，他的股票一定做不好，他的人生也不会好。俗话说，心急吃不了热豆腐，况股票乎。心急就是心躁，就是不踏实。"左证明，右确认"，等候确认是灵魂。特训班的孙鹏同学为什么网名叫"老耐"？就是老老实实耐心等待。等待学会、学懂、学透，等待看清、看透、看远，等待确认良机。如果不信，请把我们自己操作过的股票找来，全都注明进出标记，凡是失败的都是急躁造成的，都是追涨杀跌造成的。要想学会量学，就得像量柱一样沉稳，就得像量柱一样坚定。

（2）乐山大佛 2017－03－03 22：16：48：昨天根据量学选了四只股票，两只涨幅超过3%，一只涨幅2%，还有一只下跌，有趣的是下跌的那只是选股软件推荐的。可见量学比那些所谓的选股软件准确率高得多。今天根据虚拟成交量实盘了 4 只中的一只，收盘上涨近4%，量是昨天的一倍。量学神奇！

王子回复：你的亲身经历代表了许多量友的经历。选股软件要是能赚钱的话，会编软件的人岂不是都成首富了。实话告诉大家，我们原来的天然码公司就是做软件的，我们做的《天然输入法软件》由武汉大学出版社出版，可以让从未学过电脑的人"不记字根、不用拼音、不论老少，人人可以当场学会电脑打字"，该软件荣获国际发明专利金奖，入选中国政府采购指南，造福了成千上万人。我们曾经想编一种"不看指标、不听消息、不管行情，人人可以伏击涨停的飞毛腿操盘软件"，但实践发现，软件选股总是不如人眼，我们不想欺人所以一直没有推出这种操盘软件，有人却盗用我们的名称抢注了飞毛腿操盘软件，害了不少人。事实告诉我们，眼光是成功的基础，软件最多只能做点参考。我们只有相信自己，立足当前，实事求是地看盘选股，才能走向成功。下面莫永欢量友的留言正好说明了这一点。

（3）莫永欢2017－03－03 22:18:22：今天大盘大跌，满盘一片绿，但是我昨天自选挑出五只票，今天基本在3%左右。点赞量学。

王子回复：对了，只要相信自己，用好量学，你就会跑赢大盘。这已被许多人的实践证明着，也将继续证明。

（4）林焕辉2017－03－03 22:22:05：老师，我今天伏击了罗顿发展，理由是从您微信视频看到的过了假阴真阳的实顶伏击。看了量学有两个月了，因为自己有过去的系统所以一直觉得技术越多反而越乱，量学的每个战法都是有理有据的，但是还是得先学会一招，先学精了一招，用会了这一招，才可以走得更好，谢谢老师无私赠予知识，特别感恩您的每一个知识，希望有一天我也可以像你一样用自己会的东西无私地去帮助身边的人。

王子回复：你今天的留言就在帮助身边的人。你说的"技术越多反而越乱"，真说到点子上了！只戴一只手表的人，时间永远是准的，即使它有点误差，戴表人会自动修正；如果戴的手表多了，戴表人就不知道哪只表是准的了。量学讲究有理有据，你说"先学精一招，用会这一招，才可以走得更好"又说到点子上了。看懂了才能学精，不懂装懂的人往往会死得很惨。

（5）季鹏2017－03－03 22:28:12：真心话，非常感谢王子老师。虽然最近做的股票都没抓到涨停，可买的股票都是涨不停，天天涨的股票虽然没有涨停那么激动，可收益丝毫不逊色于涨停！感谢老师，由衷地感谢！

王子回复：这就对了！量学倡导的伏击涨停，是以涨停的高标准来要求自己，即使达不到涨停的最高标准，"取法其上，得乎其中"也比一般人强，我要求特训班的学员只要保持每周三个点的赢利，那就很可观了。

（6）万和证券—郭春茂2017－03－03 22:44:19：老师，我今天抓的中京电子，阳盖阴买入的，量学太神奇了，谢谢老师！

王子回复：阳胜进，阴胜出，只要把握到位了，想不赢利都难。

（7）龙行天下2017－03－03 23:00:24：我星期三预测600209星期五涨停，今天真的涨停了，其2016年2月23日元帅不破，加上2017年2月23日和2月24日平量柱，五日内涨停。

王子回复：有理有据，指柱道线，这才是量学实事求是的作风。

（8）旺财 huanghongyue2017－03－03 23:38:39：谢谢老师，我从去年开始读四本书，当中也误打误撞捉了几个涨停，但涨停的基因不大明白，而且都是实盘，但是今天这个安德利弄得非常明白，这个股票是上周四伏击的，我今天想着应该启动了，但没想到是涨停。在这我用了一剑封喉，还有灯塔线，黄金线支撑，我怎么觉得它在底部试探一下，直接冲防，我还没找到攻守这两段，感谢老师的无私奉献，使我在做股票时不那么紧张了，越看股票的走势越有意思了。

王子回复：对！"弄得非常明白"才能明明白白赚钱，否则，即使赚了也会亏回去的。特训班的同学都知道，缺少攻守环节的票就是好票。你没有上过特训班也悟到了。所以，不上特训班的人也可以超过特训班的人。特训班的同学们可要努力呀！

（9）和贤＆光辉岁月2017－03－04 00:25:50：总结我这一周，买入002611东方精工、600303曙光股份、300417南华仪器、300219鸿利智汇、600535天士力，五战四胜一平，四胜大概是2%~4%收益，核心是价升量缩，因为大盘这两天调整，没有再进票，但候选的票时常给力，像002611，周三或周四还是很好的介入机会，今天来个中大阳。比较有信息的是600535，回忆老师说的，选票看它如何跌下来，首跌到止跌，一系列的3121缩量，0220再次缩量21止跌，温和量T3、T4为假阴，第5天再次缩21，第6天我估计是有板的机会，当天大盘不好，它也有5~6个点的涨幅。感谢王子老师，我会继续再继续再继续努力……

王子回复：每天一小结，每周一总结，这是特训班学员的必修课，可惜多数人坚持不下来。谁能做到，谁就成功。你今天做到了，望能坚持下去，只要你坚持三个月，你不再总结就觉得不习惯了。这就是习惯成自然。如果你坚持半年，你想不成功都难。量学看盘选股的绝活是什么？就是看它怎么跌，才知道它会怎么涨。凡是假跌的就会真涨。特别是首跌到止跌的过程中，出现一系列3121缩量的，那就是好东西。你能悟出这个绝活，好！

（10）虫子2017－03－04 08:02:10：老师的量学知识要反复看，结合实际。前两天重看老师的黄金线战法，觉得自己手上的罗顿发展很像，试着买了一点，昨天果然涨了，途中一个个突破压力位，尾盘还涨停了。太高兴了。谢谢老师。

王子回复：你的成功在于记住了学过的经典图像，然后与当前的类似形态相比较！这就类似于学书法的读帖，类似于学象棋的记谱，记得的经典越多越有利找到下一个经典。哈哈，似曾相识燕归来，一不小心就涨停。

（11）天上神仙2017－03－04 13:27:39：不得不说，王子老师的量学的确实用又简单，300073当升科技复牌放量拉出长上影，按普通K线理论就要清仓了，但量学告诉我，放量只不过是倍量，不是发烧量，长上影是解放1123的假阴跟风盘，周五跳空开盘，已显示主力做多雄心，大盘再不好也难以阻挡涨停决心！另300487蓝晓科技倍量伸缩加3s，虽然没能封涨停，但当天开盘就买入了，也收获9个点，王子老师大德，虽然末学非师出正统，也未敢参与涨停预报，但能看懂个股走势和主力庄家意途，能游刃股市已非易事了！感谢王子老师的量学！

王子回复：上面许多量友的实践证明，不上特训班也能学会量学，关键是首先要认真读懂《量柱擒涨停》和《量线捉涨停》，然后才能读懂《伏击涨停》和《涨停密码》，最后才能借助《黑马王子操盘手记》巩固前面四大名著的案例内容。千万不要急于求成，囫囵吞枣。量学的基础是量柱，掌握了七根量柱的性质和功能，可以演绎出千变万化的战法，就如音乐的七个音阶一样，可以谱写出无穷无尽的歌曲。先学懂弄通一两招，再就一通百通了。

王子昨日答疑中的 9 个要点：

王子昨日就微信平台的提问作了解答。许多量友反映句句是经典，现将答疑中的要点归纳如下，望对大家有所帮助。

（1）反省乃成功之道。遇挫怨人者股票一定做不好，人生也不会好。

（2）把自己操作过的股票全都标明进出记号，定能找到失败原因。

（3）眼光是成功的基础，软件只能做参考，只有相信自己，才能走向成功。

（4）看懂了才能学通，不懂装懂的人往往死得很惨。

（5）不要迷信特训班，不上特训班的人也可超过特训班的人。

（6）每天一小结，每周一总结，形成习惯，必会成功。

（7）凡是假跌的就会真涨。下跌中出现系列缩量 3121 的是好东西。

（8）记住的经典形态越多，越有利于找到下一个经典。

（9）急于求成必不成，一知半解必害己，不懂装懂必自毙。

学习顺序：首先要看懂《量柱擒涨停》和《量线捉涨停》；其次才能看懂《伏击涨停》和《涨停密码》；最后才能看懂《黑马王子操盘手记》，千万不要急功近利，不要断章取义，不要形而上学，不要刻舟求剑。而要顺藤摸瓜找到主力意图才能跟上主力节奏。

025 / 如何筛选即将涨停的股票（0305 讲座）

2017-03-05

一、关于"如何提问"的问题

新来的网友经常一上来就问这问那，许多问题都是解答过 N 次的老问题，不回答也不好，老回答却是老答案，实在费力费时。

现在告诉大家一个好方法，你想提什么问题，就把这个问题输入到明灯论坛的搜索栏里，见图41。

例如你想提问"如何选股"，就把"如何选股"四字输入到搜索框里，然后单击搜索框右侧的那个"放大镜"，一下就能找到许多答案。见图42。

图 41

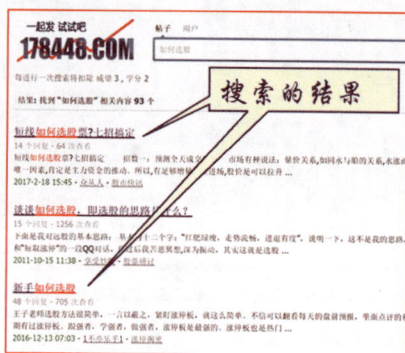

图 42

如果搜索到的结果不能满足你的愿望，你就把你的愿望写清楚，增加搜索范围，基本上都能找到答案。因为股海明灯论坛已经创办 10 年，10 年来的所有问题解答都保存在论坛库里，只要你想找，一定能找到。

如果实在找不到了，说明你提的问题是新问题，你就发表在论坛的"量学问答"专栏，发表的提问一定要具体，要实事求是，要指柱道线，你的提问越具体越好解答，量友们只要看到了，只要自己能解答的，一般都会解答。小编也会将重要的问题提交给王子解答。

二、量学选股的三个步骤

许多新来的量友老是经常询问"如何选到好股",这个问题就不好回答。因为你的提问很抽象,不具体,谁都难以回答这个问题。

因为,在你心目中,什么是"好股"? 没有明确的标准,所以不好回答。如果你换一种提法,具体点,直接说"怎样选到涨停股",这就具体了,因为有标准(涨停),这就好回答了。

如果再进一步问"怎样选到即将涨停的股票",那就更具体了,那就更好解答了。

如果再具体一点问"量学怎样选到即将涨停的股票"这就更好回答了。下面就是我的回答。

第一步,重视当前行情的涨停趋势。

不同时期有不同的涨停趋势,只要找到涨停趋势,就好办了。例如,我们有些量友曾经伏击过涨停,他就把这种伏击方法套用到所有的行情中去,结果可想而知,肯定找不到涨停股,这时,他却怀疑量学有问题,他说,为什么这一招过去能抓到涨停,现在反而抓不到了,说明量学有问题。大家想想,这不是冤枉量学了吗? 所以,选到即将涨停的股票首先要看当前是什么行情,有什么涨停趋势。

例如,昨天(0303 周五)两市共有 31 只股票涨停,除去次新股除权股复牌股以外,两市只有 11 只正股涨停,这 11 只涨停股票中有 7 只凹口淘金,2 只凹底淘金,2 只回马枪。显然,当前的涨停趋势主要是凹口淘金。

第二步,重视涨停趋势的涨停特征。

任何一种涨停趋势,都有其涨停的基本特征,只要按照涨停特征来找,就一定能找到。特征是很具体的东西,例如昨天量友们抓到的这么多涨停股票(详见 0304 答疑),其留言中都讲了部分涨停特征,特征就是涨停基因和基因组合,符合这些基因且基因链完好的,它就具有涨停的潜力。

第三步,重视涨停特征的基因链条。

量学的涨停基因很多,也很管用,关键是这些基因的组合能否形成完整的基因链条,更关键的是我们能否看懂,能否看准。我们有些量友看到一个价升量缩的涨停基因就认为它可以涨停,这就是形而上学。有些涨停基因是稳定的,有些涨停基因不稳定甚至已经被消灭了,我们还把它当成宝贝,那就适得其反了。我们上周请大家讨论的"失败案例"永东股份,就是这种情况;本周请大家讨论的"失败案例"联创互联,也是这种情况。

例如"凹底淘金"一般应该具备如下要素:

第一是突然急跌(假阴真阳、长阴短柱);

第二是下跌到位(左侧支撑、自我平衡);

第三是缩量到位(三一二一或缩为百低);

第四是王牌到位（最好有三组卧底王牌）；

第五是凹底小阳（最好有三个小倍阳柱）。

以上五个要素若能有机组合，互相关联，就会形成基因链条，基因越密集越容易爆发涨停；相反，若基因稀疏或缺失，那就要出问题。还有，若其中缺少一个基因可能问题不大；若缺少两个以上，那就要出问题了。

三、量学选股的三个要点

综上所述，量学的选股思路应该是：

当前行情→涨停趋势→涨停特征→基因链条

对于当前行情，量学定义为"过峰保顶"行情，在"过峰保顶"行情下，其"涨停趋势"往往有"正反回马枪"或称"阴阳回马枪"，有"凹底淘金"或"凹口淘金"。

这三种涨停趋势有时是单一呈现，有时是交叉呈现，那么，我们就要查看一下最近的涨停趋势是什么，未来的接力趋势可能是什么，心中才能有数，临盘才能有股。

从上面的分析可知，凹口淘金是当前主流，凹底淘金有可能逐步增强、后来居上，那么我们选股的重点就应该是凹底淘金。因为凹底淘金之后就是凹口淘金，即使凹底淘金不出彩，也许在凹口淘金就能出彩了。

例如量友冰菊物语昨天（0303 周五）擒拿的丰元股份（见图 43）。

图　43

ACD 是底部三个小倍阳，就是三个王牌，其实底一个比一个高，D 柱后面应该出现凹底淘金的涨停，却没有涨停，但它已进入了我们的股票池。

E 柱是最低点回踩 D 柱实底，此后跳空，所以 E 是元帅柱，E1 是黄金柱，F 是黄金柱，G

还是黄金柱,9 天内出现三个黄金柱合力,H 柱前一天兵临城下平左峰,万事俱备,只欠东风,所以 H 柱凹口淘金,拔地而起,飘然涨停过左峰。

由此可见,凹底淘金是试探,凹口淘金是进攻。二者相辅相成。我们只要能找到凹底淘金的好票,凹口淘金也就快要实现了。

从上可知,选股的基本功在量柱,看懂了量柱,就看懂了庄家的底牌。该股从 G 柱开始,价升量缩,碎阳慢升,这就是涨停前的助跑动作。

看懂了这个案例,我们就好选股了。大家想想,选股的重点应该选什么?

肯定地讲,选股的重点是选量柱。量柱组合到位的,有助涨密码形成基因链条的,肯定就是好票。那么,我们怎样选到这样的好票呢?

有人说,老师,你编一套程序不就能把这样的好票选出来了吗?

王子答:很难用程序选出如意的好票。因为程序只能就某一个或某几个要素来选股,而量学的基因链条往往是三个以上的互不关联的要素组合起来的,你用了这个要素,那个要素就用不上,或者几个要素一用上就互相打架,反而一只股票也选不出来。

我的选股方法非常笨,就是实打实。平时看盘过程中,将有异动的股票收入"预选池",因为不异动不知道主力意图,只要有异动就有看出主力意图的钥匙。然后观察,把量柱建构较好的、可能向上的、有潜力的股票放到"精选池"里;一旦发现几组基因连接,就放入"目标股"里,并且设好"伏击圈"就是伏击区间,一旦它进入伏击圈,那就可以开枪。

下面结合"丰元股份"谈谈我选它的过程和要点供大家参考。

要点一:盘面表现异动的。

《伏击涨停》中讲的大涨、大跌、倍阳、倍阴、连阴、连阳等形态都是异动。该股 2016 - 12 - 14 大涨,显然是异动,我将它收入预选池观察,隔一日的 A2 柱跳空下跌,缩量三一,有假跌迹象,还是异动,继续观察之。

要点二:量柱建构较好的。

《涨停密码》中讲的缩量三一二一就是很好的量柱建构。该股从 A4、A3、A2 和 A 柱的前一天有 4 处缩量三一二一的动作,价柱一路下跌而量柱却逐步缩小为百日低量,这就是《量柱擒涨停》中讲的"价柱波浪滔天而量柱风平浪静",符合"牛股量形"的标准,所以将它放入"精选池"。

要点三:几组基因连接的。

《涨停密码》中讲的短时间内连续出现两组以上的助涨基因,例如出现第二个百日低量,出现第二个小倍阳,出现第二组黄金柱等要素,就要放入"目标池"里。该股跌至 A1 时,是价跌量增的左向喇叭口形态,有底部吸筹的嫌疑,继续观察,其在 A1 后第二日缩量二一,其三根价柱的底部持平,有自平衡见底迹象,至 A 柱小倍阳,有刹车迹象,收入"目标池"。

当天,我预设过左侧大阴二一位为伏击圈,但它 A 柱次日拉升特快,好像知道我要伏击它似的，非常迅速地直线跳过伏击圈，当我电脑报警时，它已高高在上，看它涨了 6 个点，也就没有开枪。

当天收盘后小结，A 柱是第一个小倍阳，显然是试探，应该继续等待第二个或第三个小倍阳出现再动手。后来，D 柱跳空开盘我追了进去，第二天跳空向上，本以为可以擒获一个涨停板的，没有如愿。次日，D1 柱突然出现恐龙波，我只好在其回折的第二波出货。

出货后小结，回看左侧的日象，D 柱是第三个小倍阳，但其左侧一直没有像样的卧底王牌柱，即使有第三个小倍阳还是显得基础不牢，只有等到有像样的三组王牌才能助力上攻。所以只能等待。

等待的过程是相当闹心的。终于，等到了 E、F、G 三组黄金柱组合，我在 G 柱右侧第二日缩量突破凹间峰时介入，收盘时被套 1 个点，好不懊恼。为什么这只股票就与我闹别扭呢？我又将上面的三个要点检查了一遍，发现它完全具备涨停潜力，目前咬住凹间峰，兵临城下，即将过峰。

次日（0303 周五），大盘跳空低开，它却高开，稍稍下探又抬头向上，我想，今天可能有戏了。一直熬到下午两点，它终于启动了，至 14:20 分终于封在涨停板上。

以上方法，在我的四本著作中已反复讲过，我现在也是这么做的。这么做的好处是，天天都在训练眼光，天天都在训练选股，天天都在筛选牛股，最牛的股票基本上都在你的"股票池"里，就看你什么时候去伏击它。伏击的时点不对，也是不行的。有时候，明明一只好票，做不好也是不行的。

练习：

试析下面这只股票与丰元的异同（见图 44）。

图 44

026

如期保顶初见效，三条主线或启爆

（0306 收评兼 0307 预报）

2017-03-06

见图 45，今天的主力也太吝啬了吧，刚好在 3233.87 点收盘，比王子指定的凹间峰 3233.67 仅仅高出 0.2 个点，可算是二次保顶初见成效。

图　45

大盘与昨日相比，今日量柱略低，价柱却高出许多，是典型的价升量缩形态，暗示明日可创新高。现在要做好逐步过左峰的思想准备和技术准备。

当前操盘策略：以图中的两个小黑点连线（大阳顶底太极），只要不破此线，可以大跌大买，大涨不宜大卖（根据手中个股的具体情况具体对待）。

明日三线可预设为 3224、3233、3248（或 3250）。

个股方面，昨日明灯论坛周末讲座《如何选到好股→选到即将涨停的好股》详细讲解了量学选股的"三个步骤、三个要点"，并详细讲解了王子本人两次伏击丰元股份的心路历程和技术研判。该股今日再次涨停。

有同学留言：王子老师周末讲座中关于筛选即将涨停好股的三个步骤和三个要点太精彩了。但是有一点不懂，您自己买了这只票，又公布了操作方法，就不怕庄家打压吗？

王子答曰：呵呵，当然有点担心呀。但是我在此前的一系列文章中都讲清了跟风的不良后果，我相信大家不会跟风，所以才敢于公开。另外有个最重要的原因，该股主力在凹底做好三级黄金梯才爬到凹口，这样的时候正是需要同盟军协助拉升的时候，就更不用担心了。请看它今天的表演（见图46）。

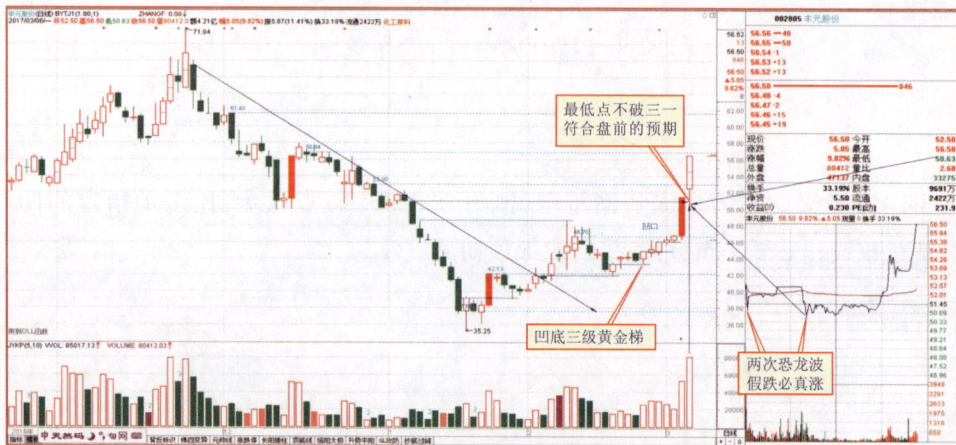

图　46

关于这只股票，昨天发表讲座后做了两手准备，只要今天低于五个点就出货，但是它上午连续来了两个直线下跌的恐龙波，非常吓人，我反而决定不走了，因为假跌就要真涨。午后果然涨停。量学这玩意儿，就是要反向操作。在别人最恐慌的时候正是你进货的时候；在别人最得意的时候就是你出货的时候。每个时候都有明确的信号。看懂了，你就知道该怎么干了。

接下来，要继续关注新能源、大消费、高科技和次权三通股票。方法和技巧昨天讲座已有详细讲解，这里就不赘述了。祝大家今晚能选到更好的股票。

027

保顶如期进行中，这个板块有异动

（0307 收评兼 0308 预报）

2017-03-07

　　祝贺明灯论坛今天有 539 人次成功伏击涨停！他们的原始预报记录详见股海明灯论坛 178448.com"涨停预报"专栏。

　　见图 47，今天的大盘最低点 3226，比预报值高出 2 个点；今天最高点 3242，比预报值低 6 个点。今天在全球行情不景气的影响下，能稳步向上已很不错了。王子昨日收评中预报的大消费今日果然不负众望，涨幅榜的前三由酿酒领头、奢侈品助阵、食品饮料殿后，次权三通也不甘寂寞，先后有七八只涨停。其中最让人舒服的当属王子元宵讲座中唯一的一只练习股江阴银行，从元宵至今先后已有七个板。持有此股票的量友应该见好就收，画个句号。该股是典型的凹底淘金股票，请大家结合讲座的内容认真吸取凹底淘金的精华。

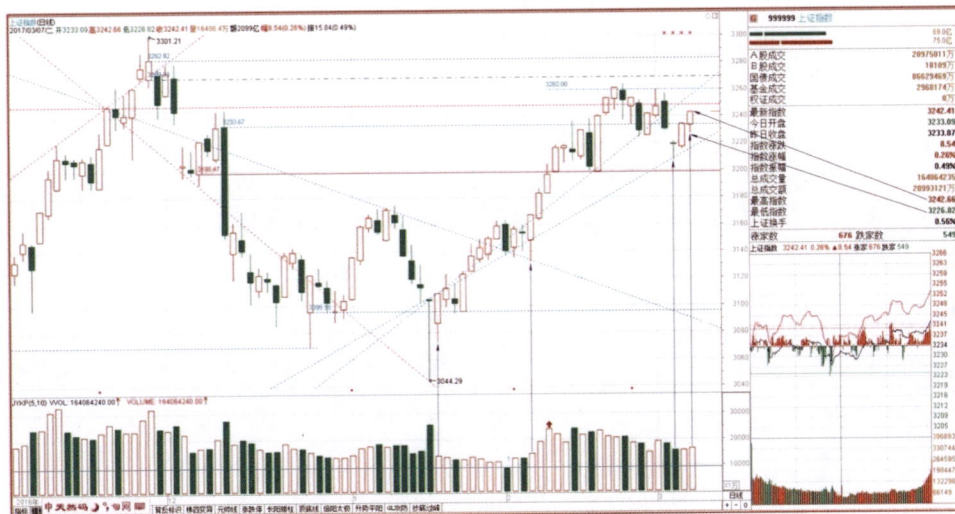

图　47

　　昨天有许多量友发表了很好的留言，下面选出三则分享：

　　（1）多多 2017 - 03 - 06 18：13：02：学了量学现在进步多了，基本一周可以抓一两个涨停板股票,感谢老师的量学,让我在股市有信心、有力量了。

（2）睡神 2017 – 03 – 06 18:33:34:上周四伏击的 300581 晨曦航空,数个涨停基因叠加,今天如期涨停!量学太好用了,当我和朋友讨论这只股票的时候,精通传统技术的他们竟然以 MACD 顶背离为由直接无视。

（3）吴忠仁 2017 – 03 – 06 18:34:44:感恩王子老师!量学威武神奇!今天实盘进了科恒股份、佛塑科技,双涨停,预测二票罗顿发展与环球印务也板了!量学让我信心倍增。老师的股评是必读课,每天在期待着,让我受益匪浅!再次感恩老师!

王子点评:上述三位量友讲得很好,特别是"睡神"讲的伏击晨曦航空的过程,"精通传统技术的朋友们竟然以 MACD 顶背离为由直接无视",值得大家认真思考。

明日盘前三线可复制今日盘前三线,下线抬高到凹间峰 3233,上线用 1122 灯塔线实顶 3248 或 0120 灯塔线明日当值。大家可以用王子此前给的公式计算一下。操盘策略可参见昨日收评。

个股方面,昨日预报的高科技板块今日没有大动作,但已居于今日涨幅榜的前六名,应该继续关注。选股方法详见 0305 周末讲座《如何选股→如何选到即将涨停的股票》,明灯论坛的周末讲座都是"图文讲座",方便大家随时查阅。

有量友反映,为什么 VIP 要收费?

管理员让我转告大家:明灯论坛租用了腾讯的程序、数据、服务器、云存储,所有项目都是要收费的。VIP 月用户 65 元,季用户 165 元,根本不够支付腾讯的费用,望大家能够理解。进入 178448. taobao. com 即可加入 VIP。

明天是三八节,提前祝全体女量友节日愉快!

028

双线同向双精准，回调盯住太极线

（0308 收评兼 0309 预报）

2017-03-08

图 48

王子昨日收评预设今日上下二线为 3233、3248。

今日实际最低点为 3230，最高点为 3245。用心的量友已经发现，这不是双向同值同向误差 3 个点吗？对！这种双向同值同向误差 3 个点，说明市场主力对市场的动态平衡把握得很好，但市场的向上动能减弱。对于这种日象，明日早盘应该看跌。

若将 0117 大阳实顶和 0208 大阳实底连线，此太极线明日当值为明日下跌的理论支撑位，可以用此前教给大家的斜衡线公式计算其精确值，不排除主力矫枉过正打到 3220 的可能。只要不是有效跌破 3220 即拐头向上，明日午后还有站上 3248 的可能。

个股方面，今日热点不热，昨日预报的高科技板块今日果然表现不错，电信、4G、苹果概念占据涨幅榜前三名，次权三通表现稍强，建筑、运输、环保有卷土重来的意思。可以继续关注。

最近在微信公众号上留言的量友越来越多，留言质量越来越高，提问的也越来越多，王子不可能一一答复，若有问题，望在明灯论坛的"量学问答"专栏发表，发表之前，请先在搜索框里搜一下，一般都会有答案。因为明灯论坛已创办 10 年，很多问题都已答复过 N 次，望大家多查询、少提问，尽量减少重复提问。谢谢大家理解并执行。

下面点评几位量友的留言：

（1）畅儿贝贝 2017 – 03 – 08 09:16:01:向大家报喜！近几日成功率 100%！虽都没涨停但都有 3 点以上！我会继续努力！太感谢王子老师！感谢量学！

王子点评:对头！以伏击涨停的高标准要求自己，取法其上，得乎其中，这才是我们伏击涨停的最终目的。望大家向你学习！三个点万岁！

（2）光辉岁月 2017 – 03 – 08 07:33:27:我在 20170306 收盘前买入 002478 常宝股份，用倍量过左峰基因，昨天顺利涨停，当然前面还有一系列的涨停基因。记得年前的 300402、600148、600679 都是选出来了，或介入时机不对，错了了牛票，现在开始动员"妻子"跟我一起学量学，希望通过好好学习，找到适合自己的"路子"，感谢王子老师。

王子点评:涨停基因是很好的东西，但要学会在不同的行情不同的位置用不同的基因选股，千万不要以为"一招鲜吃遍天"。

（3）海之蓝 2017 – 03 – 07 20:49:22:我预报的常宝股份今日涨停，皇氏集团也有 6 个点，只有杉杉股份今天收了个假阴真阳。我现在对量学特别有信心！我现在是根据量学大概选出看好的股票，然后再精挑细选有涨停基因的股票。最近涨停基因越密集的股票才是我要的。量学让我胸有成竹！我会继续努力的。即使犯错了，我也要找到错误的原因。改正错误以后不再犯同样的错误。量学还有很多值得我学习的，我开通了 VIP。在论坛上学习更方便了，让我学到了好多好多。每天选股累了，休息的时候就上论坛学习，找到自己的问题，解决问题。问题就是资源！真的是越来越爱量学了，越学越感兴趣。谢谢大爱无私的王子老师！

王子点评:对！一定要善于总结，知错改错。论坛上有很多好东西，十年的心血都在上面。

（4）睡神 2017 – 03 – 07 21:54:33:既然留言老师着重点评了，再说几句，一直以来都以为传统技术做趋势才是通用技术，但接触量学之后才发现全副武装的主力比我们学得更深、更透，甚至可以做成任何图形，但却是无法逆量学，而且量学在底部、在腰部，甚至在顶部都有确切的战法，学习后真的受益无穷，老师辛苦。

王子点评:你悟性好！悟出了一个天大的奥秘。日后有时间专门和大家讲讲你悟出的这个天大的奥秘。

029

跳空阴，出干净，不回此线不操心
（0309 收评兼 0310 预报）

2017-03-09

昨日收评讲过，今日应该看跌，但跌幅超过预期，量价双向阴胜，早盘跳空阴，就是强烈的出货信号。收盘比预期的 3220 低了 4 个点，市场情绪显得疲弱。今天领跌的魁首，就是昨晚石油期货的暴跌，从而引发相关资源股出逃踩踏所致。在外围市场表现不佳的情况下，A 股却能收在 3216 点，这是比较强势的表现。看来，我们前面多次提醒过的 3198 点将面临考验（见图 49）。

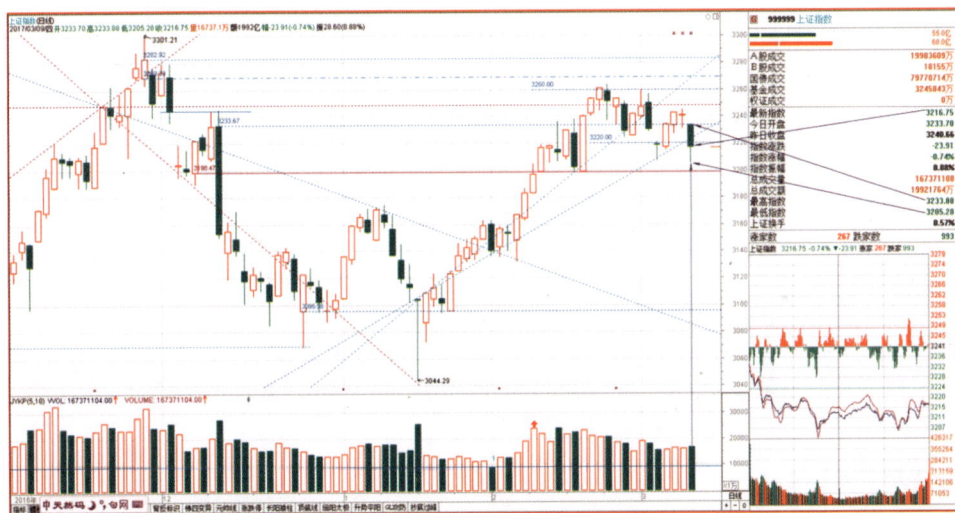

图 49

明日三线可只设下线为 3198～3216。出货的网友不要心急，当前若不能回到 3220 线上不要动心。

个股方面，可以关注今日逆市走强或缩量一倍的股票，作为观察对象，但暂时不要轻易动手（个别临盆股除外）。

有网友留言，问我最近怎么一直没有透露特训班的操作情况，下面就把今天的情况透露如图 50 所示。

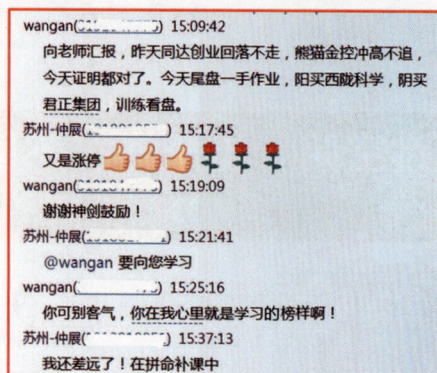

图　50

　　Wangan 就是给《黑马王子操盘手记》作序的王安先生,年近七旬,他手头已持有四天的同达创业,昨日回落不走,熊猫金控冲高不追,今天证明都是对的。今天尾盘做的一手作业,阳买西陇科学,尾盘涨停,阴买君正集团,尾盘大涨。祝王安先生天天进步!

　　也祝广大量友天天进步!

不操心没有压力，可选到更好股票

（0310 收评兼 0313 预报）

2017-03-10

图 51

（1）戴福顺 2017 - 03 - 10 17:05:31：昨天买 300300 汉鼎宇佑今天高开 T4 有透支迹象果断抛掉获利 2.5 个点（长阴短柱仍可关注），300036 超图软件放量滞涨未破 22.75 峰顶线减仓。600260 凯乐科技，以 1216 虚底和 1221 实底作太极线，今 0301 大阳突破横斜叉上 + 次日假阳 31 缩量 21 + 再次日价升量缩二一入 + 0303/0306 元帅黄金接力 + 0310 价升量缩过 0308 左阴（人线过左 0308 半阴加仓）相信量学，在大势不理想的情况下，伏击得当，同样会有收益。

（2）海之蓝 2017 - 03 - 10 00:16:25：看了评论大家都进步很快啊！我却犯错误了。王子老师的量柱选股、量线选价、量波选时，我忽略了量线和量波。没有做到精准位置伏击！谨记王子老师的量柱选股、量线选价、量波选时。今天体会最为深刻。600884 杉杉股份倍量伸，假阴真阳，缩量二一或者三一量柱选股正确。老师说过下跌看阳实底，应该在 3

月 3 日阳实顶和实底画好黄金线。因为没有提前分析画好量线，所以在 3 月 7 日进入，成本也高了。3 月 8 日下跌缩量一倍为假跌。最佳伏击位置为今天 9 日。14.53 元或者 14.55 元。回踩黄金双线。判断为强庄踩顶！而量波红肥绿瘦早晨冲高后一直回落，绿柱却缩短，判断必会回升。最低点刚好与黄金基柱实顶差一分钱既回升。下午与量学完全吻合丝毫不差结束收盘。量学真是神奇！学好量学，胸有成竹！特别感谢王子老师和老师的量学。这就是我的学习心得体会。学习量学有感而发！

王子回复：微信上的留言很有含金量，因为都是用手机操作的，心里想什么就写什么，没打草稿，即兴而作，非常真实。我最喜爱阅读这样真实的心路历程。以上二位量友的留言就是这样的典型，其看盘、操盘过程非常详细，是真正的操盘手记。二位在昨天和今天这样疲弱的盘势下依然操作得这么入法，实在难能可贵。值得注意的是，像昨天和今天这样的盘势，除非有非常好的有潜力的临盘股，如云意电器，否则最好不要操作，也就是昨日收评讲的"不操心"。不操心其实是最好的操心，因为空仓之后没有压力，可以像裁判员那样轻松真实地观察盘面，选到更好的股票。

（3）九森木艺 2017－03－09 22:15:45：太感谢王子老师了，前天进的众合科技，理由是您说的平衡线处有中到大阳，另外前天是倍量，又是假阴真阳，昨天又缩量，而且 5 日、10 日、20 日三线拧到一起，今天可以说是万绿丛中一点红，早上 6 个点出的中午又接回来了，感觉后劲十足！谢谢老师，我之前真是一个小白啊，第一自己选股赚钱的，好兴奋，希望尽快回本。

（4）缤纷 2017－03－09 22:14:02：神奇的量学！今天大盘大跌，我却抓了个涨停：赛为智能。前天单枪霸王探大阴顶，昨天倍缩回踩左峰买入，今天涨停！好爽呀！每天看微信，向王子老师、各位高手学习，每天都在进步！

（5）萧 2017－03－09 21:57:30：王子老师，你的量学四本书都看了三遍了，本人心急，草草读了两遍就开始到处买股，有亏有赚，总体是亏，看到许多股友都能抓到涨停，我不放弃，认真阅读第三遍，利用上升通道战法，昨天买进 601177 股，两天收益了 5 个多点，感到非常高兴！这股我还结合了假阴真阳战法，主力多大 18 天的洗筹，中途还又来个假阴真阳，次日缩量一倍！量学真的很强大，告诫各位心急的股友，不要像我着急，要认真理解，多画图！

（6）旺旺 2017－03－09 22:07:57：量学新手，昨天全部清仓，昨天选两只股今天实盘一股涨 5 个点，另外一只股没卖尾盘拉板。

王子点评：以上四位量友在昨天跳空阴的市况下都能撷拿到选中的股票，令王子非常敬佩。在祝贺你们的同时也要提醒你们，对于新手而言，大势不好的时候尽量不要逆市操作，除非选到南山控股这样的非涨不可的股票，否则不要轻易动手。

见图 51，今天的大盘是连续第二个跳空阴，昨日收评强调的"不上此线不操心"完全正确，板块方面唯有前天预报的大消费有点亮色，其他板块都是懒洋洋的。尽管今天量柱明显缩量，跳空幅度和最低点位有所收窄，周一依然要防大盘继续下探3198。昨日预定的"不上此线不操心"的操盘策略依然有效。我在上面讲过，不操心是为了安心当好裁判员，从赛场上选拔更好的选手。

选股策略：从今天涨停榜上观察，具有王牌柱建构的股票今日有批量涨停趋势，例如，今日两市只有10只股票涨停（次新股、复牌股除外），就有7只股票属于王牌柱建构，其中南山控股、嘉澳环保、名雕股份、云意电气、优博讯都是标准的黄金柱建构，还有两只股票是将军柱建构。这个周末可以试选这类王牌柱建构的股票。

祝大家周末愉快。

金子！ 这里有闪闪发光的金子(0311 周末)

2017-03-11

　　"盘前预报"pqyb123 微信公众号里的留言越来越精彩了！上周给大家提倡的成功之路就是"每天一小结,每周一总结",现在大家的小结和总结越来越有分量了。这里有量友们成功的经验,也有失误的教训,更有前进的动力和方向。只要能坚持一个月,坚持半年,你想不成功都难。如果你半途而废,那就可能是另一种结果。

　　下面这些量友的留言值得认真看看,这里闪光的金子很多,就看我们有没有发现金子的眼光了。

　　(1)将 2017 - 03 - 11 10:42:43:002314 南山控股,20161212 长阴短柱突然下陷形成凹口,8.16 收盘,次日 8.15 开盘缩量下跌,形成凹口平衡线 8.15;20170117 缩倍量小阳止跌,次日跳空假阴真阳,后三日价升并参差缩量,形成 0117 元帅柱止跌;0120、0123 继续价升参数缩量,换挡回升;后几日价柱基本在黄金线上运动,至 0215 再挖一个小坑,0306 阳胜阴拉起,后三日价升量缩,黄金柱加油;尤其是 0308、0309 两天收盘、开盘价分别贴合精准线 7.76,0310 开 7.77 精准开盘(往左侧看,凹口以后居然有 10 个 7.76 精准点),而后一路上冲,9:56 开始回调,在 8.20 左右小幅震荡,最低打到 8.14,精准回踩凹口平衡线。于是在左峰 8.20 处设伏,14:11 站上 8.20 时介入,尾盘成功涨停。学量学也不短时间了,这还是第一次这么思路清晰地擒获涨停。主要是悟性差、智商低,功力还不够,需要继续努力学习！感谢王子老师,感谢量学！也希望能够得到各路量学高手的指点！

　　王子回复:说得好！"思路清晰地擒获涨停"是我们量友必须达到的境界。

　　(2)江山依旧 2017 - 03 - 11 10:42:19:确实最近涨停的股票很多王牌建构很好,特别是有三阳开泰后再弄个黄金柱的,像新湖中宝。有的是用将军柱搭台,有的是用黄金柱登峰,它们的共同点是在左峰附近王牌陈兵,好的王牌直接突破,差的洗盘回踩建立新的接力王牌,质量过关的王牌后面就会有新的行情。量学越学越清楚了,哈哈！

　　王子回复:好眼光！量柱是基础,量柱形成王牌建构之后,即使不能大涨也能给你意想不到的惊喜。我们有些网友老是酷爱战法而忽视基础,这是要吃亏的。

　　(3)宋文科 2017 - 03 - 11 10:40:42:我看王子老师的收评也有一年多了。感到王子老师真神,量学真神。我手上有红星发展,0309 极阴次阳,同时也是假阳真阴,0310 跳空阴,稍作回探就逐渐上行。全天基本运行在零轴上方。0307 黄金柱,实顶 13.41 元,0120 实顶与 0125 虚底太极线于 0310 平斜交叉,0310 日开于叉下,后冲到叉上,收中阳。0309 晚我设置的盘前三线是:13.12、13.22、13.40,0310 盘中本想做 T＋0,结果把筹码大部分 T 飞了,其实不应该动,忘记了王子老师说的跳空阴,未破底,高于人线不撤离。上线过,不出货。真的还要好好学习。

王子回复:嗨！这就是操盘手记。每个量友要是都能这样记录下自己的操盘过程,那就真的嗨了。成功和失败都在真实的手记中。

(4) 胡立刚 2017－03－11 10:33:05:每个人学习量学的时间不同、各人悟性不同,也就是王子老师一直强调的位置决定性质。给各位王粉分享我的经历,一年多走来,基本能够看懂王子老师的点评了,且能不断体会到王子老师点评的重点和要义,事实证明无论我多么迫切、多么着急盈利,王子老师强调的很多过程都要一步一步、踏踏实实的走过来,当看不懂的时候多问个为什么,慢慢就深入了。当回过头来再看老师的很多做法和要求,都是经典,都是老师十年如一日研究总结的成果,毋庸置疑。尤其近期开始分享很多王粉的留言,我受益匪浅,其本质就是经典案例的课堂,期间技术、心态纷呈,我犯过的错、将要犯的错都是一个个学习的案例,充分展示了量学之眼光不同,境界不同啊！我的感受是静下心来,慢慢学,股市明天不关门！

王子回复:能从量友的留言中发现"经典案例",这是了不起的进步。能看到差距就是进步,能看懂成败得失的话,那进步就大了。

(5) 唐浩然 2017－03－11 08:02:33:王子老师的量学理论真是太神奇了,我根据理论事先预判了两只股票的走势,一只冲高回落,另一只杀跌回升,早上起床就设置了冲高抛出值,结果早上 10 点不到就以最高价低一分的价格抛出,同时,我看到另一只股正在回落,马上又根据量学设置了低点,结果又以该股二次最低点买入,因为第一次低点已经于 10 点前出现。后来这只买入的价格回升了 1.5 元,连环 t,赚 3 块钱的差价,感谢王子老师,感谢量学,祝王子老师身体健康,万事如意。

王子回复:量学拉拐战法用得很好！向上拉拐,出货！向下拉拐,进货！关键是找准日象的临界点。做起来就得心应手了。

(6) 凌波微步 2017－03－10 19:32:07:我是新手,预报 1 周,今大盘疲弱,我却预报 3 只股,3 只股涨停,分别是:南山控股、浔兴股份、云意电气。预报理由是凹口淘金、凹底淘金、创新高。虽然由于手慢加犹豫,只有一只预报涨幅超 3% 做数,却激动不已,谢谢老师,我会继续努力！现在再想这 3 只股假如实盘明儿能顺利出逃吗？

王子回复:在大盘连续两天跳空向下的糟糕市况下,你能做得这么好,非常不容易。但一定要认真总结,不要骄傲自满,防止技术回潮。特训班的许多同学本来做得很好,就是被骄傲打败的。量学一定要到什么山唱什么歌，不要一招鲜吃遍天。

（7）萧 2017 - 03 - 10 19:25:03：王子老师，今日大盘这么弱，我还是利用假阴真阳战法和小倍阳大胆入的战法，还有上升通道战法，成功伏击到 002749 国光股份、002662 京威股份、00227 友阿股份这 3 只股，最低涨幅 3 个多点，最高 5 个多点，非常满足。我将好好阅读第三遍，不能像上两次阅读，心急吃不到热豆腐，我感到了量学的魅力！最重要的是很多均线股友都说京威股份要跌，但是我利用老师的战法是要上涨，他们现在都要哭晕在厕所了！继续努力，早日抓到涨停，坚持不懈的努力，谢谢老师的量学！

王子回复：你这只股票做得不错，但千万不要笑别人哭晕在厕所，也许他们正躲在某个位置偷看你的后续操作，只要你一出错，他们就会笑你。要想真正的成功，就要持续赢利，保持清醒的头脑。

我对特训学员的要求是每周都要做一次三讲，"讲成功的经验、讲失败的教训、讲明天的规划"。凡是认真执行的人都在走向成功，凡是不认真执行的人都在走向失败。这都有活生生的事实和案例。望公众号里的量友记住：一两次成功不值得骄傲，一两次失败不值得气馁，找不到成功和失败的原因者，迟早都会失败。

032 是金子总会发光，是好股总有牛劲（0312 有感）

2017-03-12

网友留言：王子老师一方面谦虚地宣传"三千万"（千万不要迷信王子，千万不要崇拜王子，千万不要仿效王子）；另一方面在帖子上不厌其烦地吹嘘弟子抓了多少涨停板，真的是谦虚吗？

王子回复：谢谢这位网友如此真诚地批评我，但他一不小心却赞扬了我。也许这位网友忘了读小学或中学时的课堂情景，每节课上任何老师都要"不厌其烦"地拿同学中最好的作业和大家分享，难道这些老师都是吹嘘吗？难道这些老师都不谦虚了吗？

肯定不是。"不厌其烦"地用学员的案例教学，就地取材，现身说法，既是对这位同学的鼓励，又是对其他同学的鞭策，这是全世界公认的"教育学中最亮的金子"。这个方法由苏联著名教育学家姆林斯基提出，得到全世界的公认和推崇，以至成为美国西点军校的经典，延续至今。

正因如此，"不厌其烦"地用学员的案例教育学员引导学员，是任何一名教员必学必备必用的基本功。把"教育学中最亮的金子"视为王子的软肋，不仅无损于王子，反而褒扬了王子。

由此可见，不懂教育的人会把教学中最亮的金子视为软肋，不懂股市的人也会把股市中最亮的金子视为粪土，不懂伏击涨停的人更会把别人的伏击涨停当成笑话。我在清华大学出版社出版的《伏击涨停》中讲过。金子摆到面前也不认识的人，不是幼稚就是无知。自己抓不着涨停板，看见别人抓到涨停板的案例反而吃醋、嘲笑，这样的人怎么能进步呢？

再说，我最近引用的案例，都是素不相识的读者通过看书、看微信伏击涨停后发到公众平台上的经验之谈，他们即兴而发，毫无雕饰，是实实在在的真情流露，而特训班中的案例我很少提到。为什么？

我在微信中多次讲过，即使上过特训班的人，如果没有领会特训的内容，没有学会特训的思维方法和操作方法，上一万次特训班也等于零，甚至比没有上过特训班的人更糟糕。因为他背着"上过特训班"的包袱，自以为是、自命不凡、自高自大，能不糟糕吗？

更糟糕的是，有些"上过特训班"的人，学了一点皮毛，或者被王子表扬过几次，就不知道自己姓什么了，尾巴翘到天上去了，对张三指手画脚，对李四评头论足，他忘了王子早就指出过：股市是最讲究实事求是的地方，今天你伏击了涨停，不能保证你明天也能伏击涨停；今天你失败了，不能代表你明天也失败！即使王子表扬过的人，只要他不继续努力，必然落后。因为股市是一条流动的河，河里行船，不进必退。

所以王子送大家四句话：

一知半解害自己，

似懂非懂害他人；

自以为是必不是，

不懂装懂必自毙！

关于下周的行情，要提防美国加息的影响，若周初继续下跌就是提前消化美国加息利空，一旦靴子落地，可能又会出现英国脱欧式的反弹。故近期操作不宜重仓，日前提醒的新能源和高送转、大基建可以继续关注，对目标股的操作也要速战速决。

明日下线即3198线，破则不动，不破可做目标股或做拉拐股替领。

大阴二一弹起来，此线不过不开怀

（0313 收评兼 0314 预报）

2017-03-13

见图 52，今日早盘 09∶41 分跌穿我们预设的 3198 防线，09∶49 分收回，虽然只有短短的八分钟，却也充分体现了主力对当前市场动态平衡的把握。

图　52

为什么刚好跌至 3193 就拉起？因为 3193 就是左侧大阴二一位，二一位是标准的平衡位，上证指数在此探到精准的左支右撑位，所以迅速拉起。

王子原以为主力会在美国加息当天玩一把类似英国脱欧的深 V 游戏，谁知主力却提前玩起了这个游戏，幸好我们在 3220 设下了伏击圈，才能成功参与这波反弹。

今天再次回到 3233 凹间峰线上，保顶行情再次延续。明天的三线可以预设为 3225、3237、3250。若反弹不能突破 3261 左峰，还不能算真反弹，我们对此要有充分的思想准备。根据量学的奇数原理，主力围绕 3233 线做了三次保顶动作，第三次应该成功突破左峰，但由于美国加息政策还有三天才能兑现，说不准主力到时反过来玩一把，那才真是坑爹。所以，在美国加息兑现之前，我们要多留一个心眼。操盘策略还是快进快出，决不恋战。

个股方面，今天出现一批经典案例，希望这次准备参加人大特训班的同学认真收集以下股票的图形和要点：

劲胜精密昨日最低点踩在何处？连续两日下跌是干什么？用的什么手法？

雅化集团昨日最低点踩在何处？连续五日下跌是干什么？用的什么手法？

棒杰股份昨日最低点踩在何处？连续八日下跌是干什么？用的什么手法？

这三只股票今日涨停有什么共同特征？能不能提前发现并伏击？今晚能否找到类似的股票？

034 缩量休整保顶中，凹口淘金逆市雄
（0314 收评兼 0315 预报）

2017-03-14

有网友问：量学讲究不听消息，为什么要听美国加息的消息？

王子答曰：我在清华大学出版社出版的《伏击涨停》里讲过，"不听消息"特指那些"小道消息"或捕风捉影的传闻、道听途说的流言、无中生有的内参等。"美国加息"显然不是这类"消息"，而是正儿八经的"金融政策"。再说，我国两会是消息吗？这里有许多产业政策或金融政策，这是需要认真去解读的。去年英国脱欧，是一个重大事件，因为它对我国的影响较小，而许多人把它解读得非常大，所以我说脱欧兑现之日就是股市大涨之日。相对于我国来看，美国加息就比英国脱欧影响大多了，所以前天我说要提防，加息之前若是大跌，加息之后就会大涨。反之呢？就要结合盘面来看了。因此，我们读书也好，看文章也好，都要弄懂作者的原意，不要以自己的偏见去解读作者的原意。

见图53，今天大盘略有休整，算是第三波第二天站上3233凹峰线。明日三线可沿用今日三线即3225、3237、3250。若反弹不能突破3261左峰，还不能算真反弹，我们对此要有充分的思想准备。

图 53

最近提示的大建设、新能源和节能环保今日领涨，昨日提示的涨停形态今日又是批量涨停。昨日请特训班同学做的作业题，其他量友做得非常积极，发表了大批留言并且都能说出个一二三。王子最近要为 3 月 18 日人大特训班备课，实在没有时间一一点评，现在统一点评如下。

先请看雅化集团的日象图（见图 54）。

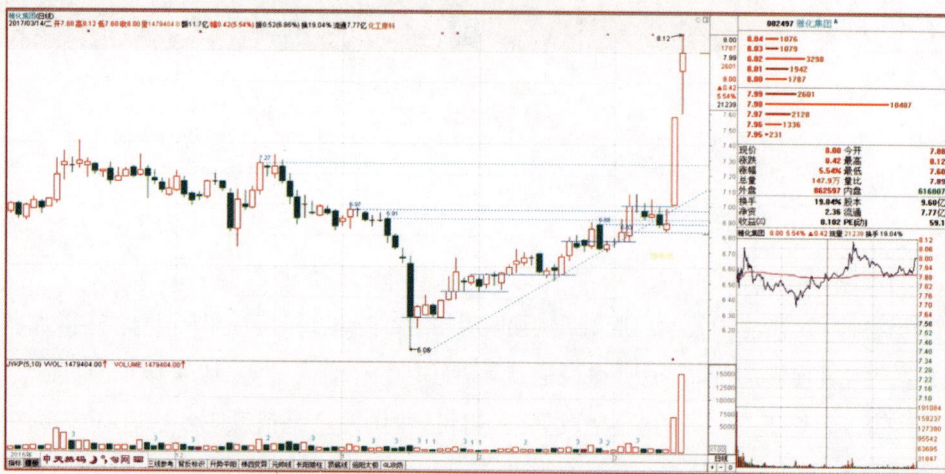

图　54

昨日的三只作业股，共同特点是凹口淘金。凹口淘金的基本特征是过峰后突然缩量下跌（缩量越大反弹力度越大），下跌过程中继续缩量（缩量三一二一为好），下跌过程中的价柱精准回踩左侧大阴实顶线，若下跌过程中不能精准回踩，那么其最后一根价柱一定会回踩到位，有时一柱多处精准回踩（越精准越体现主力的控盘能力）。

根据上述标准，请看雅化集团：

0303 过峰后迅速下跌，0306 缩量三一下跌，精准回踩 0104 真顶；

0307 缩量下跌精准回踩 0111 左侧大阴实顶；

0309 缩量下跌精准回踩 0227 左侧大阴实顶；

0310 平量下跌精准回踩 0302 左阳实顶，次日（0313 周一）顺势涨停。

如果看懂了雅化集团，昨晚很容易找到巨轮智能（见图 55）。

0307 过峰后迅速下跌，0308 缩量二一精准回踩 0217 虚顶；

0309 跳空下跌精准回踩 0307 实底；

0310 缩量三一下跌，精准回踩 0307 实底；

0313 缩量下跌，精准回踩 0307 虚底 3.37 元，收盘精准对应左峰 3.41 元，出现一柱多处精准，次日（0314 周二）逆市涨停。

只要把这两只股票对照着看，它们的走势几乎一模一样。

图 55

也许有网友会说，还有很多这样的股票为什么不能涨停。奥秘就在这两只股票的"五基"非常好！

什么是"五基"，就是"基础、基柱、基距、基因、基线"，要求是"基柱稳当、基柱稳健、基距稳妥、基因稳定、基线稳当"，五基健全，凹口淘金十拿九稳。这是量学特训中级班的基础课程，其动态平衡过程比较复杂，要一个课时的演讲才能讲解清楚，这里就不详细讲解了，敬请大家谅解。

希望大家继续筛选凹口淘金的股票，但不要忽视凹底淘金。

035

窄幅震荡等靴子，落地或有大动静

（0315 收评兼 0316 预报）

2017-03-15

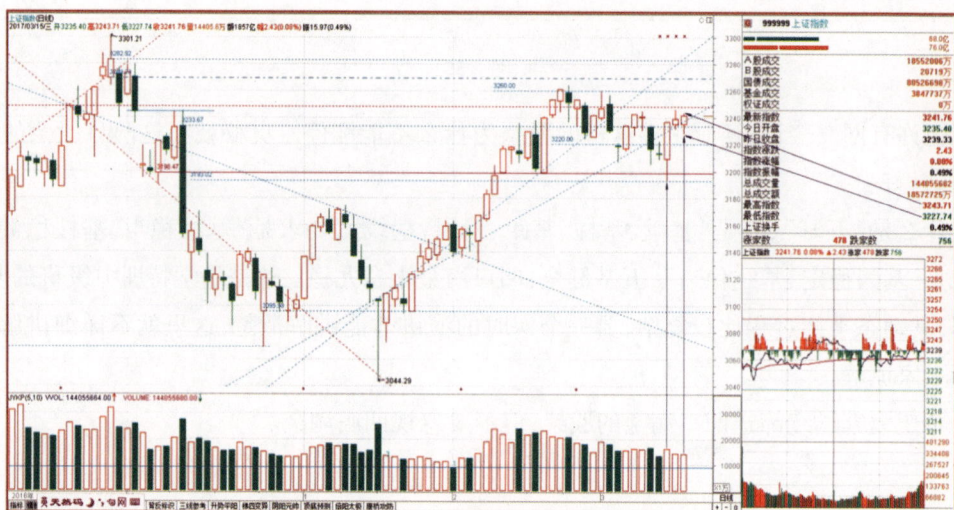

图 56

今日大盘窄幅震荡，主力似乎在等候美国加息落地，所以依托 3233 线谨慎保顶，最低点 3227，比我们预报的 3225 高出两个点，上线却迟迟不敢攻击 3248 线，观望气氛浓郁，但有一批忍俊不禁的个股借助缩量二一的弹力凹口淘金，值得相当潇洒从容。

如蒙草生态、漫步者、特一药业等，都是过峰急跌缩量二一回探凹口之后的凹口淘金，和我们前天或昨天点评的棒杰股份、巨轮智能有异曲同工之妙。要是前天或昨天看懂了案例的网友，仅用缩量二一这一招就能及时发现并擒拿这一批股票。

说时迟，那时快，今天就真有一批量友成功擒拿了同类产品。请看微信平台上的量友留言：

（1）CHANGE2017 – 03 – 15 15：46：16：3 月 13 日收盘后发现 300323 连续两天跳空后悔没看到！3 月 14 日又跳空回补的时候果断开枪！今天收获 5 个点！第一次操作虽然没

有涨停还是很高兴！王子的量学就是实用！牛！

（2）凌波微步 2017－03－15 00：50：16：老师，我前天预报 3 只，3 只涨停，昨天报 3 只，1 只涨停，今天报的 3 只，虽无 1 只涨停，但也收了半板，且 3 月 9 日预报的恒通科技涨停了，数据港和清泉股份分别是 3 月 3 日和 3 月 4 日预报的（所以数据港的板不作数，已超 5 天）前面预报的股票现已分别获利 35% 左右！学习量学一路走来，从未学以前的一买就套，到学习之后的偶尔涨停，到现在参加涨停预报大赛 10 天左右，到第 1 天毫无名次，再到 9 百多名、8 百多名、6 百多名，直到今儿的 5 百多名，一步一个台阶，我好高兴，收获颇丰，感谢量学！感谢老师。我现在天天做操盘手记，我想我会终生与量学相伴，一直学下去！甚至传下去！

（3）拨云见日 2017－03－14 23：14：17：用量学买的 300374、000820，提前好几天买入了，一直在收益，今天还都涨停了。

（4）其实取名 2017－03－14 22：57：54：老师你好！现在在学你的量学理论，对于我来说真是质的飞跃，3 月 7 日我伏击了 603689 皖天然气次日涨停。

（5）陈加林 2017－03－14 22：50：33：今天晚上选股时终于看到了主力的操盘规律，这一天来得太迟，真是迟来的爱！现在选股基本能三一二一加黄金柱，加左右元帅柱，加顶底互换综合看了，或许对别人来讲就是小菜一碟，但对我而言是获得新生，感谢王子老师的量学。

（6）寒江 2017－03－14 22：33：34：王子老师，您的方法我一共用了三次，成功了三次，感谢您！

（7）阿文 2017－03－14 21：57：12：老师前天报的太平鸟今天终于涨停板了。昨天涨停板 300083，为什么就是没有雅化强？还是天天学习中。

（8）将 2017－03－14 21：26：33：老师，还有 300112 万讯自控也是一样的走法：0307 实底与 1228 黄金柱实顶精准重合，0308、0309、0310 连续三天精准回踩 0303 黄金柱实顶或实底，0313 又分别精准回踩 0113 阴柱实顶和 0303 黄金柱实底，今天又踩着 0222 虚顶开盘起跳。真的很神奇啊！可惜昨晚没发现。

（9）GL 少辉 2017－03－14 21：16：31：王子老师请接受我的膜拜，002634 棒杰股份，我上周三以 0221 黄金柱画了三条灯塔线，昨天跟今天全部精准实现。白天没看电脑，晚上一开电脑复盘，吓死我了。量学真神了！

（10）海道 2017－03－14 20：37：10：用量学分析股票，一个量学基因代表着操盘人的一个操作习惯，基因越多越密集，也就更多了解了操盘人的性格习惯，也就更清楚的洞悉了主力操盘手法。所以说学会量学分析股票，可以不听消息，完全一柱一线，快乐炒股。

王子点评：以上量友边学边用，现身说法，很好！学以致用才能体现出量学的科学性和实用性。望大家坚持这种学习方法，胜不骄，败不馁，力争更上一层楼。最近我要给人大特训班备课，没有更多地时间陪大家学习，望大家坚持自觉做好操盘笔记，大胆发到这里，敢于说真话、说实话，把论坛和微信平台当作自己的训练场地，持之以恒，必有所成。

今天大盘又收了一个假阳，假阳真阴，务必小心。主力在等候美国加息的靴子落地，可能要借此做一篇挖坑的文章，去年借英国脱欧的靴子落地，他们做的是深 V 反转，这次借美国加息的靴子落地是否还是深 V 反转有待盘面及时研判。量学的研判标准是：

第一，只要突然急速下跌或直线下跌就是假跌，在深 V 出现后再来一个圆角波，那就可以确认是假跌了。

第二，如果缓慢下跌就是真跌，一旦跌破 3220 而不抬头，那就要注意了，其下跌的幅度可能要加大一倍。

明日三线依然沿用昨天和今天的三线不变，因为窄幅震荡行情可以把几根价柱合并来当作一根看，也就相当于把日象行情用周象来解读。

选股重点还是昨天讲的大建设、新能源、节能环保三大主线。选股形态还是凹口淘金和凹底淘金，并且要提防阴阳回马枪。

我要备课去了，祝大家能选到好票！

果然来了大动静，慢牛保顶上征程

（0316 收评兼 0317 预报）

2017-03-16

今天是人大特训班"特训教室"开通首日,王子在教室里预告今日将攻击 3269 平衡线,有同学回复"那是一定的"。

今天也是美国加息靴子落地之日,A 股没有如欧美股市和多数人预料的那样大跌,反而跳空向上,走出了独立行情。为什么 A 股能走出独立行情? 这是由其市场内部的动态平衡规律所决定的。

王子早在 0223 周四的收评中指出:A 股将以 3233 大阴实顶为中枢进入保顶行情(如图 57 所示),保顶成败与否,以 3233 线的上下三天为准。

图　57

0228 是第一次保顶,站上 3233 仅两天就下来了;

0306 是第二次保顶,站上 3233 仅两天又下来了;

0313 是第三次保顶,至昨日站上 3233 足足三天。保顶成功。反观这三处保顶战,前两

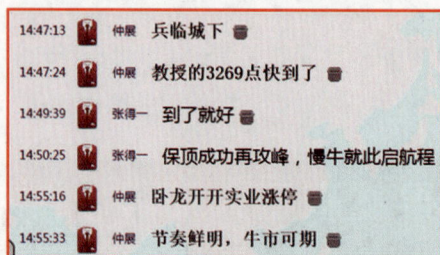

图 58

次线上线下都不足三天,第三次站稳线上三天,即孕育了今天的跳空反弹,再次验证了量学三日确认原则的科学性和实用性。

今日遇美国加息靴子落地不跌反而大涨,跳空上行至 3269.77,收盘于 3268 点,虽然比 3269 低 1 个点,也已非常难得。只要日后能守稳 3269 点上方,A 股的慢牛征途将顺势展开。

慢牛的第一个目标位是去年熔断日 0107 的 3309 点,从理论上讲,0107 日是因熔断产生的长阴短柱,浮筹不多,应该迅速突破,但主要是人们的心理障碍太重,即一朝被蛇咬,十年怕井绳的恐惧心理。所以,对第一目标位的突破关键在于一个快字。越快越能医治恐惧心理,越快越能号召同盟队伍。就看市场主力能否如此操作了。

明日三线预设为 3260、3268、3282。操盘策略是弃弱跟强。

个股方面,请看昨晚和今晨量友留言:

（1）睡神 2017－03－16 06:27:53:前天的丝路视觉、昨天的河北宣工,前一个成功介入、后一个担心大盘没敢买,完全按着画的量线运行,太神奇了! 不是主力大方,是我们量学发现了他们的操盘规律,也向主力致敬!

王子点评:对! 向主力致敬是一种美德。俗话说:跟好人学好人。向主力致敬就是向主力学习的第一步。

（2）东风 292017－03－16 00:12:47:14 日买中特一。终于有灵感,参透量学。多谢王子老师的引导。

（3）凌波微步 2017－03－15 23:07:16:我算算,本周已报 4 个涨停,看来量学真不是蒙人的,绝对有其科学依据。继续努力中!

（4）rachel2017－03－15 21:46:12:昨天选的上海凤凰低开盘,才明白单凭小倍阳还不能一柱定乾坤,晚上再翻书《伏击涨停》说到江山股份,发觉自己过于主观了,继续学习改进了……

王子点评:《伏击涨停》一书中讲过:第一个小倍阳往往是试探;第二个小倍阳往往是试攻;第三个小倍阳往往是主攻。这和刹车、换挡、加油是一个道理。有人仅仅记住"小倍阳,大胆人"六个字,却忘记三个小倍阳的功能,这就是一知半解。

（5）西岛家辉 2017-03-15 20:56:00:用了老师教的假阴直阳放量,回踩精准线。捉了云南能投赚了 8%。

（6）泽 2017-03-15 20:44:15:感谢王子老师,感谢量学! 自学在 0309 尾盘确认 0306 过顶黄金柱形成 75.31 介入 300520 科大国创,于 0313 形成高量柱尾盘涨停打开之际 86.25 快速卖出。卖出后于 0313 尾盘介入倍量过峰今天缩量大涨的 603800,该股第二天缩量 0.55 接近倍缩以振幅 6.44 悬阴三一洗盘,于今天大盘低开低走之际,该股高开低走分时,形成两次确认地线后一路上扬涨停。这是自学量学以来操作最好的一次,由于以前传统技术的束缚一直没有操作好。再次感谢王子老师。

（7）朱芳仪 2017-03-15 19:36:45:我这段时间坚持每天选股,但是都没有涨停,我一度怀疑其他朋友选的涨停是不是巧合。但是我上周选的电光科技昨天涨停了,漫步者和河北宣工今天也涨停了。虽然我都没有买（因为想等加息落地了再操作）,但是我看到了希望,只要掌握了方法,不怕挣不到钱,感谢老师!

（8）宇宙蓝图 2017-03-15 18:14:32:昨晚选了 600493,利用阳胜进阴胜出和左证明右确认,3 月 13 日下跌不破 1 月 23 日开盘价,收盘确收到 2 月 9 日的开盘价 14.75 元,然而在 3 月 14 日开盘价平开形成多个精准,左刹车右确认有效。14 日收盘价又是跟 3 月 9 日的收盘价相同,今天低开最低价刚好到 3 月 10 日的最低价 14.93 元就不跌反涨了,今天收小阳,虽然我没实盘操作,这应该是选股思路研判的一大步,对自己也是一个小进步。还要继续努力学习。谢谢王子老师。

（9）羽天涯 2017-03-15 17:43:25:昨天感觉 st 天仪是用一个假阴真阳来恃强示弱,第二天极有可能再次上攻。不过为求稳妥没有买进,本想等今天开盘确认了再入,却没想到这家伙开盘直接拉涨停,根本没给我买进的机会。虽然没有能够擒获,但是自己预测得到兑现,同样感到开心。感谢量学。在量学的路上我还是个初学者,希望每天都能有收获,即便是小小进步,也值得开心。

（10）十万个为什么 2017-03-15 17:20:16:今天伏击了井神股份,看到了多个涨停的基因重现,过左锋、零号基因、三缩太极、百日地量群! 结合量波买点伏击,谢谢王子老师的量学,让我改变了很多对股票的认识! 感恩懂得分享的人。

王子点评:以上几位量友写得真实可信,看到什么就说什么,怎么想的就怎么说,只要坚持用量学的方法和思维看盘选股,随时可总结出闪闪发光的经验教训。他们的方法也很好! 没有学懂之前不实盘,磨刀不误砍柴工。基本功练到家了,什么时候都有钱赚。

王子明天就要去人大讲课,也许下周没有时间和大家交流,望大家一如既往地发表留言,留言也是一面镜子,可以帮我们看出自己的优点和弱点。

037 大跌祸首就是它，关注阴阳回马枪

（0317 收评兼 0320 预报）

2017-03-17

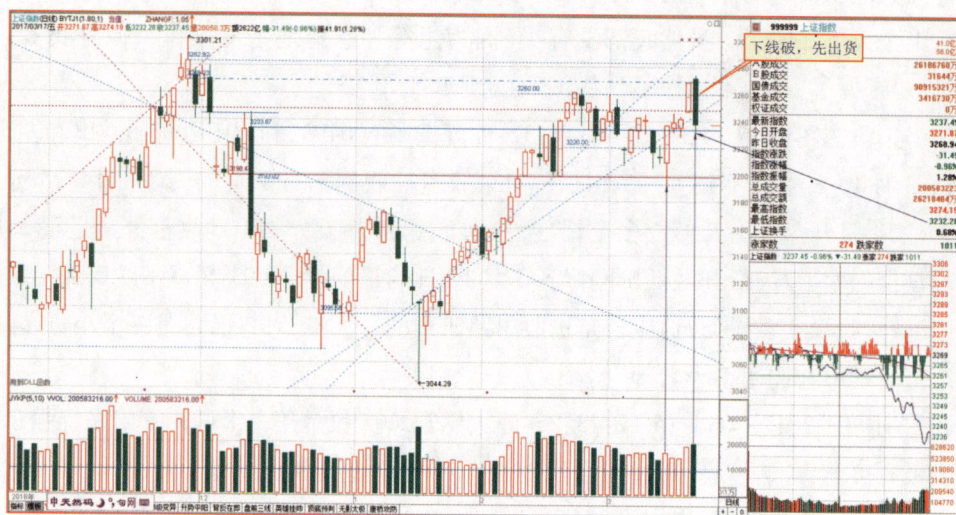

图 59

今天这根阴柱吃掉了昨日大阳，呈量价双向胜阳形态，最低点打到3232，比左侧凹间峰低1个点，收盘于3237点，有再次保顶可能。按照奇数正常突破原理，今天应该大涨，为什么出现这么大的跌幅，与次新股高位套现和朝韩或触发战争有一定关联。

次新股最近的涨势非常迅猛，无疑透支了行情，在昨日大涨后今日拉高套现也非常正常。今天的大跌在3232打住，说明市场主力对于3233平衡线还是非常认可。所以明日应该继续关注3233一线。

今天是人大特训班报到，我问了几位同学今天是怎么应对的，答复是：今日在跌破3260线减仓或空仓。我问其为什么？

一说：下线破，先出货，按九阴真经操作没有错；

二说：今天该上不上，可能大跌，按辩证法则先出再说；

三说:特训班每次开课都是大跌,这次一破下线就空仓。

我认为他们的操作是对的。我自己也在午后卖出了水井坊。有同学问:水井坊是今日白酒龙头,白酒今日是领涨龙头,为啥卖掉?答曰:它今天处于盯三防四的位置,午后量波低于左峰,大盘不好,先走为妙,等日后下来再接也行。

周一三线预设3220、3237、3248。操盘策略详见明灯论坛周末讲座之《盘前三线的设置与操盘策略》。

个股方面,关注今日缩量一倍左右且回踩到位的股票,特别要注意出现回马枪走势。有许多量友今天的操盘相当精彩,请看他们的留言,的确有很多金子,就看我们能不能发现。

(1) 海纳百川2017 – 03 – 16 17:25:41:我昨天早盘选了3只股票,分别是00093、600346、600241,当天3只涨停两只。学其他技术多年从来没有这么爽过,感谢王子老师,感谢量学!

(2) 海纳百川2017 – 03 – 17 16:25:53:根据王子老师的缩量三一二一,我昨天买了002634,今天成功封板!再次感谢王子老师!我今天预报的002634和600577也都封板了!量学太神奇了!

(3) 渔2017 – 03 – 16 17:25:51:请王子老师指点迷津,今天中兴通讯000063涨停收盘,我在它开板后再次封上涨停前,16.78元买入了,不知道今天的操作是否正确,特请王子指点。

(4) 徐大卫2017 – 03 – 16 17:27:15:关注王子老师蛮久了,感觉王子老师是中国股市最好的导师,没有之一!继续跟着老师学习。

(5) 海道2017 – 03 – 16 17:35:44:三先规律擒获万里马,高量不破智取海峡环保。左证明、右确认,三先规律洞悉主力思维。

(6) 诚诚乐乐2017 – 03 – 16 17:57:10:今天开盘跳空买了002476宝莫股份,一直缩量在人线上震荡,但我相信一定会涨停,果然涨停了。真高兴,虽然第二次捉到涨停,但有量学,心中再不恐惧。

(7) 杨宝2017 – 03 – 16 18:17:20:今天成功伏击了002689远大智能,利用技术倍量伸缩,最近连续4次倍量伸缩,我感觉她十月怀胎,快分娩了。

(8) 春夏秋冬2017 – 03 – 16 19:01:41:亚振家居,0313跳空高开,典型凹口金坑淘金形态,并且是前一日极阴次阳的确认。量波正三维,回踩分时均线果断开枪。今日开盘急降波狂杀,懂量学,根本不担心。不出所料,很快直升波拉到阳。午后,放量滞涨,上下长引线全出,走人,4天收益18%,很满意。收盘量柱阴并阳,价柱近破阳21,有双阴洗盘兆。观察之,来日再战。

(9) 宇宙蓝图2017 – 03 – 16 19:05:59:现在终于明白王子老师这段时间老提示大家

保顶意思了，只要后 3 日保顶成功了，一般情况下都会有中到大阳出现，个股也是一样的。还有就是灯塔线只要选对了、画对了，选准了王牌柱画灯塔线双线以第三天为准向下的是大跌大买，向上的双线大涨大卖。谢谢王子老师的无私奉献。

（10）马踏飞燕 2017－03－16 19:29:55：我是量粉时间已经快十年了。一直在观察，发现很准的。今年来，决定选用它来进行买卖，目前三个月已经获利 50%。本周买到金轮股份，今天买到了镇海股份，前两个月一直是每天都是获利，一两个点，有时候还亏两个点，但整体一直在盈利，我始终记住老师书上的一句话"紧跟强者"，建议初学者不要着急，彻底搞懂三先规律。"紧跟强者"才是老师的中心思想，把这句话吃透。

（11）老唐 2017－03－16 19:40:20：看了老师的量柱、量线两本书。前天抓一个板，昨天抓一个板，今天抓 3 个板：601212 白银有色、603603 博天环境、603817 海峡环保。只用一招价升量缩，勇擒次新！

（12）小菜 XL2017－03－16 20:22:03：近期把量学价柱以阳度阴用在美原油指数周线图，可谓十分精彩。从 53 美金一直拿到大阳下 21 位 48.31，实盘 48.1 平仓。正常 21 位难以跌破，然而借 OPEC 月报利空直接下杀至大阳下 31 位 47.15，当天看到分时属于恐龙波下杀，属于假跌一步到位，选择精准抄底，拿到今天大阳上 31 位 49.5 实现减仓留有两手看上周大阴线下 31 位 50.14 取市场心理关口 50 美金。今日特来感谢王子老师，感谢量学。

王子点评：许多量友问量学能否做期货指数，小菜的体会就是最好的答案。明灯论坛的"实战交流"专栏也有很多做期货指数的案例，有兴趣者可以去搜索查看。

（13）拨云见日 2017－03－16 20:35:30：000820 今天冲高出了每股获利 10 元，300323 还没有出，再等等，看 601012 的了。量学就是厉害。

（14）王二小 2017－03－16 20:55:06：前天按连板高阴选的 600577，昨天跌了不少，曾经怀疑过，也曾在昨天留言里咨询过老师，不想今天就涨停了，使我信心大增，只是后面又下来了。老师，是不是出货呢，没看懂。

（15）红双喜 2017－03－16 21:16:54：根据量学原理今天擒拿到了 601588 北晨实业，0118 价涨量缩，0213 价涨量平，0228 价涨量平，0310 之后也是价涨量缩，将军柱也好、黄金柱也好，肯定是主力在里面操作，0314 缩地量收阳星，就果断进入，有盯三防四五六七的味道，果然 0315 被量上攻，今天放量涨停。学了量学，就做强者，跟着主力才有肉吃。感谢王子老师的量学！

（16）心旷神怡 2017－03－16 22:01:45：宝莫股份，一剑封喉，百日低量，逼涨三角，跳空高开，顺利涨停，感恩王子老师！

（17）赔胜 2017－03－17 06:46:39：我用双剑霸天地，倍量伸缩等基因买入特一药业收获了两个板，现在学量学越来越有劲了。谢谢王子老师。

（18）老忙了 2017－03－17 11:48:16：感谢老师！002634 棒杰股份，连续三一缩量，昨天假阴真阳，过阴实顶是安全介入点，我捉了个涨停，主要是我早上在开盘后都发现它今天能涨停，老师是您让我有了信心，给了我希望，我从心里由衷的感谢您！感谢老师的量学，我今天抓住了002634棒杰股份、002307北新路桥两个涨停板。我花钱买的软件都没有让我能取得这样的成绩，从心里感激老师！

王子回复：祝你抓到一只牛股。看股票一定先看量，缩量三一，不要说成三一缩量。过阴实顶也是很好的位置，位置决定性质，不过顶就说明性质没有变，一过顶就变性质了。这也是量变与质变的关系问题。量学就是研究质变的科学。

失败教训：

（1）星星点灯2017－03－16 17：21：06：昨天买的宁波东力，今天让主力给洗出去了，只拿了两个多点的利润。总结了失败的原因，还是不够自信。我以后会记住王子老师的话，相信量学，相信自己。

（2）陈明祥2017－03－16 18：11：32：看见荣之联的逐级黄金梯，埋伏了进去，赚了不少，但是昨天的高开回落把我洗跑了，今天高开一看就知道主力要拉涨停，求问怎么避免这样的情况被洗盘？王子老师有空的时候可以给我讲解下吗？

（3）小鹏哥2017－03－16 19：44：45：关注公众号很久了，第一次留言。现在在读王子老师的《黑马王子操盘手记》第三册，正好读到第115章关于涨停板的逆向伏击。感觉到自己以前对涨停板的股票关注度太少了。真的是每多读一页，就有新感悟。感谢王子老师，感谢量学。

（4）好运2017－03－16 22：02：20：每天都来看王子老师收评，一年多了，很有用。每天看到许多量友报喜，恭喜大家都能跟对门派，门派虽好，功夫如何全在个人！我仅是刚入量学大门的小学生，但深有感悟，切勿走进形而上学的道上。量学不废万法，感恩老师无私的奉献！虽没进特训班但书早已翻破，值得认真品味百遍。

（5）陈明祥2017－03－17 06：42：58：再次反复查看论坛关于假阴资料，发现自己是被隐性假阴给忽悠了，尾盘应该买回荣之联，因为它符合假阴分时第二条，吃一堑长一智，比买了涨停板还高兴。第一，从分时量波看，只要全天量波在昨日收盘线（即今日零轴线）上运行，尾盘突然跌破（或中途瞬间低于）昨日收盘价的，为隐性假阴；第二，从成交均线看，只要黄色均价线（即量学的人线）的收盘价高于昨日收盘价（即今日零轴）的，无论量波跌到哪儿，均为隐性假阴。

王子点评：这位量友昨天下午6点钟留言讲了自己的失误，我来不及回复他；可他今天早上6点钟又发了留言，找到了失误的原因。事实说明，失误并不可怕，可怕的是找不到失误的原因。前年秋天我们做过一次实验，收集大家的失败案例，要求是画图，在图上准确标注自己介入与退出的位置，然后自己找一下失败原因。结果，所有的失败案例都能自己找到原因。这位量友的实践再次告诉我们，量学的标准摆在那儿，随时可以用上，失败的原因一般都是违背量学标准造成的。希望大家向陈明祥量友学习，自己摆出问题，自己查找原因，自己可以看到自己的进步，这时，找到失败的原因真的比买到涨停板还要高兴。只要这样坚持下去，想不进步都难。

（6）多多 2017 - 03 - 16 23:41:58：今天有事早上把一个涨停板卖了，量学真的神奇，对现在的我来说涨停板就是经常的事，感谢老师，我还要努力学习，因为我不会卖股票，几次的牛股都让我卖了，603628 和 603389 我一卖就天天涨。

（7）凌波微步 2017 - 03 - 16 23:55:45：我今儿预报抓住了中原证券涨停，理由是极阴次阳。事实上我是从姚工文汇里学到了一招阳缩阳过阴，昨晚便盯上了它，但没想到早上异动这么快，10 分钟就停了。我紧报慢报报在涨停价上了，又没做数！不过，没关系，让我对这种走势记忆尤为深刻！我今晚要再去看看姚工文汇这方面的帖子去，因为我又发现了一只这种走势的股票，但愿明天也能涨停！谁说学习无用论来，学习绝对有用，对股场小散而言，学习王子量学理论最有用！

（8）睡神 2017 - 03 - 17 08:48:44：感谢老师回复了我的留言，现在也只是学习量学的开始阶段（不到一年），竟然能做到基本每日都有涨停股选出来，虽说有的因为大盘情况不明没买（3.15 河北宣工），有的封住涨停被砸开（3.16 翔鹭钨业），但是真切感受到了量学确为一种科学有效的股票投资方法，让自己告别了亏损，并提高了见识，还养成了每日复盘做手记的习惯。这一切改变只因为几本书，真是相见恨晚。每天看着牛股从量柱中蹦出来，从量线上飞起来，深深敬佩发明总结这一切的王子老师！

（9）虞大姬 2017 - 03 - 16 18:44:51：小编您好，我是在 15 日的早盘价格 60.63 元买入的 002820 桂发祥！当时是价升量缩，而且价格缩了有 3/5 的样子，结果下午盘的量急剧上升，不过价格也升了 7.71%！可是今天就跌停了！我估计我是学量学里面最垃圾的一个了！

王子回复：当小编把你的这个案例给我看时，我大吃一惊！这和我们 0216 日点评的永东股份、0301 日点评的联创互联的失败案例完全一样！请大家把这三个案例收集起来对比一下（自己画图对比）。这三个案例的失误，都错在"夕阳余晖"，都错在形而上学。初学量学者最容易犯的错误就是只看其形，不管其神。还有一个重要问题，你在"早盘缩量五分之三"时介入，显然没有用虚拟量柱看盘。以后记住，早盘"缩量五分之三"不是缩量，而是增量。因为早盘 1 小时内看盘应该用"当前量柱乘以四"来看盘。大家可以就这个案例深入讨论一下，还可发现深层原因。这次特训班上将详细解剖这个案例。（小编注：王子老师昨晚将这个案例做了讲义，今天这只股票再度跌停）

038 / 周五长阴踩线，周一可望次阳（0320 盘前）

2017-03-20

按照太极线原理，以上升途中最近的、最大的、未被破坏的两个大阳顶底连线即 AB 太极线。

当值 =（B − A）/T1（A − B 的天数）× T2（A − C 的天数）+ A

（B − A）/8 =（3148. 09 − 3123. 14）/8 = 3. 12（斜率 X）

（3. 12 × 35）+ A = 3. 12 × 35 + 3123. 14 = 3232. 14

昨日最低点 3232. 28，误差 0. 14 点。

可见昨日是精准回踩 AB 太极线即 0120 太极线。

周一的三线预设为 3220、3237、4248 或 3260。

预测走势有两种情况（见图 60）。

图 60

第一，由于周五双向阴胜，惯性下跌至 3220 拉起来，走出极阴次阳。

第二，由于周五精准踩线，若再次回踩确认太极线后拉起来。一旦顺利站稳 3237 上方,可能出现中到大阳。

王子倾向于第二种情况。

操盘策略,若向下不破 3220 时,拉拐介入目标股。仅供参考。

选股策略,关注"一带一路"、环保基建、军工混改中最近踩底的股票,它们有可能率先走出回马枪、凹底淘金或凹口淘金形态。

再保顶初战告捷，新航向此线指定

（0320 收评兼 0321 预报）

2017-03-20

　　王子周五收评对周一的三线预设为 3220、3237、3248。

　　今日最低 3228，上午的最高点就是 3248，最后收盘冲上 3250，比预设高出两个点。这两个点，好像是有人在尾盘故意做上去让王子失误的，但还是没有突破千分之一的范围。第三次保顶战役初战告捷。

　　今天是缩量次阳，比昨阴二一位略低，要是收到二一位上方就好了。个股方面，王子周五预测的"一带一路"领涨，消费紧随其后，次权三通卷土重来，明日盘前三线预设为 3240、3250、3260。希望指数能沿着 0120 太极线（见图 61 中 AB 线）的方向运行。

图　61

　　盘面可见："一带一路"、保密电信、军工混改将是未来三大主线。凹底淘金和凹口淘金将是未来涨停趋势。选股方略详见明灯论坛黑马王子 0305 日周末讲座之《如何选股→如何选拔即涨牛股》一文。最近半月的实践证明，凡是按照此文方略选股者，即将大涨的股票都将进入你的预选或精选股票池中。

保顶成功待过峰，兵临城下看此线

（0321 收评兼 0322 预报）

2017-03-21

祝贺人大量学实战特训班今天有 105 位同学成功伏击涨停，其中有 45 人成功伏击到两个涨停，有 8 人成功伏击 3 个涨停。

王子昨日收评对今日盘前三线预设为 3240、3250、3260。今日收盘 3261，比预报值高出 1 个点。

见图 62，今日大盘价升量缩，成功突破 3260 平衡线，领涨前 5 名为白酒、煤炭、家电、环保和建筑，和我们这两天预测的板块完全一致。

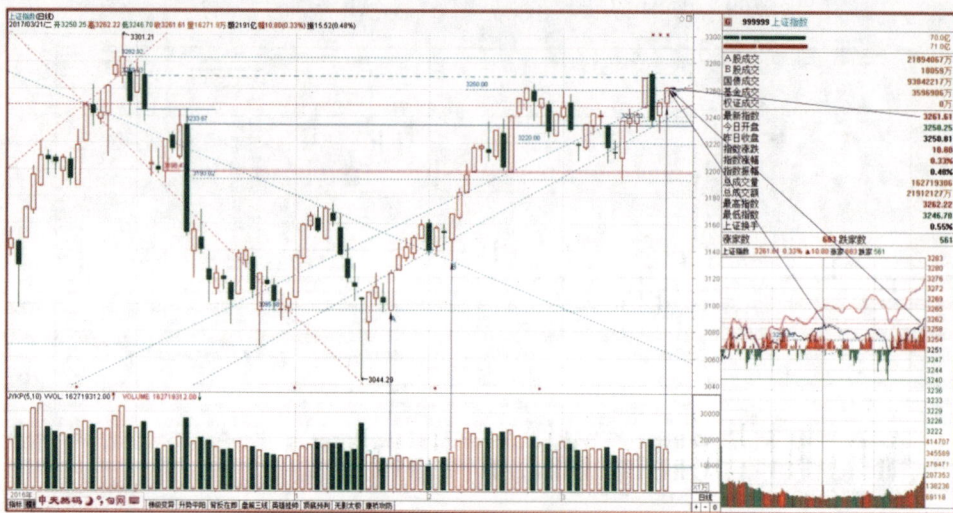

图 62

关于明天的行情，请以 0210 和 0220 这两个黄金柱的实底连线，即用 0210 太极线来看盘，下线预设为 3256（或太极线当值），上线预设为 3269，这个上线处于敏感区，若能迅速突破则无忧；若在此线犹豫不决，有可能突然下跌，所以我们应该看涨防跌。

对于上线的突破，应该由大金融或大建设或大军工担当主角，若大块头不动的话，这个位置恐怕难以顺利突破，所以一旦不能顺利过关则要视盘中情况逢高出货。

因为人大特训班课程紧、任务重，不能对大家的留言进行点评，请谅解。课程结束后将认真点评。欢迎大家继续认真留言。其实，即使王子不点评，我们也要认真留言。这个留言是大家的公众平台，是大家的记事本。用好它、维护它是大家共同的责任。

个股方面，依然要关注凹底淘金和凹口淘金形态，这是我们在 3 月 5 日周末讲座中反复强调的主题。

跳空阴拉拐出货，选目标空仓待机
（0322 收评兼 0323 预报）

2017-03-22

今天这个标题是王子今日实盘课的演讲主题。王子昨日收评明确指出，当前这个位置必须由大金融、大建设、大军工这样的大块头领涨才能突破，没有这样的大块头领涨，就要逢高出货。

今天的大盘跳空低开 20 点，最低下探 3229，收盘于 3245 点，比我们在实盘课上用 QQ 战法预测的 3246 低 1 个点。大金融、大军工不涨反跌，大建设全天领涨而尾盘回落，说明当前行情很弱，除了强势股以外，其他股可以随时采用拉拐战法逢高出货。

王子前天收评讲过，当前行情应该以 0120 太极线为参考（见图 63 中 AB 线）线下逢高出货，线上弃弱换强。一旦 3233 凹峰线不保，就要离场观望。这个方案现在依然有效。

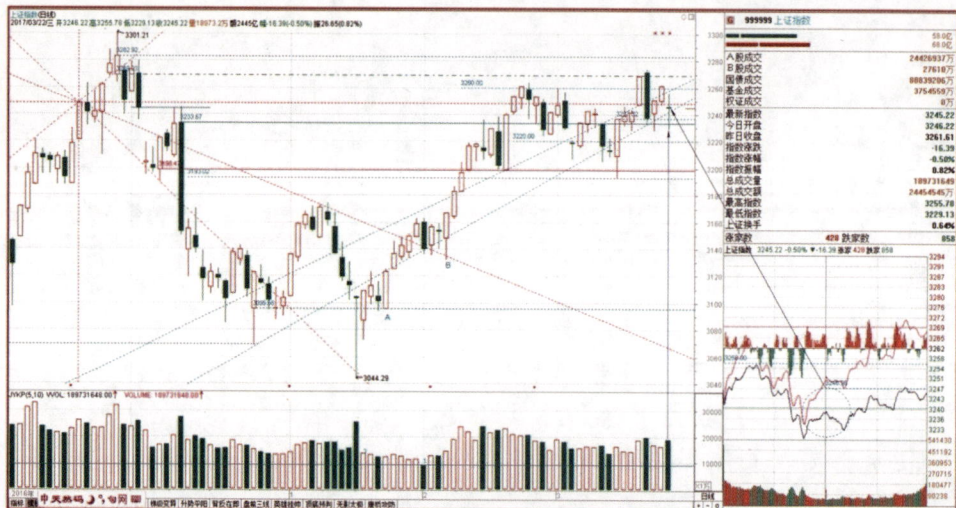

图 63

明日三线预设为 3233、3245、3260。操盘策略详见《盘前三线的设置与操盘策略》一文。个股方面，今日实盘课上点评的罗顿发展逆市涨停，带动海南板块逆市起涨，后市应继续关注。关注不等于买入。已出货的网友现在应该选好目标股,安心等候机会是当前最好的选择。

　　人大量学实战特训班历时五天今日胜利结束!经过周六、周日两天的理论课和周一至周三的三天实盘课,截至今日有 163 人成功预报涨停,其中有 114 人预报两个以上涨停;有 73 人预报 3 个以上涨停;有 36 人预报 4 个以上涨停;有 18 人预报 5 个以上涨停;有 4 人成功预报 6 个涨停。原始预报记录详见股海明灯论坛涨停预报栏目之特训班专栏。

　　与昨天的成绩相比,今日明显好于昨天,这是在大盘大跌的情况下出现的这个成绩,实在难得。

042 高量线设好进退，太极线指引航程

(0323 收评兼 0324 收评)

2017-03-23

祝贺人大特训班截至今天有 167 人成功预报涨停！其中伏击两个以上涨停板的有 120 人；伏击 3 个以上涨停板的有 80 人；伏击 4 个以上涨停板的有 46 人；伏击 5 个以上涨停板的有 25 人；伏击 6 个以上涨停板的有 11 人；伏击 7 个以上涨停板的有 4 人。从伏击的股票看，今天涨停的多是 3 天以前伏击的。原始预报记录请到股海明灯论坛"涨停预报"专栏中单击"特训班"按钮即可查看，http://www.178448.com/fjzt-6.html？uid=355811。

今天的大盘上蹿下跳，但其重心依然在 0120 太极线和 0210 太极线的双轨线之间运行（如图 64 所示）。早盘有一批学员介入兰石重装，午后 13:37 时的跳水动作被特训学员描述为"假跳水"，14:12 时，浦磊同学从量波分析入手果断发布了"大胆入货"的警报。学以致用，危难之时见真经。

图 64

今日领涨乃大消费、大建设两大板块，王子 0318 周六在特训班讲的第一节课《一统天

下选股法》就重点解剖了这两大板块，至今逐一兑现，充分说明量学的"一统天下选股法"能够得"天时、地利、人和"之三大神韵。《孙膑兵法·月战》："天时、地利、人和，三者不得，虽胜有殃。"这次特训班的选股和预报实践越来越好，望大家戒骄戒躁，努力弘扬一统天下选股法的功效，再创佳绩。

其他量友最近的选股实践也有长足提高，请看他们的留言：

（1）平凡 2017-03-23 11:40:55：罗顿发展，16.9元出货不知对否？上次买的西部建设，在21日被洗出又拉两个涨停板真的后悔呀！现在一想21日应该是缩三一回调。

王子点评：罗顿发展16.90元出货很好，西部建设出货有点可惜。它21日的缩量回调就是标准的过峰保顶动作，特训班的许多同学都是次日介入的。请不要气馁，只要有钱在手，随时可以找到更好的股票。

（2）张鹏 2017-03-23 11:37:22：王子老师好，我周一买入美丽科技，3天收三板，现将涨停基因分析如下：3月10日、11日连续两日缩量回调以及3月15日平量过左阴，3月16日微增量再过左阴，大涨无疑，该股此时已进入我瞄准视野。谁知第二天缩量回调，3月20日长腿踩线3.14开盘价，精准无疑，根据长腿踩线，风光潋滟！根据连续涨停基因的叠加！根据主力做盘的干净利落，果断于尾盘买入，三天收三板。量学实在是经得起检验的好东西！我谨记老师的话，不骄傲，不急躁，成绩属于过去，成功属于未来。

王子点评：好！戒骄戒躁，才能不断进取！你看盘很仔细，用到的量学知识很到位，基本上实践了"左证明、右确认"的量学法则。若是稍稍再磨炼一下，介入的时间还能稍稍提前。不过，你已经做得很好了。我要向你学习。

（3）吉他弦 2017-03-23 02:37:46：南洋科技，2月20日长阴高量柱，次日出缩倍量反转十字星，倍量伸、缩组合，后凹底横盘整理，百日低量群，并肩平量柱多！3月2日涨停过左大阴，高质量黄金柱！但未过左峰，后市必须要过，涨停后若跌要触前高线不过才跌，但次日触线已过，天量柱，后短柱不回调，价升，可见此股实力强劲，（天量柱后，股价多数向下，少数向上）后横盘震荡整理，股价有向上迹象，3月15日突然下跌三连阴洗盘，3月17日出长阴短柱，到这里横盘其最低点不破前涨停板黄金线，横盘其庄家挖坑打劫，次日股价踩长阴短柱头顶开盘，踩头必向上走，收盘出大阳线突破平整，倍量柱！价柱，量柱双胜阴，3月21日洗盘缩量，低量柱！22日出小阳包左阴，阳包阴组合，后市看涨，有望突破1月6日左大阴实顶！关注……

王子回复：你看盘有一定章法，但看得太近了，就是只顾眼前，忘了长远，如果继续往左侧看看，0106是重要的拦路虎。当前量柱建构就少了一个小倍阳，目前应该是兵临城下等待援兵。仅供参考。

微信平台上的许多留言都非常精彩，许多量友都希望王子点评回复，但王子精力实在有限，不可能一一回复。下面定个规则，每天点评最近的三则留言，力争选拔两个成功案例，一个失败案例。望大家能及时将当天的感想发表出来，和我们一起分享。

明日盘前三线依然可以沿用今日三线，大盘指数只要沿着0120太极线的方向运行就可以放心。操盘策略：以0120太极线为临界，线下逢高出货，线上逢低入货。站稳3269线才能放手大干，否则，尽量悠着点，保持三一二一仓位作后备军。

个股方面，大消费、大建设是当前主流，大金融若不能领涨，3269很难突破，所以要见机行事，不要被胜利冲昏头脑。

如此精准收盘后，此线即是分水岭
（0324 收评兼 0327 预报）

2017-03-24

图　65

今日大盘着了魔呀？精准对应王子预报的 3269 收盘，这既不是给面子也不是给里子，这是从骨子里顺应量学的股市动态平衡规律。

自从王子 0318 周六在特训班公布"一统天下选股法"，重点讲解大建设、大消费选股策略以来，连续五天都是这两大板块领涨，昨天王子鞭策了一下大金融，长期按兵不动的大金融今天也动起来了，但是动作不大，力度不强，勉强收盘于 3269 平衡线上，这也算是给足了面子。事实再次验证了量学看盘选股的内在魅力。

凡是按照王子 0305 周末讲座选股的量友、凡是按照王子"一统天下选股法"选股的特训学员，这一周定是大赚特赚了。请看部分留言：

（1）自信人生 2017－03－24 17：24：28：老师您好！感谢您的量学，我看书有三个多月了，今天终于抓到了青松建化，量学真神，谢谢您的无私奉献。学生还有一事相求，能说一下通达信的使用方法和功能吗？我的通达信分时成交量柱是一个颜色的没有红绿之分，怎么调颜色，望老师指导，谢谢了。

王子回复：祝贺你今天抓到青松建化，关于分时量柱的颜色设定，详见股海明灯论坛的相关文章，《黑马王子操盘手记》中也有这方面的讲解。

（2）言 2017－03－24 12:16:44:600425 青松建化 0302 缩量下跌（首跌缩量），(0314) 0315 双胜阴确认 0313 长腿底部成立，0323 倍量测试 0302 实顶后稍有回落，今天含蓄量涨停，我今天在 7.03 元介入了，按量学的标准是不是高了点；600801 前面也走出了好几个凹口淘金的形态后，今天又出现了这个形态了，敬请老师指点，今天真是太兴奋了。谢谢老师，谢谢老师的量学。

王子回复：对于青松建化的形态分析，许多量友都是对的，你在 7.03 元介入的确高了点，若是严格按照量学标准来做的话，今天回踩昨日大阳三一位就是确认强势，应该在首次或二次回踩入线处伏击，都低于你的价位。望认真看看量学的三一二一法则，争取更大进步！

（3）喵咪 2017－03－23 23:28:39:花了一个月的时间，没日没夜的把老师的四本书看了两遍，总结成笔记，第一天操作就抓到了涨停板，我要学习老师谦逊的作风，把书推荐给了好多朋友，让大家一起进步！看了老师的书，觉得这些年看的几十本书真的是白看了，好想参加老师的课，请问报名方式是什么呢？我会继续努力的，目前为止抓了三个涨停板了！谢谢老师！

王子回复：祝贺你在这么短的时间内取得这么好的成绩！这是你自己的功劳，千万不要记在王子的头上。顺便告诫你和大家，学习不要急于求成，路要一步一步走，饭要一口一口吃，一次吃多了，消化不良，那就不好了。关于上特训班的事，我不管招生，只管教学，请你按明灯论坛上的公告选择适合自己的时间去上课。最近的一期中级班是 4 月 22—26 日由北大主办，之后是 6 月 10 日由人大主办。

量友们的精彩留言太多了，王子实在难以一一点评。即使没有点评，也希望大家不离不弃，继续留言，望大家认真查看，必有收获。

周一的三线可预设为 3260、3269、3282。我在这期特训班上三次讲解 3282 的重要性和应对方法，只要突破此线，慢牛行情就会顺次展开，因为此线是本轮行情的最高价量柱实顶，若不能迅速突破，就要防止突然回落；突破 3282 峰顶线需要大金融参与，若盘中没有大金融的参与，就要多留个心眼。盯住图中这两条太极线吧，操盘策略一目了然。

选股策略除了要重视大建设、大消费、大军工之外，要注意前沿科技即智能科技板块的接力。祝大家周末愉快！

精准探顶即回撤，站稳凹峰方能上

（0327 收评兼 0328 预报）

2017-03-27

图 66

（1）海星 2017 - 03 - 27 16：22：25：王子老师周五收评预设今日周一的盘前三线是 3260、3269、3282，今日实际最低 3262，开盘 3268，最高 3283，上中下三线全部精准兑现，简直太神了！我百思不解的是，老师是周五收评就预报了今日的三线，根本没有参考周末的任何消息影响，请问王子老师为什么今日能全部精准兑现呢？

王子答曰：呵呵，可能你是新来的量友，对量学的精准预报感到吃惊，而老量友早已习以为常了。因为量学是一种"不看指标、不听消息、只看量柱量线"的股市动态平衡预测技术，我的每次预报都是以收盘当天的走势为标准来预判未来行情的，越是周末或节假日，越要提前预报，我是想把量学放到最严酷的环境中来检验。我们连续十年的预测事实说明，这种技术能够经受各种严酷环境的严峻考验。只有不看指标、不听消息，才能根据股市内部的动态平衡规律来预测股市，才能做到客观精准的预报。

（2）飞飞2017 – 03 – 27 16：07：16：我于3月24日复盘后选出几只股票，今天有三只股票涨停。分别是连云港回踩左峰涨停、北化股份跳空倍量涨停、南京港倍量涨停过左峰。真没想到我也能抓住涨停板！我操作的太阳电缆也收获了两个板，第一个于三月八涨停。量学真是太神奇了，王子老师太伟大了！王子老师的《量柱擒涨停》《量线捉涨停》《伏击涨停》《涨停密码》四本书我反复认真的读了三遍，现正在研读王子老师的操盘手记。我一定继续认真学习，感谢王子老师的无私奉献！

（3）江山依旧2017 – 03 – 27 15：43：44：今天太开心了，运用凹口、凹底淘金技术和价升量缩结合板块热点预报了青松建化、北化股份和西部建设，都大涨，改掉了之前不看热点形态、板块的坏毛病。王子老师提醒涨停趋势像凹口、凹底转变确认太精准了，今天盘中发现了利君股份伏击了，还有太阳电缆、拓中股份、湖南天雁、湖南投资、尤洛卡、先锋电子、连云港、南京港等一堆凹底、凹口淘金形态的股票，有的低量群＋倍阳直接突破，有的刹车换挡过凹间峰，有的刺探凹口平衡线，有的回踩缺口和黄金线再上，总之都逃不过凹底、凹口淘金的技术识别。上周五大涨我措手不及，没发现什么好股票，今天是怎么了，大盘没涨反而看到了很多，看来是眼光自闭的问题，只有提升眼光才能发现牛股。

（4）张鹏2017 – 03 – 27 14：06：25：感谢王子老师的点评，周末按照王子老师提示的板块进行军工股的选拔，确认北化股份为龙头，备选出尤洛卡（回调充分，底部将军）、利君股份（共享13.5精准线）、太阳电缆（前期龙头）、华讯方舟（接力黄金）。早盘因故没有按照计划过2月23日大阴顶买入北化股份，知与行不能执行，值得反思，迅速思考后打入尤洛卡，收获半个涨停。知道是一回事，做起来又是另外一回事，还需潜心努力！截至目前，除了华讯方舟（量价搭建不够紧凑，计划性偏弱），剩下3只盘中都到达涨停。

王子回复：大家开心，我也开心。祝贺以上量友今天取得这么好的成绩，尤其是大家都能说出伏击涨停的理由，都能在说出成功经历的同时找到不足，这就是非常好的每日小结。今后的留言应该养成既讲成绩又讲不足的习惯，对自己要求越严，今后取得的成绩就越大。

关于3282的重要性和应对方法，我在0318特训班上讲过多次，只要突破此线，慢牛行情就会顺次展开，因为此线是本轮行情的最高价量柱实顶，若不能迅速突破，就要防止突然回落；突破3282峰顶线需要大金融参与，若盘中没有大金融的参与，就要多留个心眼。今日银行股启动了一下，但没有一只涨停的，说明大金融参与力度不够，所以不能突破3282实顶线。

明日三线可继续沿用今日两线，预设为3260、3266、3282。同时盯住图中的两条太极线，重点关注下线。上线为保护自己的安全线，下线为打击对手的风险线，这和黄金双线战法的逻辑一模一样。如果明日一旦打到3255拐头向上，就是打击对手的洗盘行为。那么，就可采用"线上低买、线下高卖"的策略。这就是量学的动态攻防策略。有网友反映看不懂"动态攻防"，说是否一定要参加特训班才能看懂。答曰：否。动态攻防策略我几乎天天都在收评中讲解，不上特训班的量友只要认真看，一定能看懂。怕的是有些人只看"某句话的结论"，不看"这句话的前提"，只要结合起来看，一定能领悟。

　　个股方面，今日建筑回撤军工启动，往后可能建材回撤科技接力，这只是预判不是定论，我们要结合明日盘面情况灵活应对。

首日跌破太极线，多股玩弄回马枪

（0328 收评兼 0329 预报）

2017-03-28

见图 67，今日大盘跳空向下，击穿 0120 太极线今日当值 3255 点，收于 3252。

图 67

0120 太极线生成以来，只有 0310 和今天是有效击穿，根据今日明显缩量的情况来看，今日这个击穿带有明显的洗盘特色。今日最低点打到 3246 点，瞬间即收回到 3248 灯塔线零轴上方。如果这里是主力出逃，量能不会严重缩小，所以我们可继续关注 3248 防线的争夺。

明日盘前三线可以只设下线 3248，只要此线守稳且有主攻板块出现，即说明今日是真正的调仓洗盘。

个股方面，今日只有大消费和高送转表现突出，科技板块也只有半导体和石墨稀红盘，其他板块都进入调整，在这种行情下，明灯论坛依然有 513 人次成功伏击涨停，微信平台也有十多人留言讲解了自己伏击涨停的得失，建议大家认真看看这些留言，从中吸取经验教训。

往后的行情千万不要追涨杀跌，今天有位量友说得非常好，阴阳回马枪最容易在这个位置出现，要么大涨后大跌，要么大跌后大涨。今天就有好几只这样的股票逆市涨停。那么，凡是今日大跌而严重缩量踩底的股票就要认真研究了。像新赛股份、雪峰科技、山东矿机、天华院等股票从大跌到涨停的形态过程就要认真思考。一旦个股的回马枪多了，就会引发大盘回马枪。

祝大家今晚能找到如意的股票。

凹峰线失而复得，回马枪批量涨停

（0329 收评兼 0330 预报）

2017-03-29

见图 68，今天的大盘再次跳空下行放量跌破 0120 太极线，最低点精准回探 3233 点，令许多量友大呼过瘾。今日微信平台上的长篇留言特别多，都是量友从心底里发出的经验之谈，由于时间太紧，王子不可能一一点评，望大家认真看看这些留言，借鉴成功，克服失败，力争越来越称心如意。

图　68

王子昨日收评指出："凡是今日（0328 周二）大跌而严重缩量踩底的股票就要认真研究了。"有网友问什么是"严重缩量"，这个问题我们已讲解过 N 次了，凡是缩量三一二一的就是严重缩量。希望新来的网友多多查看此前的文章和留言，不要一上来就问这问那，这种重复提问将会消耗大家的资源，影响大多数人的学习。我再强调一遍，明灯论坛创办 10 年来，已累计回答过数千条提问，只要在明灯论坛的搜索框里搜索一下，绝大部分内容都能找到答案。实在新鲜的问题，我们将会在周末答疑中集中解答。

现在回到正题上。凡是昨日大跌而严重缩量踩底的股票，今日再度爆发批量涨停。如大连港、营口港、日照港、锦州港、盐田港、龙建股份、福建高速、五洲交通等，都是昨日缩量三一二一精准探底，今日逆市涨停。请看量友留言：

（1）魏先恒 2017－03－29 15:31:12:感谢王子老师的阴阳回马枪比罗成回马枪还厉害，按照您布置的作业成功伏击了 601188，双阴洗盘精准回踩大阴柱二一位和元帅柱 5.56元，可惜今天微跌了 2 分，心里不稳，在 5.9 元才伏击，担心 10 日均线压力，如果没有量学谁也不敢买它，因为早上跌破了 120 日均线，量学太神奇了。好好学您的十八般武艺之回马枪。

（2）江山依旧 2017－03－29 16:07:08:今天回马枪的形态实在太令我震撼了！有龙江交通、锦州港、盐田港、大连港、日照港、五洲交通、宁波海运、红墙股份、湖南天雁、利君股份、中再资环的过峰回马枪;有建设机械、西安饮食、建研集团、南京港、福建高速、珠海港、营口港等的躲峰回马枪;还有冀凯股份的 U 形回马枪。形态多为梯量柱后缩量下踩后高量突破，也有直接 T4 变异的微型回马枪，也有调整到低量的巨型回马枪，原理都是王牌搭台突破＋缩量三一二一假跌＋再突破。感觉写完这些思路更加清晰了，原来过峰保顶也是回马枪。感谢老师！感谢量学！

王子点评:以上二位量友对回马枪的认识比较深刻，望大家对照留言看看涉及的股票形态，一定会有更深的认识。有网友留言，好几天没有看到特训班同学们的操作情况了，不知道他们今天的操作如何？请看特训教室今天在班长陈佑东的带领下所进行的看盘看势及其操作情况：

（1）10:31:39 陈佑东:今天大盘再次试 3233 的支撑力度，做好两手准备。高价次新股风险加大。大浪淘沙，活下来闪闪发光的是金子和钻石。N 多大长腿，要看哪个美！实践了一把拉拐战法。个股跳空阴，拉拐战法很实用。保住了利润。

（2）11:19:55 陈佑东:目前的回马枪走势比较生猛，大盘量价配合都可以，力度稍差，但人线没跟上，谨慎操作，看表演就好。热点还是"一带一路"、大建设，3260 关键点位，昨天的压力位。

（3）14:03:10 陈佑东:这几天的热点，行业上是交通设施，概念上是"一带一路"，尤其是海上丝路。由于这个板块已经持续了相当一段时间，龙头个股涨幅不小了，今天早盘的强势调整如果没有跟上，不妨再多一分耐心，等新的机会出现，追涨需谨慎。

（4）14:30:40 陈佑东:如果大盘接下来的半个小时 3260 不过，个人准备继续用拉拐战法再减一些次新仓位，规避次新股大幅调整的风险。最近刚开板的次新股成了重灾区。做好资金管理，留些仓位，节后捡金子。

（5）14:46:56 陈佑东:大盘下午基本走出龟背波，注意风险。我已拉拐出了一半。留着仓位，下个月我们可以在次新股板块实践王子老师的斜勺凹口淘金了。这一轮砸盘的主力是证券，连带着大盘泥沙俱下。

（6）14:54:26 陈佑东:越来越欣赏 3233 这个数字了,希望这条横龙继续横下去。节前只剩两个交易日,敏感时间点上操作一定要谨慎。趁着收盘前的两分钟,没申购新股的同学抓紧时间,今天有三只。

（7）15:00:22 陈佑东:今天大盘给我们上了生动的一课,用拉拐战法来对付就不会有大的风险。大盘跳空阴,收盘双向阴胜,击穿了 0324 最近的高量柱,封堵了 0316 向上的跳空缺口,被 3233 横龙精准止住,0313 的王牌柱也构成较强支撑。方向未明的情况下,一定要注意控制好仓位,不要轻易开新仓。

王子点评:陈佑东班长的解盘很到位、很及时,操作手法、操盘计划也非常到位,既有前瞻性,又有实战性,是有点、有面、有线的实战解盘。望特训班的同学们一期比一期更出色、更出彩。

明天可以只设下线 3233,这是过峰保顶的重要防线,根据最近主力的操盘手法来看,明日有可能跌穿此线然后再上行,走出极阴次阳,关键看次阳的高度。若能收在 3248 线上,方能证明主力这三天是盘中洗盘,否则,就要坚决执行陈班长所讲的节后操盘战术。

个股方面,继续关注今日严重缩量回踩重要平衡线的股票。回马枪将继续上演,只要回马枪多了,才能引发大盘的回马枪。

047

高位惊现左喇叭，收官之战看此线

（0330 收评兼 0331 预报）

　　许多读者反映昨天特训班陈佑东班长的实盘指导很好，要求加入特训教室，回复：特训教室是特训班学员们自办的练习场地，师生全员实名制，其他人不能进入教室。昨日陈班长讲解的几个重点是：

　　第一，3233 是重要防线，破则及时拉拐出货。

　　第二，大盘走出龟背波，大家尽量找拉拐出货机会。

　　第三，规避次新股大幅调整的风险，安心等待节后的机会。

　　第四，当前一定要注意控制好仓位，不轻易开新仓。

　　第五，王子指出，明日只设 3233 下线，若不能收到 3248 线上，应该坚决执行陈班长所讲的等待节后操盘策略。

　　今日大盘第三次跳空下行，最低点打到 3195，收于 3210，见图 69。今天特训教室的操盘指导如下所述。

图　69

（1）10：10：32 陈佑东：3233 跌破后，就看 0313 王牌柱 3209 实底线的支撑力度了，风险要放第一位……3233 收复与否成了今天的目标，希望港口板块不要参与杀跌……趋势面前，丢掉幻想，该减仓就减仓，没有转势信号不开枪。哪怕减错了，也比冒巨大风险要好。

（2）11：34：30 吴晓红：大盘破 3209 凹底了，按王子老师讲的，还得再跌上面这么多吗？

（3）11：36：44 陈佑东：早盘担心的事情还是发生了，港口板块参与杀跌，对大盘的杀伤力很大。下午若有反弹，务必逢高减磅！（对吴晓红）老师说破了凹底还要下跌，那么多是有前提条件的，那就是在大的下跌趋势中，目前还不能这样判断，当作正常调整为宜。当前护盘的是大金融。关注银行股的表现，尤其是建设银行。

（4）13：27：22 龙琼波：好像有人开始抄底了。

（5）13：35：26 陈佑东对龙琼波：今天又是跳空阴加阴双胜，反弹是减仓的时机，抄底风险很大。目前，热点板块退潮迹象明显，次新板块也有一些清流，例如如通股份，只是资金的整体聚焦追逐效应还不明显。要忍住抄底的冲动！

（6）13：42：30 龙琼波：嗯，谢谢陈班。

（7）13：42：48 陈佑东：3233 支撑变压力，不有效站稳，不轻言抄底。如果今天走出长阴长腿的结构，那明天还有的干……大盘站上人线，人线向上拐头才能说明一些问题，现在的走势先以一拨较有力的反弹对待。午后走出双线相距越来越远的走势，所以适度的反弹修复……大家看好自己的股票和资金，空仓的搬个小板凳看戏，我喝酒去了。把想要抄底的手忍住了就是胜利！……抄底抄在半山腰，没有信号不能抄。三不定律要牢记，起伏涨跌自逍遥。

（8）14：55：33 范授冶：陈师兄，今天真神啊 3209，不服不行，收于 3210.24，感谢张得一教授，发明量学。感谢陈师兄全程护航。

王子点评：以上实盘指导有三个重点：

第一，关注 3209 实底线的支撑，破则很凶险。

第二，当前行情不要轻言抄底，而是拉拐减仓。

第三，把想要抄底的手忍住就是胜利！

今天主要是忍住抄底的手，明日即使有极阴次阳，也要看准其高度，不达到 3220 不要轻易动手。明天就是周五，也是三月最后一个交易日。底线预设为 3198，生命线是 3209，一旦有效跌破 3209，就有跌到 3148 的可能，所以，关于等候节后操盘的策略依然有效。

今天公众号上的留言非常精彩，望大家认真翻阅。

048

三月收官过阴半，四月有望开门红

（0331 收评兼 0405 预报）

2017-03-31

王子最近几天在海南岛旅游，前天央视预报昨日至今日海南将有八级大风和大雨。昨日海南风和日丽，今天全天阳光灿烂，至下午 5 时大风大雨骤降，延迟了两天的预报终于兑现了。

说来也巧，王子前天收评预报昨日可能出极阴次阳，可昨日出了大阴，今日才出现极阴次阳，延迟一天兑现。收盘于 3222 点，比王子预报高出两个点，收了一个缩量过阴半的日象，见图 70。

图 70

从当前盘面来看，这个缩量过阴半的次阳，暗示四月开门红可期。开门日的盘前三线可预设为 3198、3222、3240 或 3248。操盘策略可继续沿用周五的方法，重点看 3220 能否守住，守住即可逢低布局目标股。

个股方面，王子在 0327 预报中强调重视军工股，次日收评中再次强调军工股，今天军工股逆市大涨,充分显示了量学的前瞻性和伏击性,凡是紧跟这个预判并提前潜伏军工股的量友,今天一定喜笑颜开。今天明灯论坛有234人成功伏击涨停多数都是军工股。

关于"一带一路"的股票,王子在0327收评中指出,建筑回撤军工启动,往后可能建材回撤科技接力。今日建筑、建材全面回撤,除军工股大涨之外,科技股今日也占据涨幅榜前列。接下来,军工和科技值得继续关注,尤其是涉及新能源的科技资源板块,有望接力"一带一路"。

今日微信平台的许多留言非常精彩,值得认真阅读,周末若有时间,王子将点评部分留言。

049

四月如期开门红，冲关看这三类股

（0405 收评兼 0406 预报）

2017-04-05

节前的最后一个交易日即 0331 周五收评《三月收官过阴半，四月有望开门红（兼 0405 预报）》今天又兑现了。特训班的同学都知道，王子喜欢在节前预报节后的行情，而且连续 10 年来每次都是准的，见图 71。

图　71

为什么要这么做预报？因为王子想把量学放到最复杂、最难测、最严苛的环境中去检验，才能真正体现出量学的科学性和实用性。

这次雄安新区的推出，保密工作做得很好，很少有人知道，王子对于四月开门红的预报，完全出自股市内在的动态平衡原理。特训班的同学应该知道我的如下预报思路：

第一，0328 周二，大盘跳空缩量下跌，个股出现了很多回马枪，王子当天收评指出：个股的回马枪只要多起来，就会引发大盘的回马枪。

第二，0329 周三，大盘继续放量小跌，精准回踩 3233 凹峰线，王子当天收评指出：大盘如此精准下跌，个股回马枪增多，有引发大盘回马枪的可能。

第三，0330 周四，大盘跳空放量大跌，形成了高位左向喇叭口吸筹形态，回马枪个股占据涨停板主流，王子当天收评指出：大盘惊现高位喇叭口，若不是有效跌破 3198 大阴中线，将会出现极阴次阳。

第四，0331 周五，大盘出现极阴次阳，缩量收于左阴二一位 3220 上方，这是典型的优质极阴次阳形态，这种形态次日一般会出现跳空向上行情。所以王子收评发布了四月开门红的预报。当时，因为考虑到次日即有清明长假，不敢预报跳空开门红，这是王子的失职。

关于回马枪的研判，个股和大盘基本一样，只要明显缩量大跌就是假跌。只要假跌过程中出现异动（如大盘的左向喇叭口），就有回马枪的可能。大盘今天这笔回马枪太精彩了，肯定有雄安新区的功劳，但有许多与雄安新区无关的个股也玩起了回马枪，这却是它本身应有的走势。请看如下实例：

海涛 2017－04－05 15:51:31：上周五我朋友让我帮他看下汇金股份，套了很长时间想割肉出局，我仔细一看，心里不觉暗暗自喜，告诉他不但不用割肉，反而应该赶紧补仓，我也开始买入。他不相信，说什么五线顺下，创新低怎么可以买入，应该止损。我把我的买入记录发给他，他才补了点仓位。今天涨停把他惊呆了，直说怎么会这样。其实他没学过量学，用老套路观察的确不应该买入。汇金股份 1 月 16 日—3 月 29 日 48 个交易日的现场直憋，3 月 30 日出现下蹲凹口，量柱也形成凹口，而且根据 3 月 31 日下午两点多时量能看应该出现百日低量。根据老师说的这应该就是故意坑人的异动再憋。最佳介入位应该在凹底阳胜阴时介入。但因为是套票补仓就让朋友提前介入了。神奇的量学把庄家的行为看得清清楚楚。感谢老师把这么多股市机密告诉了我们。王子老师万岁！

王子回复：海涛量友的留言具体实在，讲述他帮助量友看盘时发现了即将涨停的前兆。我们特训班的许多学员也有这样的经历，都是在帮助别人看盘析股的过程中发现契机的。所以，我们大家都要学习海涛量友，多多帮助别人。但是有一点要注意：不要帮人做买卖决定，只要指出要点即可。

今有雄安新区利好刺激，大盘会到什么位置？王子在特训教室发布的预报是 3269（即 1129 高价高量柱实底），今日收盘于 3270，这是最后一分钟达到的高度，也是河北板块大面积涨停引发的效果。

明天的大盘将出现分化，有些搭便车的股票将冲高回落，我们的操盘策略应该顺势调整：盘前三线预设 3260、3270、3282。若大金融助力，可望冲过上线；若冲击上线受阻，可适当减仓；关注新能源和大军工板块能否接力。

050

精准触及凹间峰，兵临城下待主攻

（0406 收评兼 0407 预报）

2017-04-06

　　王子昨日收评预设今日三线为 3260、3270、3282，见图 72。今日收盘 3281，精准对应预报值。今日量柱比昨日稍低，量价呈价升量缩建构，理应看涨，但今日价柱与左峰高价高量柱（1129 日）对应，所以明日操盘策略仍可沿用今日策略：若大金融助力，可望冲过上线；若冲击上线受阻，可适当减仓；关注新能源和大军工板块能否接力。若没有大金融或新能源或大军工接力，这里还是要防止突然回调，若回调不是有效跌破 3260 线，可以大跌大买。

图　72

　　有量友问：这里为什么要设 3260，而不设左侧大阴实顶？

　　王子答曰：昨日设 3260 是取昨日大阳上三一位的整数值，三一位即强势位便于把握当前的力道和方向。昨日和今日微信平台有许多精彩留言，小编摘录了以下这些，王子精力有限，只能点评一部分，还望大家理解。

　　（1）凌波微步 2017 － 04 － 05 17：01：22：老师，记得我节前盘后留言目标池：恒通科技、电光科技、美年健康，3只股票，恒通今涨停了，我当时真不知它属河北板块，纯粹是量学分析。电光科技双阳过阴半了，美年健康今儿走了阳平阳过阴。三只我今天均打了模拟盘。另3月28日报的上海天洋今天也开板了，这个似乎也与雄安无关。

（2）马九如2017－04－05 17:15:31：我4月1日预报的嘉澳环保今天如约涨停。自从看了王子老师的书，我发现自己生出了好多毛病。例如，路过一排树，我会先找一下最矮的树，找一下最高的树，然后看看最后一棵树的高低，再比比前一棵树和最后一棵树谁高谁低。

（3）Owen Van2017－04－05 17:31:14：感谢王子老师的教诲。今日收获两个涨停，天齐锂业和恒通科技。前者周五黄金顶蓄势咬峰，今日过峰涨停。后者精准线顶底互换。赞美老师！赞美量学。

王子回复：以上三位量友的实践说明，只要量价建构到位，不是当前热点的股票也会爆发涨停或涨不停。"马九如"量友的经历和我们特训班的许多同学一样，梦中常见量柱跳舞，动画片一样排列组合。这样的经历可以帮助我们进入量学的动画境界，领略量学的梦幻色彩。

（4）徐立生2017－04－05 17:35:01：个股的回马枪多起来，大盘也会大概率出现回马枪（今天0405就是大盘回马枪），这就是涨停趋势和涨停特征综合研判的结果。个股涨停趋势是大盘趋势的基础，大盘的趋势反过来再带动个股。王子老师的发现并将之理论化、系统化真是前无古人，是我等的福气。

王子回复：你说到了点子上。量学的涨停趋势预报不是天上掉下来的，也不是拍脑袋想出来的，它必须从当前趋势中来发现。任何时候的矛盾都多种多样，量学的涨停趋势只是抓住当前的主要矛盾和矛盾的主要方面。如果大盘有效冲过3282线，涨停趋势又会是另一种境况，量学肯定会提前发现它。发现了涨停趋势，就从这个趋势中去寻找目标股，成功率就会大大提高。下面四位量友就是从涨停趋势中发现目标股的，大家可以认真看看他们的分析。

（5）闲人2017－04－05 18:04:55：3月22日000615京汉股份倍量过峰引起我关注，其后三日缩半量回调，3月28日跳空阳盖阴，30日、31日双枪，31日回踩22日最低价，差1分钱，临近尾盘想介入，可惜稍早时买了恒源煤电，今日跳空一字板，才知道它属于雄安概念，但可能后市还能上涨，因为从1月17日止跌以来做了4级台阶，后来在复盘时，发现正好于2016年8月9日倍量柱开盘价止跌，说明此柱有一定支撑，于是以此柱为基柱，用后三天最高价和开盘价画线，不得了了，2016年11月8日和2017年3月22日都是碰线回调，太神奇了。

（6）rachel2017－04－05 18:17:20：假期主要把老师的四本著作交叉阅读，再对照自己的股票，设好攻防线，看到《伏击涨停》书中的"阴线战法""长阴短柱战法"，更坚定了周五持仓过节的思路，没想到公布了雄安新区大消息，我伏击的两只股票，今天开盘一字板，真是开心！量学就是量学啊！

（7）静能生慧2017－04－05 21:48:45：股市大涨配合的是国家战略，为老大和美规谈判赢得筹码，个股方面北京城建顶底互换，新兴铸管精准踩线，早就提示这个板块有利好虽然我们不知道具体，但是量学已经给提醒了，3月底我全仓新兴铸管了！

（8）坐听风语2017－04－05 22:02:01：量学的四本书我用1年时间精读了5遍，坚持看老师点评，点点滴滴日积月累，一些似是而非但很重要的细节问题慢慢解决了，终于明明白白抓了乾景园林这个涨停板。量学是科学，没弄明白绝不能想当然，否则会吃大亏的。

王子回复：坐听风语这个名字起得好，文章也写得好，写到我的心里去了。因为我也经常翻阅自己写的著作，有时候感觉仿佛不是我自己写的，竟然情不自禁地骂一句"这小子写得真好！"我也慢慢回味着作品中过往的情景，真的值得反复看，每看一遍都有新的收获。

（9）阿文2017－04－05 22:20:38：感谢老师点评一下，赛为智能300044我3月29日买入底仓，30日跌最低价格到0317日22.02元我补仓，并且看见当天开盘价格22.03元踩住3月17日收盘价格22.02上多一分钱，感觉后面一定有戏，量学好神奇，这只股票我一共抓住3个涨停板。今天最低价格也是精准0320日开盘价，还有0320与0323日2个点位21.71元重合。老师也不知道这样看对不对，一直心里没有底气，麻烦老师点评一下给予我信心！今天大盘好，我所有赚钱的股都上来了，留下5成仓位，不贪心，快乐炒股，感谢老师！

王子回复：首先祝贺你实盘擒到这只股票，但是你的看盘过程过于琐碎，太专注于精准线了，这样不好，希望大家看盘时不要过于专注精准，而是要专注主力的穴位。例如，该股0320的放量假阴真阳就是一个重要穴位，当天大量却未大跌，有吸筹嫌疑，次日缩量三一又是一个重要穴位，确认吸筹无疑。然后，以0320的实顶和0321的实底画出两条水平线，就可在下线上方打底仓，一过上线加重仓，昨日最低点和0320实底精准对应，一分钱都不差，又是一个穴位，这三个穴位可以把这个庄家的计划和意图展示无疑。以上分析，仅供参考。

（10）Mr. wu2017－04－06 05:51:26：各位量友，京汉股份是我3月28日发现后在尾盘买进了1手，0330和0331这两天的走势组成的形态是不是双剑霸天地？还有0322柱前后3天组成的倍量伸缩形态，算不算一个涨停基因？由于我学习量学时间短，眼光跟不上，这只股现在创新高后都不会分析了，我发现我还只是知道马后炮，学来的东西不能运用上，还有一个问题就是换手率，我感觉换手率总是干扰着我对量柱量价形态的分析，不知道换手率对量学有没有分析价值，希望得到各位指教，有时候一个人看着书自己琢磨还不如和几个志同道合的朋友一起探讨来的收获多。

王子回复：对头！0330和0331是标准的双剑霸天地，0322前后是标准的倍量伸缩，如果只是单纯看这两处还不足以研判其即将涨停，最关键的穴位是 0331 的缩量三一长腿回踩左峰，是标准的过峰保顶动作，这一根量价结合柱上聚合了三重助涨基因，一旦发现就要伏击。王子就是在 0331 午后第三次底部抬高时伏击的，伏击价位是 13.50 元。该股是湖北板块（现在有人将它列入雄安概念，但我伏击时根本不知道有这个概念），节后已连续两个涨停，可能还有新高，大家可以观察之。

　　明天三线（不特指明日）可预设为 3260、3280、3300。雄安概念属于大建设概念（也是王子在 0318 特训班反复强调过的一个板块），可与"一带一路"相提并论，将成为今年反复炒作的概念。即使这次没有搭上车，也要在日后关注回调的机会。其间可能有三种涨停趋势，这里讲不清楚，将在 0422－26 日北大中级特训班上作详细讲解。祝大家选到如意的目标股。

051

雄安板块分化中，雄安龙头在哪里
（0407 收评兼 0410 预报）

2017-04-07

王子昨日收评指出："明日（0407）三线（不特指明日）可预设为 3260、3280、3300"。今日特训群的同学们特意将我昨日收评的文字截图，将"不特指明日"标上红线，说明他们看懂了我的意思。这里的"不特指明日"就是"接下来的近几日"，可将 3300 作为上线。

见图 73，今天大盘最高上探 3295，离 3300 差 5 个点，收盘于 3286，首次站上 1129 凹间峰实顶。今天这个价升量缩站到凹间峰实顶上方意义重大，后市看涨。若将本轮最高、最低点标示出 ABC 三柱对比，突破凹间峰虚顶的 3300 指日可待。那么下一次的过峰保顶很可能以 3280 为拉锯中枢。

图　73

王子在前天的收评中强调过，雄安板块将逐步分化，退潮中才能看出雄安龙头。雄安概念属于大建设概念（也是王子在 0318 特训班反复强调过的基建板块），它可与一带一路相提并论，将成为今年反复炒作的概念。即使这次没有搭上车，也要在日后关注回调的机会。那么，怎样才能找到雄安龙头呢？这就是我们要认真研究的一个课题。

今日在前两天雄起的雄安概念逐渐分化的时候，环保和水务却异军突起，这表明雄安新区的建设除了建筑建材等基本建设之外，环保和水务将成为新的热点。这个新的热点能否成为雄安题材的龙头还有待观察。现在先将它们列为观察对象，真正的龙头将在下周显现，让我们拭目以待吧。

学习方法如下：

（1）rachel 2017 – 04 – 08 04：56：31：书、微信、论坛是一个立体的、随时升级的看盘系统，在观摩、思考中，可发现自己的不足，及时进步。

（2）凌波微步 2017 – 04 – 07 22：10：08：老师，我今天用假阴真阳战法在过昨阴实顶回踩却不破时伏击模拟了碧水源，才发现它是雄安概念股，且为环保板块！现在正在看老师《涨停密码》一书，第 114 页："股市有风险，入市需谨慎。希望大家对照案例认真理解，经过充分的模拟操作，在真正感受到其中真谛之后再做实盘操作"。第 111 页："我们的《伏击涨停预报表》规定，24 小时内只能预报 3 只股票，那么，学员可以盘前预报 1 只，重在训练眼光；盘中预报 1 只，重在训练反应；盘后预报 1 只，重在提升感悟。长期坚持下去，必将取得意想不到的收获"。老师真好，不只教技术，还教学习方法，我没理由不努力的。顺便再说一句，今预报嘉奥环保、西部黄金、江阴银行，前两只都涨停了！前两天模拟的恒通科技昨儿假阴真阳，今又涨停了！大获全胜！

（3）凌波微步 2017 – 04 – 07 22：18：58：老师，今又看论坛又看教材，才发现前些日子凹口淘金的股票捉得好，是因为这部分内容读得细，案例做到位，而最近极阴次阳、涨停板基因（错失西部建设大牛股）总是含糊，是因为读书粗粗略过（今回看才发现这部分内容几无勾勾画画，电脑上案例也未做出来），若按老师 2013 年年底云意电气做，西部建设一定会骑牛待涨，不会摔下来。自欺欺人，不懂装懂的后果，血的教训！

王子点评：以上三则留言，真实地反映了作者"读书入法，行事入道"的心路历程，值得我们认真学习。反观有些网友，读书或读帖，往往都是断章取义，以己度人，专挑自己想要的某句话，特别喜欢索取股票，这样的学习方法永远也不能入门，何况入道乎？正确的学习方法就是把作者的思路转换成自己的思路，把量学的方法变成自己的方法。孔子常说"学而不思则罔，思而不学则殆"。这就是说，光学习而不积极思考，就会迷惑而不知所向；如果思考不以学习为基础，就会流于空想，沉入困惑。因为学习是人类独特的活动，也是人类知识的继承活动。这种继承不是简单的模仿，要通过独立思考，学思结合，才能在接受前人知识的基础上，思而得之，学而用之。

成功经验如下：

（1）Owen Van 2017－04－07 23:42:08：量学呈现给我们的是心中的那份淡定和从容。上周和本周重点按量学在操作锂电池的天齐，获利丰厚。本周 3 个交易日重点关注次新的北京环保股，不是中阳就是长阳，同是量学的 QQ 朋友还在 3 日内吃到 1 个板。感谢王子老师，红宝书量柱和量线时时翻看，领悟不断出新！

（2）吉他弦 2017－04－07 22:20:09：谢谢王子老师上次给我的留言点评，南洋科技 3.22 号我预报后市会破 1.6 号左大阴实顶，老师点评这股 0106 号是拦路虎，兵临城下等待缓军！（老师是在暗示我）0328 号终于突破拦路虎，预报成功！次日出缩量十字星，再次日长阴短柱洗盘，量柱与左柱成阶段性并肩平量柱组合，次日出缩量反转十字星，这里我预报节后看涨，果然节后跳空阳过左半阴，倍量柱，基因已经非常密集！小倍阳过半阴回调一天后今天再跳空大涨，出长上影线，倍量柱。我分析今天价柱必是仙人指路，后市突破前高有望！谢谢王子老师，谢谢王子老师的量学理论，每天都在学习中，为老师的量学理论而奋斗终生。

（3）江山依旧 2017－04－07 15:43:18：最近回马枪的股票果然大涨，其中嘉澳环保的 0310 到 0323 一组，0327 到 0405 一组；还有一只东方中科，0221 到 0307 一组，0309 到 0322 一组，0322 到 0328 一组，特别是 0328 到 0405 这一组大阴大阳回调了 20%！有的喜欢踩顶，有的喜欢踩脚，还有喜欢踩腰，虽然心里有回马枪这个概念，但伏击起来还是欠火候，经常找不准它要回踩的平衡位，还有就是把握不准次阳的节点，总以为缩量到位了，结果还有低量，以为是次阳了，结果又来单阴洗盘，而且没把住热点板块和龙头股，紧跟强者却总是看走了眼。今后还是要多点耐心，来等候确认，分析如何提高伏击的命中率，我觉得关键的问题是对缩量的理解不够，特别是缩量 3121 没理解透，三线平衡也没找准。看着大家一直抓到涨停，而自己却眼光自闭，看来任何时候都有技术回潮的可能。及时发现问题，然后解决问题，戒骄戒躁。

王子点评：以上三则留言对自己的操盘过程讲述得很具体，量学强调看到什么说什么，怎么想就怎么做。因为标准和规则都是明确的。"江山依旧"对回踩位置的理解非常到位！量学讲究"位置决定性质"，许多量友包括特训班的学员都存在一个误区，这就是看盘眼光狭窄。我们一定要把眼光放开一点，不要老是盯住眼前，主力的尾巴不是藏在眼前，而是藏在他走过的路上，用量价立体眼光看盘，只要看懂了主力走过的痕迹，才能理解他的意图。

失败教训如下：

（1）小波士顿 2017－04－07 11:44:32：山东矿机 0328 缩量三二涨停过左侧大阴实顶，我 0329 开盘买入，截至今日浮亏近 20%，请教老师和前辈们，我错在哪里？

王子点评：你的这个失败案例，凡是经常查看明灯论坛或盘前预报公众号的网友应该可以找到三个似曾相识的案例，请你先查看一下王子详细解答过的桂发祥、永东股份、联创互联这三个案例，大家也可就此案例发表意见。

（2）放牛娃2017-04-08 07:07:14：老师或者学长请帮忙解惑一下，002558世纪游轮我是0405尾盘买进的，买进理由是过峰保顶，但连续两天大跌。请问失败在哪里？万分感谢！

（3）牧马人2017-04-08 09:49:40：老师您好！我也不懂世界游轮的走势。0317、0319筑底形成接力黄金柱，有刹车换挡的意思，0331上攻受阻回调。0405下探回踩精准峰顶线，过顶保峰，且有双剑霸天之势，为何还下跌！0406、0407回调，0407回踩0222黄金实顶，形成支撑发生顶底互换，且收于0329黄金柱实底上方，可见0222和0329形成强支撑。是否此时位于上攻前夜，请老师指点！谢谢。

王子回复：以上三位量友的留言很好！为我们提供了两个很好的"失败案例"。王子将这两个失败案例截图发表在明灯论坛周末讲座专栏，欢迎大家就此案例大胆发表自己的观点，王子将在周日予以详细解答。有人留言要我们找到"量学的失败案例"，我们从五年前就开辟了失败案例专栏，希望大家从任何方面来找到量学的失败案例，可惜的是，五年过去了，至今也没有找到一个属于量学的失败案例。这里的两个失败案例，也肯定不是量学的失败案例，反而，用量学可以轻松化解这两个失败案例。

失败案例解析的视角方位与重点(1)

（0409 交流）

2017-04-09

关于"山东矿机"的讨论（见图 74）。

（1）小波士顿 2017 – 04 – 0711:44:32:山东矿机 0328 缩量三二涨停过左侧大阴实顶，我 0329 开盘买入，截至今日浮亏近 20%,请教老师和前辈们，我错在哪里?

王子点评:你的这个失败案例，凡是经常查看明灯论坛或盘前预报公众号的网友应该可以找到三个似曾相识的案例，请你先查看一下王子详细解答过的桂发祥、永东股份、联创互联这三个案例，大家也可就此案例发表意见。

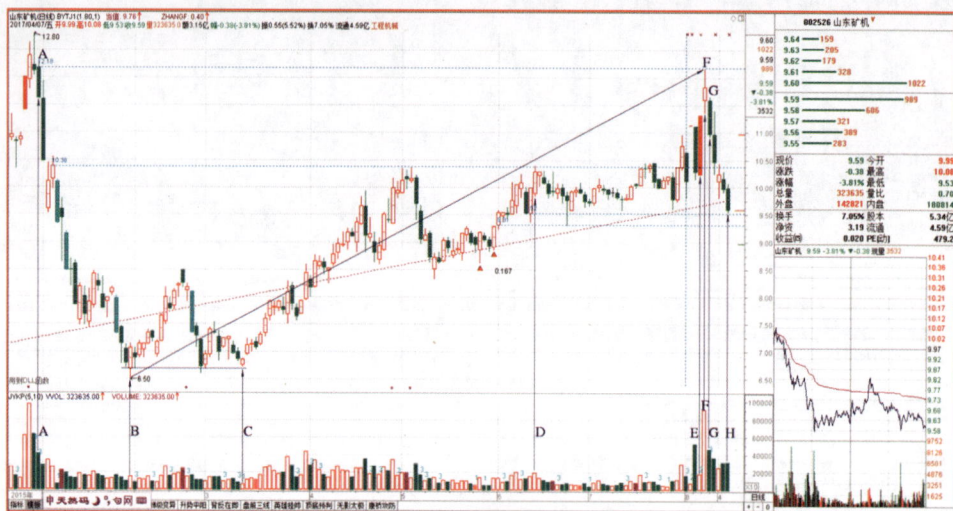

图　74

（2）Ticsa 2017 – 04 – 08 15:36:48:关于山东矿机的问题，小波士顿可能没看完老师的书，要么就是来的时间短，要我说，最简单的两句话就能解释:①高量柱示跌;②跳空阴出干净。这是王子老师经常提示的也是最基本的两点。从价柱上看，价格上涨不少且已到达前高附近，量柱更是发烧的高，明显是主力出货位置。有反弹就赶紧出来吧!

(3) 天行健 2017 - 04 - 08 16:48:03:山东矿机的问题应该出在 0327 这根长阴长柱上,放量下跌,明显在出货。0328 缩量涨停,本是看涨的势头,只是出现的位置有些蹊跷,值得怀疑。0329 这根量柱大突兀了,有拉高出逃的嫌疑。0330 缩倍量低开低走,应是后来的接盘侠主动撤退。此股后市出现极阴次阳,应可考虑介入。

(4) 闲人 2017 - 04 - 08 16:48:44:我也在 0329 介入 002526 山东矿机,介入价格 11.80 元,理由是缩倍量涨停,停牌前 2016 年 7 月 29 日和 8 月 1 日双剑,0327 日放量下跌,0328 日缩量上涨,变异,又是低量过高量,在 0329 日买入,收盘后发现当日量柱达到 5 倍以上,是发烧柱,另最高点正好打在 2015 年 12 月 31 日大阴开盘 12.18 元,差 1 分钱,临近尾盘时上攻,攻到 2015 年 12 月 29 日高量的低 11.95 元回落,心想不好,第二日跳空向下,确认昨天判断是对的,于是在 9.45 元跌破黄线 11.40 元亏损卖出,不知道这是个成功还是失败买卖。说是成攻,它是一笔亏钱交易;说是失败,它是比上面网友亏的少罢了。

(5) 杨宝发 2017 - 04 - 08 18:22:10:关于山东矿机学生的分析如下:①0329 是黄金柱,但是后三个量柱是阳阴阴,走势趋向偏弱,0405 柱是阴十字星,并且最低点回踩左峰顶,量柱也是阶段新低,所以后期理应看涨,但是 0406 柱又是阴十字星,量能增加,表示抛压沉重,有可能会洗盘!②0329 柱过左峰用的是 4 倍阳柱,用力过猛,有透支后劲的嫌疑。

(6) 萧 2017 - 04 - 08 18:27:31:山东矿机,0329 开盘买入不对,因为分时图上是标准的恐龙波,再一个缩量涨停后放量 5~6 倍,标准高量柱,高量柱应该看跌,再一个通达信早盘应该会显示虚量很高,不该介入!再看 0327 这天大阴大柱,有出货嫌疑,次日缩量涨停可以判断为主力涨停出货,把手中的货没有出完的继续出完!即使 0329 买入了,在 0330 这天跳空阴应该出来,再说这天分时图看,开盘就是大绿柱,应该小亏跑!此股可以关注,以后有凹底或凹口淘金的形态。

(7) 悟股道豹 2017 - 04 - 08 21:16:15:山东矿机 0327 是 6 倍阴,就凭这一点,此股之后就没有关注的必要了。170328~170330 这三天的走势同 151228~151230 的走势一模一样,涨停 + 第二天放量阳 + 第三天缩量阴,之后下跌,尽管有底彻退,所以大量之后的缩量实战意义不大,或许主力用这一招放大量之后再缩量来迷惑我们,一家之言,请大家斧正。

(8) 宋文科 2017 - 04 - 08 23:02:42:山东矿机,用高量柱战法可解释。0330 高量柱,仅比 20151230 量柱低一点,应是典型的发烧柱,次日大幅跳阴,时间三一二也没有拉上零轴,故确认 0330 主力出货,故应尽早撤退。不知是否正确,请老师批评指正。

王子点评:对于这个案例的讨论有一百多条留言,大家的点评实在太精彩了,既有技术分析,又有心理分析,而且基本上都能抓到点子上。只要把这些留言认真总结归纳一下,几乎不用王子再做什么点评了。对于过去失败案例的分析,王子补充如下几点意见:

第一,要定位当时,向左分析。对于过去失败案例的分析,不要以现在的走势来分析过去的走势,而应该把眼光定位在当时,努力使自己看不到右侧的走势,实事求是地从当时往左看而不要往右看。例如山东矿机，网友小波是在 F 柱介入的，我们就只能从 F 柱开始向左看。不看不知道，一看吓一跳，F 柱是其左侧 E 柱的 5 倍量。正如量友们点评的，这是发烧柱，发烧柱本身就示跌，所以当天是不能介入的，除非日后过此发烧柱的价柱实顶。

第二，要放眼全局，缩图看势。只要缩图看势，就能把当前的介入点放到全局了。本例小波士顿是在 F 点介入的，F 点左侧的、水平的、最近的大阴实顶就是 A，A 柱下方最低点是 B，从 B 到 F，等于从 B 到 A，正好翻倍。王子多次讲过，在当前行情下，凡是涨幅达到一倍的时候，量学的动态平衡已达到临界点，我们就要出来，因为能翻倍的就是牛股，能翻番的就是妖股，妖股毕竟是极少数。小波士顿在我们量学要出货的时候进货，这就不对了。

第三，要抓住重点，一针见血。大家知道，我们在看盘选股进出的时候，往往只有几分钟甚至几秒钟的研判时间，如果把方方面面都分析清楚，早已时过境迁了。这时，最好的研判方法就是到什么山头唱什么歌，一针见血地抓住当时最主要的矛盾和矛盾的主要方面。

该股当时最主要的矛盾和矛盾的主要方面就是"夕阳余晖"。关于"夕阳余晖"，我们在 0216、0301、0316 先后点评过永东股份、联创互联、桂发祥等案例，其特征都是从高位下来后的拉升凹间没有大的起伏，往往是跌的干净利落、拉的顺利轻松，一旦拉升到首跌的峰顶处，正好是量学的动态平衡临界点，必然要回去寻找新的平衡点。

"夕阳余晖"与左峰之间的距离可以不同，有的间隔距离短，如永东股份和联创互联；有的间隔距离长，如桂发祥和山东矿机。无论间隔长短，其本质都是一样的。因为股数不变而股价在变，量变必然引起质变。如果我们看懂了、熟记了前面三个"夕阳余晖"的经典案例，当碰到山东矿机这种似曾相识的量价建构时，第一秒钟就会想到"夕阳余晖"，既然"似曾相识燕归来"，必然"无可奈何花落去"，我们就会有货出货，无货看戏也。

第四，要正视错误，知错改错。唐太宗说过："以铜为镜可以正衣冠，以人为镜可以明得失，以古为镜可以知兴替。"王子认为：以错为镜可以规行为。正如量友们指出的那样，小波士顿是个新手，新手犯错是必然的，但他能勇敢地亮出自己的错误，这就很了不起。我们有些网友、有些特训学员，生怕自己犯错，掩盖自己错误，这是会出大问题的。希望大家向小波士顿学习，勇敢地亮出自己的错误，让大家来解剖我们的错误，我们的进步将会更快。即使王子没有时间一一点评，大家也要互相点评。帮助别人就是提高自己，特训班的学员对此深有体会。望大家自觉自发地互相帮助，一定可以迅速提高。

◆———— 2017-04-09 ————◆

关于"世纪游轮"的讨论(见图75)。

(1)放牛娃 2017－04－0807:07:14:老师或者学长请帮忙解惑一下,002558 世纪游轮我是 0405 尾盘买进的,买进理由是过峰保顶,但连续两天大跌。请问失败在哪里?万分感谢!

(2)牧马人 2017－04－0809:49:40:老师您好!我也不懂世界游轮的走势。0317、0319 筑底形成接力黄金柱,有刹车换挡的意思,0331 上攻受阻回调。0405 下探回踩精准峰顶线,过顶保峰,且有双剑霸天之势,为何还下跌!0406、0407 回调,0407 回踩 0222 黄金实顶,形成支撑发生顶底互换,且收于 0329 黄金柱实底上方,可见 0222 和 0329 形成强支撑。是否此时位于上攻前夜,请老师指点!谢谢。

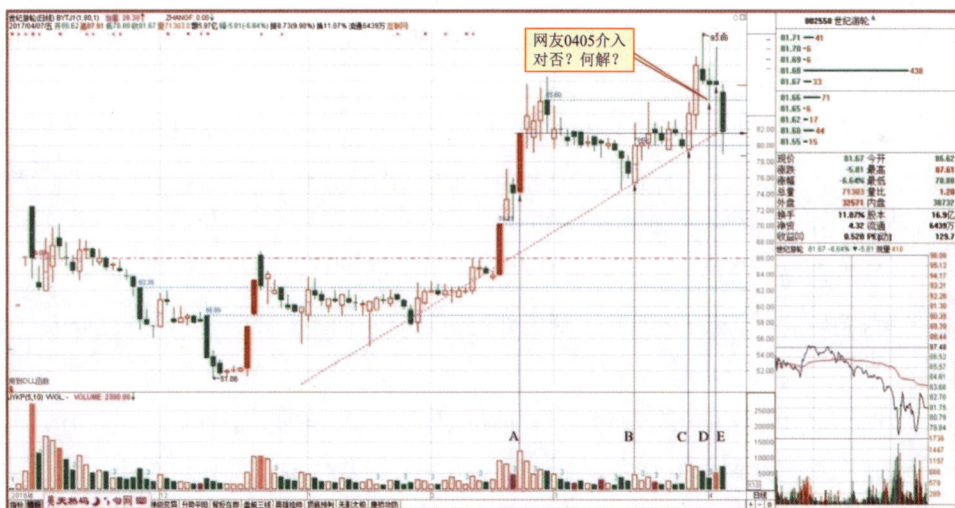

图　75

(3)袁武锋 2017－04－08 16:24:52:世纪游轮这票回踩线后买入时机不对吧?王子老师说过,回踩买的最佳伏击是次日过阴或者阳胜阴。回踩就买,就是赌博了。王子老师书上有这么几句话的。

（4）毛竹 2017－04－08 18：07：09：世纪游轮：①整体判断此波没有前波强，理由是下跌有些犹豫、底部只有 0317 一个高质量王牌就直接过峰进入凹口淘金了，基础较弱。②从 0329 介入可以做凹底淘金，获得一个板的利润。由于基础不好，虽有回踩动作，但凹口淘金目前看后劲不大，跳空阴要出干净。③不破 0329 王牌还是有凹口淘金的机会，但应先出，因为很多时候你真的不知道主力会洗到什么位置，熬着太痛苦。因为之前一直关注此股，留言中又有两位量友提到它，故交流下想法，不当之处请海涵！

（5）萧 2017－04－08 18：50：11：世纪游轮，放牛娃在 0405 买入不太谨慎，虽然有过峰保顶的动作，但是也有双阴洗盘的嫌疑，应该 0406 确认再买入，但是从 0406 分时图看，早盘又是恐龙波，9 点 32 和 9 点 38 分的高绿柱在那里高耸，不应进！0407 这天回踩 0317 黄金柱，如果此价不破，我觉得还是有解套的可能！这个不是凹口淘金，也不是什么刹车换挡，0329 这天是高量柱，5 倍之多！高量不破，实底还是有希望的！凹口淘金这股虽然有凹口的趋势，我觉得很假，一没有长阴短柱；二没有急跌；三左侧有临界点。虽有地量，有刹车！总结这股还是有希望，不知道正确否。

（6）天行健 2017－04－09 09：19：03：世纪游轮我认为 0321 和 0317 并未形成黄金柱接力，要说接力换挡，应该说是 0329 这根量柱。0331 和 0405 这两根价柱也不是双剑霸天地的形态，双剑霸天地的形态，第一根价柱是放量上攻的阳柱；第二根价柱是缩量下踩的阴柱。而这里不是，不知道我说得对不对？还请各位量学前辈指点。

王子回复：以上量友的点评各有千秋，但基本上能抓住要害。大家把上述观点综合一下，基本上就能化解这个失败案例。解答这个问题的方法可以参见王子对山东矿机的解答方法，即定位当时、放眼全局、抓住重点。

第一，定位当时。网友于 D 柱介入，其理由是缩量三一并且精准回踩左峰实顶线，对此，袁武峰的点评非常到位：王子老师说过，回踩买入的最佳伏击圈是次日缩量过阴半或者阳胜阴。如果一回踩就买，那就是赌博了。

第二，放眼全局。该股本轮拉升从最低点到当时的最高点已接近翻倍，这里正是量学的动态平衡临界点。位置决定性质。翻倍处的重点是防而不是攻，可见在 D 柱介入是不恰当的。

第三，抓住重点。这里正是过峰保顶的临界点，按照量学的一般性规律，保顶的位置一是回踩 A 柱实顶；二是回踩 B 柱实顶。这是主力用实力告诉我们的两个重要穴位，主力不点穴，我们就介入，操之过急也。

关于今天的讨论，可以借用量友的留言来总结如下。

WB2017－04－09 08：47：24：今天量友成功经验和失败教训讲得很细致，我对照软件一步一步思考，同时联系书上的内容，从中发现了实践中一些似是而非的问题，换成我来交易也会犯同样的错误,也会有疑惑。这引起我警觉,认识到自己在技术上漏洞还很多。有几个量友对失败案例的解答很有见解,不仅有自己亲身经历的心理感受,而且还有对主力以前习惯性手法的熟悉,非常精彩,我都给予点赞,谢谢你们! 我认为今天这种交流互动形式最完美,一是来源于实践;二是可以对照揣摩;三是发动群众集思广益。在此谢谢王子老师和小编的劳动,你们干得真棒!

王子在此谢谢大家!

2017-04-10

王子今日早盘在特训教室预判今日收盘于3271左右，实际收盘于3269，这个位置精准对应图76中A柱实底，而开盘精准对应于图76中C柱太极线今日当值，说明主力正在寻找过峰保顶的平衡位。从目前情况来看，D柱大阴实顶3271可能就是当前的平衡中枢。

图 76

个股方面，王子周五预测的环保和军工今日果然表现突出。环保今日领涨一天，尾盘回落；继之而起的是军工，午后异军突起，果然逞强，收盘居于领涨龙二。雄安的建材继续龙一，前期滞涨的正在补涨，也有部分借题发挥的搭车而行。总之，雄安已连续四板，大有雄霸天下，安定八方之威风。

我们的选股方略应该关注雄安题材中滞涨或未涨的，对于借题发挥的搭车股，一定要察看其量学形态，合格的可以纳入观察池。为了帮大家选拔牛股，现将特训班学员们的思维导图发表如下（见图77）。

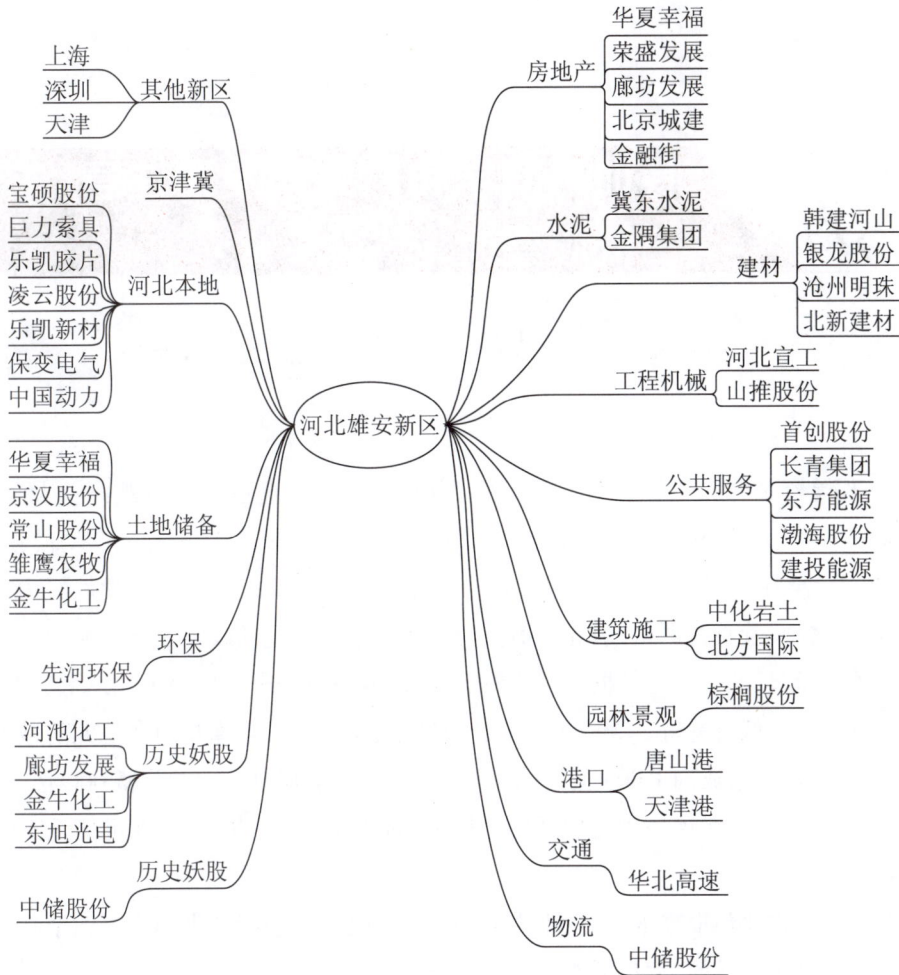

图　77

图 77 中缺少环保板块的股票，望大家自己补充一下。周五讲过，军工和"一带一路"正在轮动中，我们也要关注，接力可能就在这三个板块中。

056 特训班同学和广大网友请注意（关注三低股票）（0410 盘后）

2017-04-10

注意：保险资金介入的股票不要轻易碰。保险资金要大整顿。今日跌停一大片，都与这个有关联。今日大跌 9 个点以上的达到 125 只！跌停的 80 只！还有一个动向：高送转 20 以上的、股价超过净资 7~10 倍左右的，可能都要回归价值投资。望同学们努力向价值投资过渡。因为监管日益严格，引导价值投资。我们要紧跟党的政策走。

短期的阵痛，长期是利好。把大鳄清除了，咱们散户更安全。应该关注三低股票：即低市盈率、低市净率、低价蓝筹。天津市海河产业基金正式启动，将通过 200 亿元的政府引导基金和市场化募集，形成约 1 000 亿元的母基金集群，可能撬动社会投资 5 000 亿元，投资京津冀一体化，所以京津冀一体化包括山东区域，都是值得关注的。前期可能重点投资基建、交通、环保。

最近三天的收评预报很重要，京津冀有滞涨、补涨机会，按特训班的规矩四个板以后的不宜再追。一旦雄安松劲，大盘可能回调到 3250 下方。

军工股如期大涨，粤港澳尖角淘金

（0411 收评兼 0412 预报）

2017-04-11

图　78

王子昨日收评《雄霸天下四连板，安定八方看此板》，"雄霸天下"就是基建，"安定八方"就是军工。周五收评预报环保，周一环保领涨；周一收评预报军工，周二军工大涨；和军工同时预报的"一带一路"即将启动，今天港口股大面积涨停；昨晚盘后指出"按照特训班的规矩，四个板的股票不宜追，一旦雄安松劲，大盘可能回调到 3250 左右。3245 左右有强支撑。"今日最低点 3244，最高点 3290，精准对应着 0210 太极线今日当值。凡是看懂了王子预报的量友，这几天应该大有斩获。请看小编收集的量友留言：

（1）范授冶 2017 - 04 - 11 14：44：20：雄安带路、军工护航、创新驱动、绿色发展，竟然真的按此路线走，量学太牛了，王子太牛了。

（2）喜笑颜开 2017 - 04 - 11 13：47：20：真是股海明灯，神一样的精准，大军工领军飙涨。

（3）王安 2017－04－11 15：40：13：知道今天会折腾，但没想到折腾会这么深。根据昨晚做的功课，总在质疑：难道 0331 以来的元帅黄金柱，加上贴近的两根长阳一个大峰，再加上远处 20161201 左峰的那根胜阴中阳，竟然支撑不住过峰保顶行情吗？不至于吧！于是趁此折腾，把随波逐流振荡不稳的雄安色彩股换到军工股，把方向不明的换到自以为看懂了的股票，等待市场检验。结果，大盘真的来了一个大逆转，证明了盘中对过峰保顶行情分析的正确性，更加坚信量学。感谢王子老师和他创立的量学！

（4）种子 2017－04－11 10：25：46：谢谢老师让我用量学看到了天宝基建及具巨力索具还有 2016 年八月二十四的华鑫股份，这是我学量学这两年向老师交的最让我满意的试卷，以前用量学选的其实是盈利，只是太急功近利，所以都是亏本的，这次我学会了把心沉淀下来，有机会真想当面听听老师的教诲，真心谢谢老师您！

（5）庆庆 2017－04－10 21：26：33：昨天晚上选出 300107 建新股份今早缩量过 7.5 元满仓杀入收获一停板，感谢量学，感谢黑马老师！

王子回复：以上 5 位量友的留言让王子汗颜。望大家以后留言时不要老是粉我，成绩都是你们自己做出来的，是你们自己的功劳，千万不要把成绩算到王子的头上。反过来想想，要是你们做错了，把错误算到我的头上，我能受得了吗？实事求是才是我们走向成功的唯一之路。看看下面这位量友的留言，那才是真正的肺腑之言。

（6）悦心 2017－04－10 19：57：29：老师您好，我最近很痛苦，几乎每天都能选出涨停股，但几乎没买到过，买了的都不涨或涨很少，有的甚至跌，几乎每天都这样。比如今天，看好 7 只股准备选出两只股买入，这 7 只中两只涨停，一只途中涨停后收 7 个点，其他 －0.3～4.8 个点，结果我买的就是这只亏 0.3 个点的；另一只收 4 个点但我还亏一点点。我放弃的股涨停了，二选一，三选一，总是这样的结果。我不知道到底错在哪里了，这 7 只股是庞大集团、首开股份、中国中冶、长青集团、亚星锚链、欧浦智网、启迪桑德。我买的是首开股份和中国中冶。另外，雄安股票我在三月底选出了 4 只，可惜只买入了 1 只，涨前卖出了。我最近经常发生这样的情况。我现在比以前好一些的就是几乎每天能选出涨停股，但就是没买，买了的要么不涨，要么还跌，恳请老师指点一二，谢谢！

王子回复：你这是实实在在的真心话。因为我们特训班的同学也普遍存在这个问题，选三买一，买的不涨，不买的全涨。这是什么问题呢？我们经过统计分析后发现：是因为参考了传统技术的原因。当你用量学选出股票之后，为了买的踏实，又用传统技术筛选了一遍，最后买了既符合传统技术又能和量学沾边的股票。就这么简单。所以，想真正学好量学，首先要相信量学。凡是学过量学的人都知道，量学与传统技术在很多方面都是背道而驰的。传统技术强调价升量增才能大涨，量学技术强调价升量缩才能大涨。看看最近连续五板的股票，其奥秘就在"股市的三先规律"中。

（7）畅儿贝贝 2017－04－11 07：56：24：悦心量友的疑问正好也是我的！老师的回复

让我大悟！也坚定量学是实战牛器！相信量学！相信自己！大胆出击！符合量学标准的大胆拿下！前有长阴短柱、后有刹换启三柱、有价升量缩、必擒拿之！最后还要感谢王子老师、感谢量学、感谢量友！

王子回复：我的回复能让量友大悟是我最大的幸福。量学的学习是一个长期的过程，不可能一蹴而就。昨晚孙鹏班长在特训群分享时，说他学习量学整整5年了，我才忽然悟到：量学和任何一种特殊技术的学习是一样的，没有三五年的磨砺，很难达到理想的境界。希望大家记住王子在雄安概念崛起之际和大家讲的这番心里话，做好思想准备，丢掉速成幻想，不要学了一招半式就翘尾巴。只要一翘尾巴，市场大哥就要敲你一棒。有时可能会敲得你头破血流，有时就可能敲得你粉身碎骨。成绩只是过去的，成功永远在未来。

（8）结冰的温泉 2017－04－10 21：45：59：今天怎么没有攻防线，是不是老师忘记了？

王子回复：呵呵，你可能没有看懂吧？王子在周五的收评中明确指出过：特训群的同学特意将"明日三线（不特指明日）可预设为3260、3280、3300"截图，将"不特指明日"标上红线，说明他们看懂了我的意思。这里的"不特指明日"就是"接下来的近几日"。我在明灯论坛周末讲座专栏发表的《盘前三线的设置与操盘方略》中也明确指出过：盘前三线不一定要每天设置，在重要量柱设好三线之后，有时可以管3天或5天，因为小幅的价柱量柱可以同类合并。王子昨晚在明灯论坛提示："一旦雄安松劲，大盘可能回调到3250左右。3245左右有强支撑。"今日最低3244，最高3290，连续两天的大盘走势，惊心动魄地验证了王子的预判。

（9）四月天 2017－04－11 15：55：52：请问王子老师，如何判断出轮动板块就在军工板块上，是板块量柱选取的吗，还是国家消息。板块选准了，再选牛股，是不是就更有针对性了？

王子回复：好几个量友都在问这个问题，他们说观察好几年了，每次的板块轮动都被王子老师提前说得一清二楚，简直太神奇了，能给讲讲板块轮动的规律吗？关于板块轮动的规律，不是三言两语可以讲清楚的，它涉及多要素的综合分析，主要是将板块当作一只股票来分析，但有个股异动、时间间隔、轮动关联的因素。每次特训班上我都要结合当前的行情，详细讲解这个问题。这次的特训班同样要结合《一统天下选股法》讲讲这个板块轮动的问题。

大盘明日三线只需要设一条下线3275。请即将于4月22—26日上特训班的同学回答如下三个问题（其他量友也可留言回答）：

（1）为什么明天可以只设下线？

（2）为什么要设3275为下线？

（3）明天应采取什么操盘策略？

答案将在这次特训班上详解。

雄安如期调整中，粤港或难撑下去

（0412 收评兼 0413 预报）

2017-04-12

昨日预设今日下线为 3275，今日实际收盘于 3273。3275 是昨日大阳的上三一位，设此位是用于预判今日调整属于强势或弱势，今天收于 3275 下方，显然是弱势，见图 79。弱势调整应该尽量逢高出货，或调仓换股。

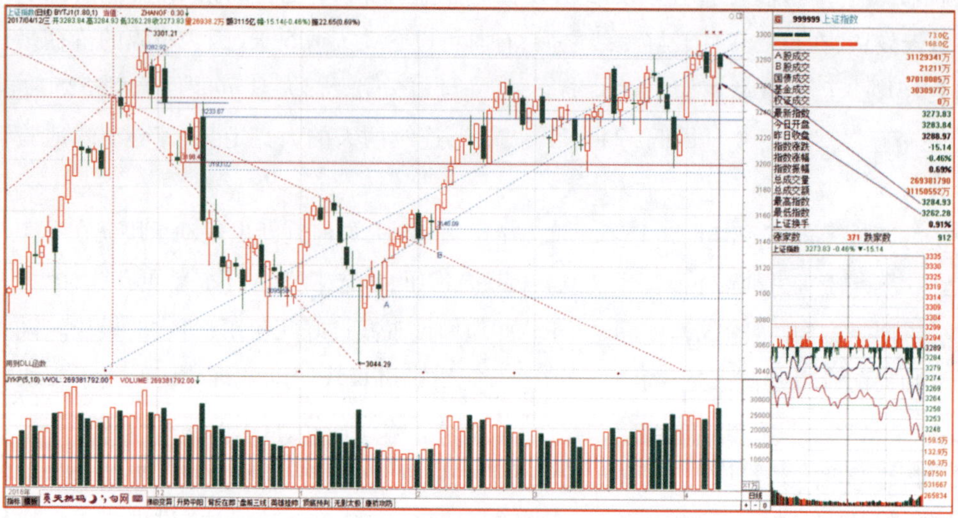

图　79

个股方面，昨天关于四个板后不要追的预测今日得到验证，关于雄安股面临调整的预测今日也得到验证。今日两市 46 只跌停股中就有 20 只雄安股。王子 0331 用双剑霸天地碰巧擒拿的京汉股份还是坚挺着，反正它一开板我就卖。昨日关于粤港澳的预判今日果然领涨。

关于操盘思路，今日早盘我在特训群里提出了一个基本框架：雄安调整三天，粤港拉升三天，宁可多等一天也不要急于抢跌停。但愿这个思路能兑现。

有些网友看不懂我的收评兼预报，现在明确告诉大家：前一句是对当天的小结，后一句是对日后的预判。明灯论坛上有每日收评兼预报的目录汇总，今年两股份的收评兼预报几乎全部应验，三月份的收评兼预报只有极阴次阳延迟了一天，其余全部兑现；四月份至今还没有失误过。接下去可能要失误。因为最近的行情过火，管理层加大了监管力度。难免有意外。

　　明天上午可能继续调整，下午可能有所改观，预设下线3260，有效跌破则要择机出货。仅供参考。

059 精准回踩预报值，缩量初阳应看涨

（0413 收评兼 0414 预报）

2017-04-13

大快人心的事！今日明灯论坛有 1003 人次成功伏击涨停！原始预报记录详见涨停预报专栏！

王子昨日收评《雄安如期调整中，粤港或难撑下去》，这两个板块今日如期双双回调。昨日收评中只预设了今日下线 3260，今日最低 3261，见图 80，精准兑现。有人说看不懂收评，真是奇怪呀，从标题到叙述，它都清清楚楚，明明白白，为什么会看不懂呢？如果这么清楚的"收评兼预报"都看不懂，无语也。

图 80

今日缩量过阴半，理应看涨。明日三线预设 3270、3275、3289。只要不是有效跌破 3260 线，应该线上低买。

前天预报的环保股今日如期领涨，有人问环保包括哪些股票，天呀，这还用问吗？环境保护、空气治理、污水处理等都是环保呀。这是与基建和"一带一路"配套的重要工程，二

者应该有跷跷板效应，你上我下，你下我上。关键是要踏准节奏。建议最近关注这两个板块的轮动。

成功经验分享：

（1）老忙了 2017 – 04 – 13 15:19:50：老师您好，我今天看好 000429 粤高速 A，重要的是上午还在跌的时候我就看好它，还和给我介绍老师、书的同学一起探讨了它，并且我坚信下午会拉升。理由是长期的百日地量，涨停过左峰，跳空不补。我是在它今天精准回踩 8.80 元的时候发现的，虽然下午的拉升没有涨停，但说明我用心读老师的书了，从心里感激您！

（2）任凤娥 2017 – 04 – 13 13:03:29：量学真神，我早上买入日出东方，午后冲击涨停了！谢谢这门伟大的学问，谢谢伟大的老师！

失败教训分享：

（1）Hh. 先生 2017 – 04 – 13 11:49:52：都怪自己没好好学习，4 月 5 日 16 元买入的 002351 漫步者，一直拿着今天吃了个跌停板。请老师安慰。

王子回复：安慰你？我得批评你！你 0405 买得对，0407 大涨为什么不卖？0410 跳空阴，拉拐出清，你为什么不出？书上和论坛上都讲得清清楚楚、明明白白的标准你为什么不用？应该狠狠抽你几鞭子。

（2）深谷幽兰 2017 – 04 – 13 10:31:55：王子老师您好！我 4 月 10 日进的 002573 清新环境，4 月 11 日获利不多我就没出，昨天跳空低开，我后来止损了，没想到下午补回了缺口！今天居然涨停了！我关注了你的公众号有一段时间了，刚买了《伏击涨停》的书，还没看多少。这个情况用量学如何解释？不知能否得到您的指点！多有打扰！

王子回复：这不怪你。因为你没有学过康桥战法，难以抵挡主力的双阴回马枪。但如果你看懂了前面讲过的阴阳回马枪，也应该能应付。再说，该股是我们前天预报的环保股，三者结合起来看盘，你就不会上当了。

（3）穗子物语 2017 – 04 – 13 09:46:31：王子老师，我也有雄安概念的股票，金隅股份，是我用量学选出来的，中间有几次下跌，但我用量学分析确定它是洗盘，就拿着，没想到获得 6 个涨停板，本想开板走人的，但是今天停牌整顿，我有点看不懂了，开板会不会跌停，请老师指点迷津！

王子回复：哈哈，金隅股份和京汉股份是一样的，今天停牌整顿是外部因素，你不是看不懂股票，是看不懂意外停牌后的走势。这时不要杞人忧天，复牌就卖。已经涨得快要翻一番了，昨天我告诫大家四个板的就该走了，我也想走掉的，只是看它太坚挺也就没有走。复牌即使跌停了，也是应该的，给了我们一个教训。

假阳真阴助大跌，他们为何要献花

（0414 收评兼 0417 预报）

2017-04-14

图 81

小牧童 2017 – 04 – 13 20：25：18：王子老师，我按照您的三一二一法则看盘，今天（0413 周四）这个阳应该是假阳，人线躲在地线下方，价柱也未过昨阴二一位。假阳真阴，务必当心才是吧？

王子回复：谢谢你的质疑，特训班的许多同学也向我提出了质疑。这是我的过错。昨天（0413 周四）的量价建构应该是隐形的假阳真阴。第一，人线躲在地线下方，反映了价柱内部结构的本质，很重要，可惜我当时没有看到；第二，价柱没有过左侧阴实体的一半，应该是假阴。我在关于假阳真阴的文章中强调过，一般情况下指数应该看虚体，特殊情况下应该看实体，昨日这个阳柱处于横斜二龙的下方，是特殊情况，所以应该看实体，因为实体没有过阴半，所以应该是假阳真阴，务必当心。今天的行情验证了你的研判，也验证了我的失误。在此向你和全体网友致歉。

由于微信每天只能发一次文章,今天早上本想到论坛上去发表上述内容,结果论坛不能访问,也就没有发出来。现借收评之机,再次向小牧童和全体网友致歉。

这个事实再次说明,王子是人不是神,大家千万不要迷信王子,要向小牧童学习,大胆及时地提出质疑,共同学习才能共同提高。

今日特训群的表现非常好!开盘前,班长陈佑东就发布了"美国佬投下超级空爆弹"的新闻,提醒大家关注战争阴影对股市的重大影响;一开盘,小黄牛余松就提醒大家"今天风控第一";然后是老兵帅克苏天发提示"量波呈现撤掩退护"不要动手;接着是神州之剑仲展提示3270破则危险……正如陈佑东班长的总结(见图82)。

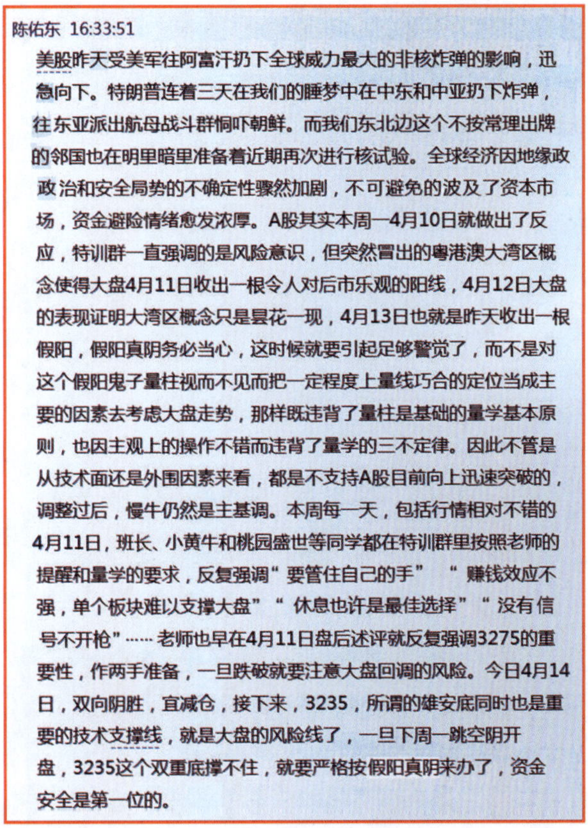

> 陈佑东 16:33:51
>
> 美股昨天受美军往阿富汗扔下全球威力最大的非核炸弹的影响,迅急向下。特朗普连着三天在我们的睡梦中在中东和中亚扔下炸弹,往东亚派出航母战斗群恫吓朝鲜。而我们东北边这个不按理出牌的邻国也在明里暗里准备着近期再次进行核试验。全球经济因地缘政治和安全局势的不确定性骤然加剧,不可避免的波及了资本市场,资金避险情绪愈发浓厚。A股其实本周一4月10日就做出了反应,特训群一直强调的是风险意识,但突然冒出的粤港澳大湾区概念使得大盘4月11日收出一根令人对后市乐观的阳线,4月12日大盘的表现证明大湾区概念只是昙花一现,4月13日也就是昨天收出一根假阳,假阳真阴务必当心,这时候就要引起足够警觉了,而不是对这个假阳鬼子量柱视而不见而把一定程度上量线巧合的定位当成主要的因素去考虑大盘走势,那样既违背了量柱是基础的量学基本原则,也因主观上的操作不错而违背了量学的三不定律。因此不管是从技术面还是外围因素来看,都是不支持A股目前向上迅速突破的,调整过后,慢牛仍然是主基调。本周每一天,包括行情相对不错的4月11日,班长、小黄牛和桃园盛世等同学都在特训群里按照老师的提醒和量学的要求,反复强调"要管住自己的手""赚钱效应不强,单个板块难以支撑大盘""休息也许是最佳选择""没有信号不开枪"……老师也早在4月11日盘后述评就反复强调3275的重要性,作两手准备,一旦跌破就要注意大盘回调的风险。今日4月14日,双向阴胜,宜减仓,接下来,3235,所谓的雄安底同时也是重要的技术支撑线,就是大盘的风险线了,一旦下周一跳空阴开盘,3235这个双重底撑不住,就要严格按假阳真阴来办了,资金安全是第一位的。

图 82

谢谢这些同学们为特训班今天的风控作出了杰出贡献。刚刚看到特训群又在进行视频交流,大家热情高涨,为特训群今天的表现纷纷献花。王子特向同学们致敬!向特训班致敬!

见图81,今天大盘大跌,量柱增高,量价双向胜阳,应该及时撤离。用量学的《见顶三绝》来看(详见明灯论坛周末讲座),0411是最近的高量高价柱,其实底一旦跌穿,就要出货三一二一仓位。如果下周一将0405大阳实底3235跌穿，就要再度出货三一二一。

所以下周一预设3233～3222为底部区间，若3233有效跌穿则继续观望，主要观察3222缺口的撑力。这个区间若出现反弹，可以分批介入。目标股以军工和黄金为首选，但要视盘中情况灵活应变。一般情况下，反弹不过3258不宜动手。这个区间最容易出现阴阳回马枪，对于今天大幅缩量且回踩底线的股票，可以重点关注。

祝大家周末愉快。

061 让人感动的周末，让人激动的周末(0416 周末)

2017-04-16

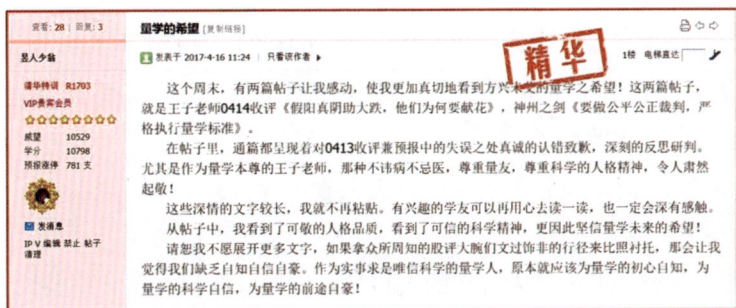

图 83

这个周末有三件事太让人感动了！

第一件让人感动的事：对于周四的假阳真阴，有许多量友都已发现并及时出货，有的结合见顶三绝高量出货。请看微信上的部分留言。

（1）王富兴 2017 - 04 - 14 18:39:30：昨天周四的假阳，我出了二分之一，知道周五会回调，果然，赞赞！

（2）刹车坏了 2017 - 04 - 14 18:45:11：昨天（周四）的收评我也有质疑，也看到了是假阳真阴，还以为自己学艺不精。

（3）vivo 2017 - 04 - 14 18:45:53：周四那个假阳真阴并不难判断，王子和神州之剑同时忽略了，却让人深思。

（4）布衣土郎中 2017 - 04 - 14 18:55:41：我是按高量柱来出逃的，4 月 11 日就是阶段性高量了，以这天实底画线做攻防。

（5）踏雪飞鸿 2017 - 04 - 14 18:58:21：周四也看到了假阳真阴，可忽略了风险，罚自己念十遍假阳真阴，务必当心！

（6）陈明祥 2017 - 04 - 14 19:21:52：开盘看着不对，该涨不涨反跌，周四又是假阳，直接出逃粤港澳。

（7）秋天的枫叶 2017－04－14 19:32:22:4 月 11 日已是假阳真阴,就应该引起重视。

（8）江郎财进 2017－04－14 20:39:39:周四大盘的假阳真阴我还是判断对了,感谢量学!今天加仓了一只缩倍的个股,前期本来是盈利的,贪大了没有按照九阴真经及时出货,回过头总结竟然发现给了三次机会出,自己都没有抓住。下周见分晓吧!

第二件让人感动的事:王子周五收评对周四的收评兼预报做了反思和自我批评,本想迎来砖头却引来了赞扬。请看量友的留言:

（1）昱人少翁 2017－4－16 11:24（新华社重庆分社原社长）:见图84,这个周末,有两篇帖子让我感动,使我更加真切地看到方兴未艾的量学之希望!这两篇帖子,就是王子老师 0414 收评《假阳真阴助大跌,他们为何要献花》和神州之剑的《要做公平公正裁判,严格执行量学标准》。

这两篇帖子里,通篇都呈现着作者对 0413 收评兼预报中的失误真诚的认错致歉,深刻的反思研判。尤其是作为量学本尊的王子老师,那种不讳病、不忌医,尊重量友,尊重科学的人格精神,令人肃然起敬!

这些深情的文字较长,我就不再粘贴。有兴趣的学友可以再用心去读一读,也一定会深有感触。

从帖子中,我看到了王子等人可敬的人格品质,看到了可信的科学精神,更因此坚信量学未来的希望!

请恕我不愿展开更多文字,如果拿众所周知的"股评大腕"们文过饰非的行径来比照衬托,那会让我觉得我们缺乏自知自信自豪。作为实事求是唯信科学的量学人,原本就应该为量学的初心自知,为量学的科学自信,为量学的前途自豪!

（2）向日葵 2017－04－15 08:46:33:特欣赏老师这种尊重市场走势,自我批评指正的态度!没错,我们大家都只是人,所以容许犯错!但老师您的量学分析对的概率还是高很多的,再加上老师的做人态度,就跟定您了!股友们,大家加油!

（3）来来 2017－04－14 23:04:33:预报错了,谁也不是百分之百的准,只要百分之八十以上就不错了!到目前为止敢说百分之百的,那都是胡吹。王子不是神!都能理解,量学理论还是挺靠谱的……老师,我挺你!挺量学!

（4）缤纷 2017－04－14 23:03:16:王子老师不必自责,出错更说明您是我们身边实实在在的英雄,不是高高在上虚无缥缈的神仙!更佩服王子老师勇于自我批评的勇气,映衬出老师的人格魅力!

（5）小方 2017－04－14 21:20:02:王子老师的三千万我们要接住,神州之剑老师的建议我们要记牢,老师牛不代表你牛,要想在股市赚3%～5%个点并不是那么简单,只因水太深,好好学习,认真总结,从王子四本著作里学习适合自己的套路才是自己的出路,因为只有你自己牛了才是真的牛!别指望别人,要不断进步,不断改正,做好股市特种兵!

（6）孙彤 2017 - 04 - 14 21:12:52:佩服王子老师襟怀坦荡,勇于自我批评的胸襟,跟着这样的老师学习,心中有底,遇事不慌。

（7）冰封夕夏 2017 - 04 - 14 20:41:09:王子老师真没必要自责,那天你定了下线3275,后来破了,我就出干净了,但感觉王子老师昨天的情绪不对,特别有信心,今天开盘又在中线之上,又进了一些,小套而已,没什么关系。

（8）燕子 2017 - 04 - 14 19:13:23:王子老师如此真诚谦虚,实在难得,应该给十个点赞。

（9）王正 2017 - 04 - 14 18:53:23:王子不要自责! 感谢老师分享这么多的宝贵知识! 赞!

第三件让人感动的事:小黄牛学长在特训群《用量学穴位寻找动态平衡》的视频讲座,引起了极大反响。请看大家的讨论(见图84～图87)

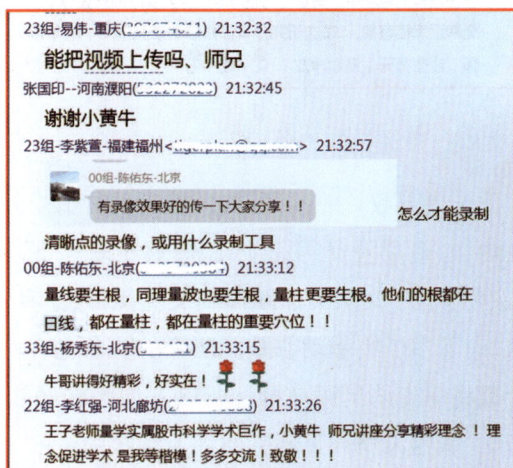

图 84

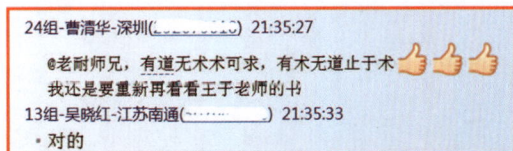

图 85

王子点评:同学们对特训群给予这么高的评价,令王子深感惭愧。因为我每天要看盘操盘,很少光顾量学特训群,都是班长、组长、学员代表和学长们主动为大家服务,是大家的无私奉献为特训群注入了新鲜血液,才使我们的特训群办得这么好。我深信,只要大家齐心协力,特训群将越办越好。

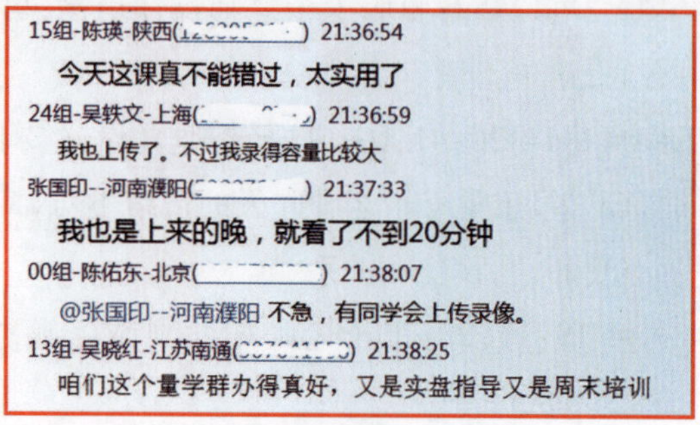

15组-陈瑛-陕西(____) 21:36:54
　　今天这课真不能错过，太实用了
24组-吴轶文-上海(____) 21:36:59
　　我也上传了。不过我录得容量比较大
张国印--河南濮阳(____) 21:37:33
　　我也是上来的晚，就看了不到20分钟
00组-陈佑东-北京(____) 21:38:07
　　@张国印--河南濮阳 不急，有同学会上传录像。
13组-吴晓红-江苏南通(____) 21:38:25
　　咱们这个量学群办得真好，又是实盘指导又是周末培训

图　86

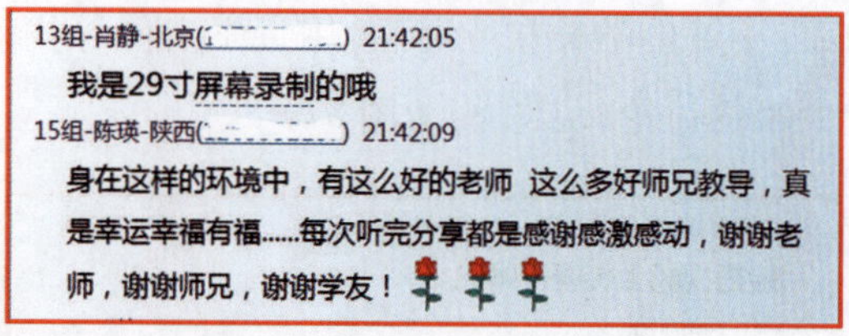

13组-肖静-北京(____) 21:42:05
　　我是29寸屏幕录制的哦
15组-陈瑛-陕西(____) 21:42:09
　　身在这样的环境中，有这么好的老师 这么多好师兄教导，真
　　是幸运幸福有福……每次听完分享都是感谢感激感动，谢谢老
　　师，谢谢师兄，谢谢学友！🌹🌹🌹

图　87

　　明天的大盘怎么走，王子周五收评兼预报讲过，最近的行情受外部因素的干扰较大，如朝鲜半岛局势、打击过度炒作、追责险资游资、限制爆炒雄安等都是特大利空，盘面上很多个股都是从突然涨停到突然跌停，又从突然跌停到突然涨停，这种阴阳回马枪走势是双刃剑，向上多了则带动普涨，向下多了则带动普跌。明天的大盘也不例外，一旦上述利空因素消退，一些缩量到位的个股将率先杀出回马枪。所以下周一的底线预设为3233～3222，可能先惯性下跌后逐步回升。操盘策略详见周五收评兼预报的讲解。

长腿回踩预报底，超跌反弹要留意

（0417 收评兼 0418 预报）

2017-04-17

周五收评预设今日下线为 3233～3222，见图 88，今日大盘跳空低开，王子在特训群留言："形势严峻，静观为主……注意 3198 附近能否拐头向上。"

图 88

大盘今天最低下探 3199 点，拐头向上，收盘于 3222 点，与预报值精准对应。请看特训群同学们的交流：

交流 1：大盘真的很听话，见图 89。

交流 2：主力的黄金双线战法用得好！上线保护自己，下线打击对手！见图 90。

交流 3：今天晚上八点继续视频交流，见图 91。

今天的行情整体偏弱，题材股全面熄火，唯有内需和海外工程稍有亮色，尾盘有踏空资金介入雄安和金融，只要这两个板块继续发力，明天可能出现超跌反弹行情。

明日底线在 3198～3222，不是有效跌破这个区间长线资金可以布局，反弹突破 3229 短

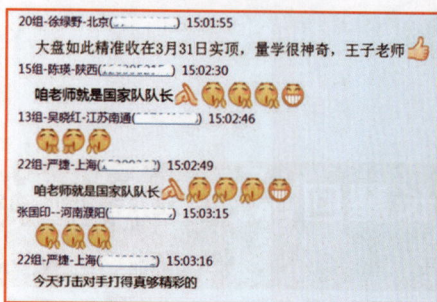

图　89

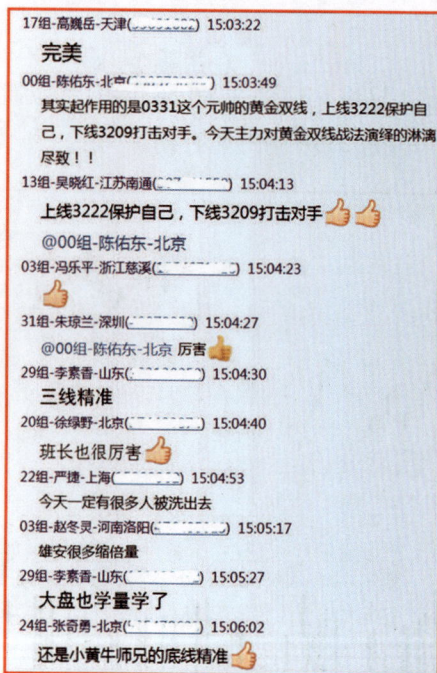

图　90

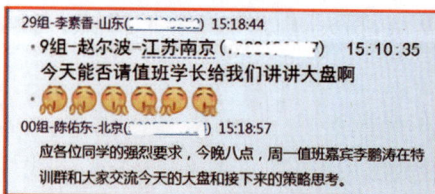

图　91

线可以轻仓参与，一旦跌破 3198 继续观望等待时机。

今日两市有 26 只股票涨停，除了次新股复牌股之外，只有方大化工和康弘药业这两只属于正常涨停，其形态都是王子昨日收评强调的极阴回马枪。只有回马枪达到一定比例，才能引发大盘的回马枪走势。请继续观察。

今晚可以筛选超跌30%以上的、回踩底部重要平衡线的、有反弹预兆的股票。方大化工和康弘药业最近五天的量价组合很有参考价值，其中都有一根缩量二一的假跌柱，请大家揣摩揣摩，必有收获。

风险释放近尾声，超跌要选三到位

（0418 收评兼 0419 预报）

2017-04-18

昨日预设今日底线在 3198～3222，今日最高 3225，在 14:14 时下探到 3198 并开始回升，但尾盘最后两分钟突然跌至 3196 收盘。虽然预报误差未超过千分之一，属于精准范畴，但王子心头非常沉重。

因为 3196 是本轮上升途中的第二个元帅柱实顶，也是前一轮下跌途中的二一位。二一位就是平衡位，犹如拔河双方僵持于平衡位，任意一方的加力就会打破当前的平衡。所以这个位置非常重要，若三日内不能收到 3196 上方，将可能跌至 3148 附近（详见图 92）。王子曾在 0330 收评中讲过同样的预判，只要三日内不能收到 3206 上方，难免会跌到 3148 附近。所以，最近两天我们要打起精神防范风险。先防风险再找机会。

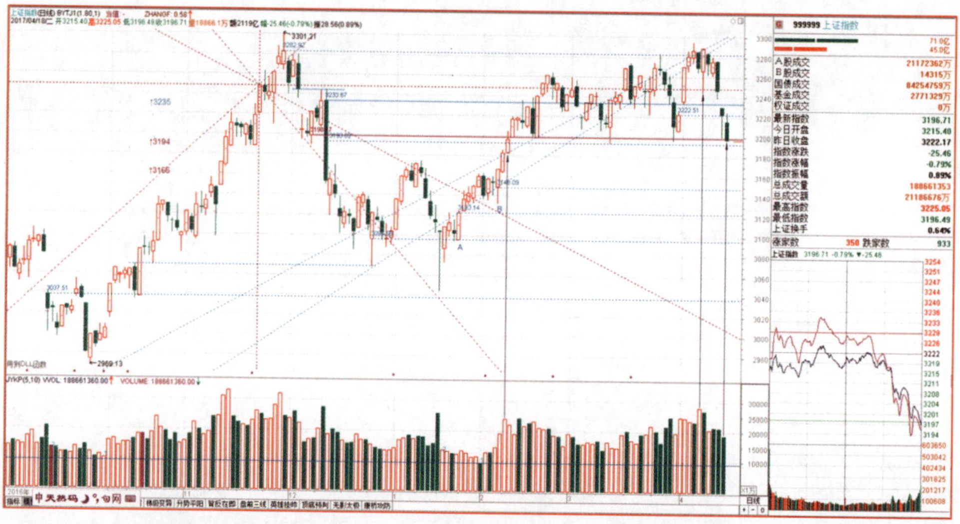

图　92

明日三线预设为 3183、3196、3210。

今日两市共计 38 个跌停板，只有 26 个涨停板，除了次新股复牌股以外，只有科融环境、北新路桥、赛摩电气、沧州大化、华帝股份、荣晟环保这 6 只股票正常涨停,其中科融环保、赛摩电气、沧州大化、荣晟环保这 4 只属于我们昨天说的超跌反弹型涨停。

按照量学的超跌反弹原理选股,明灯论坛今日有 235 人成功伏击涨停(详见178448.com 论坛涨停预报专栏)。请看部分网友的留言:

(1)海豚 2017 - 04 - 18 12:32:45:今天(0418 日)早盘选了 300466 赛摩电气,貌似符合王子提示的要求! 另外一个 300376 也在关注中!

(2)老忙了 2017 - 04 - 18 10:21:39:老师您好,昨天买的 300117 嘉寓股份和 600533 栖霞建设,喜获两个涨停板,都是有百日地量群,精准回踩,感谢老师,感谢您的量学,我还要继续努力学习,这辈子您是我股海里永远的灯塔,从心里感激您!

(3)孙彤 2017 - 04 - 17 22:05:07:作为初学者今天练习选出方大化工,心里不太有底,但看到老师点评中出现该股,又有些释然。毕竟昨日用王子老师的盘前三线精准预测了今日大盘的 3222 点。希望今后用王子理论取得更大进步。

王子点评:首先向上述网友敬礼! 你们用无可争辩的事实证明了量学选股的独到之处。为什么这么多人都能成功伏击涨停? 而有的人却不能伏击涨停呢? 这到底是量学的问题还是个人的问题呢? 美国著名成功学的鼻祖卡耐基说过:成功者总是寻找方法,失败者总是寻找借口。希望看到这个帖子的失败者能够真正从自身找到原因,否则,你将永远不会成功。

今天超跌反弹的个股数量比昨天增加了一倍,说明超跌反弹趋势正在形成之中。只要明后两天的超跌反弹数量逐日增加,超跌反弹行情将逐步展开。否则将会继续下跌。超跌反弹选股要注意三个"到位":一是跌幅到位;二是缩量到位;三是下跌到位(参见178448.com 论坛周末讲座)。

精准下探预报值，精选超跌正当时

（0419 收评兼 0420 预报）

2017-04-19

Pqyb123 微信公众号网友留言：

（1）任凤娥 2017 − 04 − 19 14:36:21:老师,神人! 今日最低 3147 点。

（2）stream 2017 − 04 − 19 14:24:22:敬爱的老师,您的预报今天一不小心又精确到 1 点了。

（3）逸然 2017 − 04 − 19 13:53:39:老师厉害啊,3148 点就是 0208 实底吗? 我今天一点没慌,大盘到 3148 我加仓了,不知道这样做是否对?

（4）Jeffrey2017 − 04 − 19 11:49:56:今日底线精准兑现,王子牛!

......

谢谢大家的点赞! 王子昨日预报今天 0419 的大盘可能下探 3148 左右,有人留言说这是"一派胡言"。可今天大盘上午最低下探 3149,下午最低下探 3147,上下都只误差 1 个点,比海鹰突击队的神枪手还要精准,见图 93。这不是王子的功劳,而是量学本来就应该这么精准。精准是量学的生命,没有了精准,还要量学干什么。

图 93

昨日收评预报中要大家筛选超跌反弹股要注意三个"到位"：一是跌幅到位；二是缩量到位；三是下跌到位。又有人留言说"跌幅到位与下跌到位"是一回事，真让人哭笑不得。王子在此强调一句：量学的每句话、每个字都是经过十年千锤百炼的结晶。王子是科研出身，说话办事处处以科研的标准严格要求自己，如果你一时看不懂，千万不要说三道四。因为每一次说三道四都会和上面那个"一派胡言者"一样自扇耳光。

凡是看懂了王子"三到位"的网友，今天应该都有不错的收益。请看网友们自己的体会：

（1）江山依旧 2017 - 04 - 19 15:34:59：早上看到博天环境出次阳过阴半就觉得这个次阳有看头，发现 0412 缩 21 假跌，跌幅超 30%，继续看它的板块发现海峡环保也是缩量假跌超 30% 过阴半都预报了，在接近十一点时发现重庆建工次阳盖阴，且从 0324 就开始缩量 31，其下跌临界点稀少，下跌超 40% 就通知股友可能涨停，结果验证了我的预判。在今天这种大跌行情下能预报到三个涨停，我自己都觉得不可思议，可这又完全符合量学的科学性。首先缩量 3121 是假跌的，中途长阴短柱的，说明主力是有计划的下跌，跌到哪我不知道，只能看次阳的质量，好的次阳是缩量过阴半，或者直接涨停的都有。今天大盘收盘约 3171 精准回踩 0109 凹间峰，而昨天是精准回踩 0210 高量实顶，我觉得主力目前是有计划、有节制的撤退，今天次新股的涨停看这种涨停趋势将会延续。

王子回复：超跌反弹"三到位"的精华你理解得非常到位，一是跌幅 30% 以上；二是沿途都有缩量三一二一的柱子；三是跌到了阶段性底部或自平衡底部。这"三到位"是互相制约的，如果跌到了自平衡的底部，其跌幅不到 30% 也能反弹。三者之中，缩量到位非常关键，特别是那些首跌缩量二一，末跌也是缩量二一，那就是很好的股票，我们在 2015 年股灾 1.0 的首次超跌反弹中擒拿的一大批牛股都是这种建构。

例如，网友"幸运儿"今天伏击的就是这样一只股票（见图 94）。

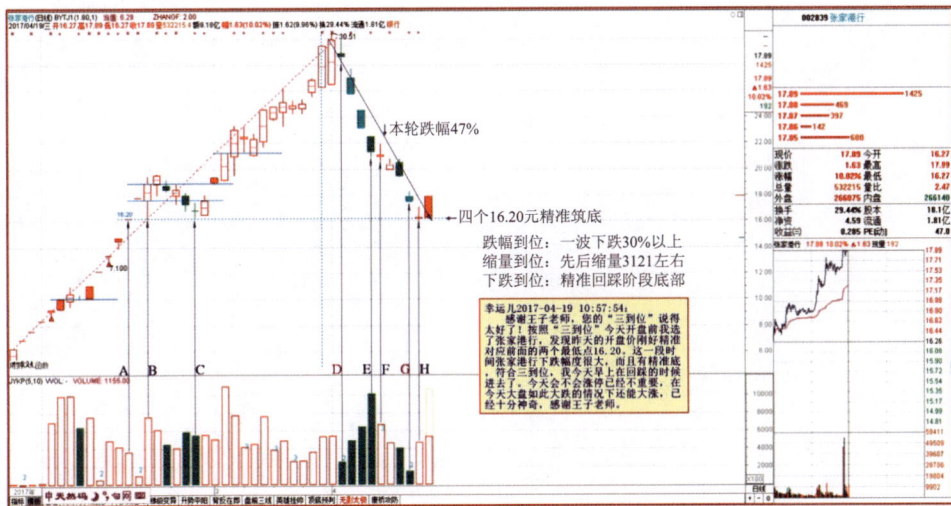

图　94

（2）幸运儿 2017-04-19 10:57:54:感谢王子老师,您的"三到位"说得太好了! 今天开盘前我选了张家港行,发现它昨天的开盘价刚好精准对应前面的两个最低点 16.20 元(王子注:应该是精准对应前面的三个 16.20 元,详见图 93 所示)。这一段时间张家港行下跌幅度很大,而且有精准底,符合三到位,我今天早上在回踩的时候进去了,今天会不会涨停已经不重要,在今天大盘如此大跌的情况下还能大涨,已经十分神奇,感谢王子老师。

王子回复:第一,该股本轮跌幅已达47%,符合跌幅 30% 以上的到位标准;第二,该股首跌缩量二一,末跌又是缩量二一,符合缩量到位的标准;第三,该股精准回踩四个 16.20 元,符合下跌到位的标准。正如"幸运儿"说的,该股"今天会不会涨停已经不重要,在今天大盘如此大跌的情况下还能大涨,已经十分神奇"。该股午盘涨停,午后打开,至下午两点零三分封死涨停。功夫不负有心人。只要认真学习,用量学标准严格选股,即使它今天不涨停,日后也会给你惊喜。

明天的三线预设为3148、3170、3184。一旦跌破3148,将可能试探3123 防线。当前的下跌空间已经不大,我们要在防范风险的前提下捕捉最多的机会。希望"超跌三到位"成为大家的好帮手。

再次精准探下线，继续挖掘超跌股

（0420 收评兼 0421 预报）

2017-04-20

下面是 4 月 19 日盘前预报公众号留言。

（1）任凤娥 2017 - 04 - 19 14:36:21：老师，神人！今日最低 3147 点。

（2）stream 2017 - 04 - 19 14:24:22：敬爱的老师，您的盘前预报今天一不小心又精确到 1 个点了。

（3）逸然 2017 - 04 - 19 13:53:39：老师厉害啊，3148 点就是 0208 实底吗？我今天一点没慌。

（4）Jeffrey 2017 - 04 - 19 11:49:56：今日底线精准兑现，王子牛！

……

4 月 20 日盘前预报公众号留言：

（1）吴晓红 2017 - 04 - 20 14:18:21：神了！今天大盘到了 3148 就扭头向上了。老师的预测又是精准对应！

（2）王进庭 2017 - 04 - 20 14:18:45：王子老师调控的。

（3）liruiying 2017 - 04 - 20 14:37:23：准！太准了！佩服！

（4）苏轶 2017 - 04 - 20 14:28:00：以 10 点 47 分的峰值 3176.24 和 11 点 18 分的谷底值，根据量学 QQ 测底法，得出的数字是 3147.12。今日最低 3148.18 点。

……

王子回复：谢谢大家的赞扬。希望大家今后不要太专注量学的精准预报，而要从王子的预报中找到精准预报的分析过程和基本原理，从中找到科学的方法和标准。如果太注重预报值，就会陷入"只看结果，不管过程"的迷信。

有时候，分析王子失败的预报更重要。例如，王子三月的预报全部精准兑现，唯有一次预测的极阴次阳迟到了一天，为什么？再如，王子四月的预报也有一次失误，失误之前的一天，王子直接指出接下来的两天将可能出错，两天后真的就出了错。这又是为什么？

所以，希望大家将王子所有的预报，一月也好，一年也好，十年也行，对照盘面认真分析分析,看懂分析过程才会得到真正的感悟。

新来的网友不知道怎么查看过去的预报,在微信公众号点击"查看历史信息"即可,上178448.com明灯论坛更方便,因为每天都附上了一个月的预报目录,点击就可逐一查看。

见图95,今天的大盘再次精准下探3148点,但收的是假阳真阴,这个假阳真阴与前面0413的那个假阳真阴是不是一样会引起大跌呢? 我想看看大家的答案。

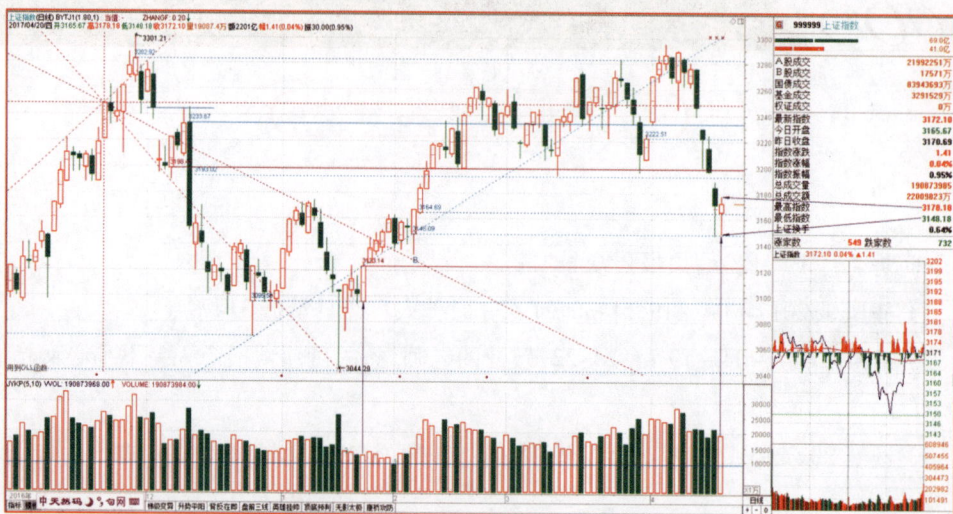

图　95

明日三线依然沿用今日三线即3148、3170、3184。个股方面,请继续关注超跌股,请看李燕2017－04－20 09:54:14留言:"谢谢老师,昨天买了新华都,超跌反弹,今天涨停了!"特训班今天有同学伏击了中科云网、高升股份和银之杰,这四只股票的特征非常相近,最主要的特征是什么呢? 我在前面的文章中都已讲过,望大家自己判断。

畅儿贝贝2017－04－20 13:03:45:王子老师好:您不仅是技术大师! 也是心理学大师! 曾记得前几日留言,那时操作顺利! 每次都赢! 字里行间流露出自信! 自满! 您及时警告、提醒! 果然这两日连续失败两次! 痛定思痛! 等大盘"左证明、右确认"上涨后再出击! 再次感谢老师。

王子回复:呵呵! 谢谢你的恭维,可惜我不是心理学大师。我只是将我和特训班学员的切身体会告诉你和大家:一两次的成功伏击涨停不能代表今后永远能成功伏击涨停。到什么山头唱什么歌,下什么河里开什么船。在股市里所谓的"一招鲜,吃遍天"是骗人的鬼话,千万不要相信。只有努力学习,掌握了十八般武艺,才能够立于不败之地。

066 此线预定卖出点，不经确认不介入

（0421 收评兼 0424 预报）

2017-04-21

图 96 一字不漏全文如下：

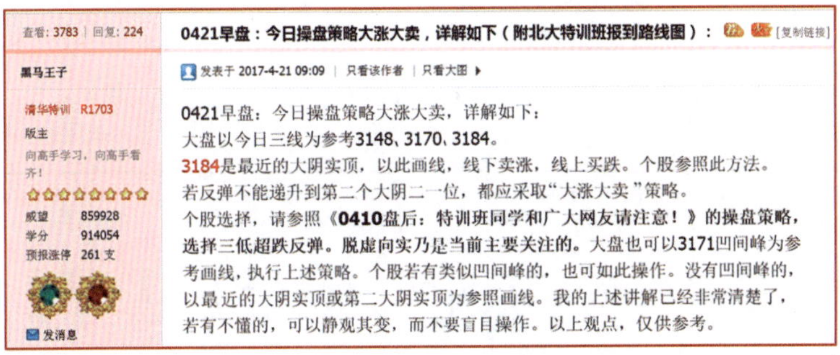

查看：3783 | 回复：224

0421早盘：今日操盘策略大涨大卖，详解如下（附北大特训班报到路线图）： [复制链接]

黑马王子

清华特训 R1703

版主

向高手学习，向高手看齐！

威望 859928

学分 914054

预报涨停 261 支

发消息

发表于 2017-4-21 09:09 | 只看该作者 | 只看大图

0421早盘：今日操盘策略大涨大卖，详解如下：

大盘以今日三线为参考3148、3170、3184。

3184是最近的大阴实顶，以此画线，线下卖涨，线上买跌。个股参照此方法。

若反弹不能递升到第二个大阴二一位，都应采取"大涨大卖"策略。

个股选择，请参照《0410盘后：特训班同学和广大网友请注意！》的操盘策略，选择三低超跌反弹。脱虚向实乃是当前主要关注的。大盘也可以3171凹间峰为参考画线，执行上述策略。个股若有类似凹间峰的，也可如此操作。没有凹间峰的，以最近的大阴实顶或第二大阴实顶为参照画线。我的上述讲解已经非常清楚了，若有不懂的，可以静观其变，而不要盲目操作。以上观点，仅供参考。

图　96

0421 早盘：今日操盘策略大涨大卖，详解如下（附北大特训班报到路线）：

大盘以今日三线为参考 3148、3170、3184。3184 是最近的大阴实顶，以此画线，线下卖涨，线上买跌。个股参照此方法。若反弹不能递升到第二个大阴二一位，都应采取“大涨大卖”策略。

个股选择，请参照《0410 盘后：特训班同学和广大网友请注意！》中的操盘策略，选择三低股票的超跌反弹。脱虚向实乃是当前主要关注的。

大盘也可以 3171 凹间峰为参考画线，执行上述策略。个股若有类似凹间峰的，也可如此操作。没有凹间峰的，以最近的大阴实顶或第二大阴实顶为参照画线。我的上述讲解已经非常清楚了，若有不懂的，可以静观其变，而不要盲目操作。以上观点，仅供参考。

今日大盘开盘精准对应预报值中线 3170 点（注：这不是昨日收盘价，是王子经动态平衡计算后得出的这个数值，特训班学员深知其中奥秘，今日特训群里对此选点无不称妙）。

今日最高 3180，不到 3184，怎么办？量波破左峰出货，最迟在 10:37 分破人线出货。今日盘中最低点为 3158，这是最近多次盘中反弹的量波拐点，王子前天 4 月 19 日下午二时

在特训群留言："只要下一波不跌破 3160 线可以适当短线建仓"。显然,昨日和今日这个 3160 点都是可以短线操作的位置。今日最低点 3158,次低点 3159,从量波看出 3160 又是短线操作点。

个股方面,今日全是超跌股在表演。

明天北大特训班就要开课了。今天早盘的三线和策略可以管控近期操作,望大家认真看清看懂。这里再强调一下:无论大盘或个股,都可以最近的大阴实顶或第二大阴中线画线,若反弹不能过此线,线下高卖;若反弹过第二大阴中线则可线上低买。标准和方法都说清楚了。仅供参考,切勿蛮干。

请参加北大特训班的同学注意:

① 进入拉菲特城堡大门时应交 30 元门票,你说是参加"北大特训班"的即可免费进入。

② 特训班学员入住"拉菲特温泉宾馆",请看清路口标识,因为园区特别大,晚上入园千万别走错了。

③ 从北京站、北京西站、首都机场到拉菲特城堡的路线如图 97 所示。

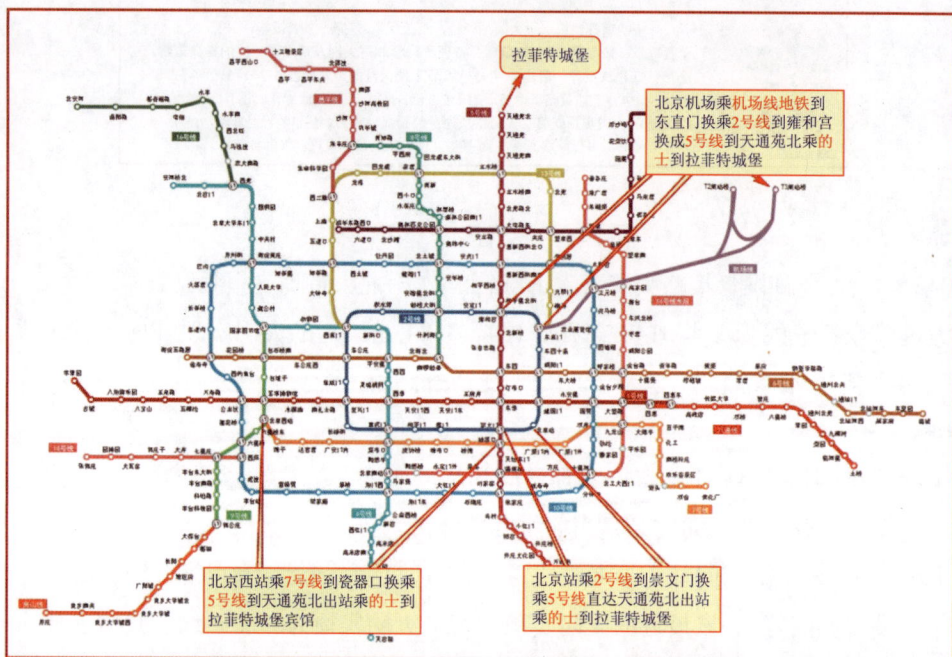

拉菲特城堡

北京机场乘机场线地铁到东直门换乘2号线到雍和宫换成5号线到天通苑北乘的士到拉菲特城堡

北京西站乘7号线到瓷器口换乘5号线到天通苑北出站乘的士到拉菲特城堡宾馆

北京站乘2号线到崇文门换乘5号线直达天通苑北出站乘的士到拉菲特城堡

图　97

祝同学们旅途愉快,祝网友们周末愉快。

线下卖涨得验证，关注超跌回马枪

（0424 收评兼 0425 预报）

2017-04-24

今天因为在北大特训班上课，课后交流到现在才写收评，敬请大家谅解。

关于今天的操盘策略，王子 0421 早盘的预报和 0422 特训课上制定的方针都是：择机大卖，不得介入。

我在 0421 特训课上结合 3121 战法指出：因为周四、周五两天的反弹非常孱弱，连下三一位都没有碰一下，那么下跌的第一目标位将是 3289～3198 跌幅的对称平衡位 3123～3095 左右，参见图 98 的虚实二圆底部水平线，这两个圆的来历及其画圆方法三言两语说不清楚，大家只要能看到即可。聪明的读者可以从动态对称平衡原理上来理解。

图　98

今天实际最低点打到 3111 点，收盘于 3129，基本上与预期一致。

　　明天的三线可预设为 3107、3129、3137。明天的操盘策略依然是依线定策。即以今天的大阴二一位 3137 画线，线下卖涨，线上买跌。涨停趋势将以超跌回马枪为主。所以，具有超跌到位找到平衡的股票不受上述策略影响。例如，王子昨日在特训班选股练习中列出的泸天化今日逆市涨停，就是超跌到位并且找到平衡的一个典型。今天收盘后，具有这种形态的股票多起来了，所以明天将有超跌回马枪批量出现。

068 回马枪批量涨停，此趋势必将延续
（0425 收评兼 0426 预报）

2017-04-25

热烈祝贺→明灯论坛今日有 930 人次成功伏击涨停！其涨停形态几乎都是回马枪。详见 178448. com 涨停预报专栏。请看部分网友留言：

（1）和贤 & 量学 2017 – 04 – 25 12：34：26：昨晚 23 点躺下床，看到老师的收评，又起来复盘 1 小时，还预报了几个票，今天的 000856 冀东装备果然涨停，可惜早盘还是没有开枪（胆子不够啊）。另外找了几个票，其中 600242 中昌数据也神奇地涨停，昨天老师的收评里"具有超跌到位找到平衡的股票不受上述策略影响"，其中这句话耐人寻味，600242 中昌数据在变更公司名称后 4 个板非常强，调整到 0411 形成凹间峰（其中 0410 倍量柱），我以峰间凹画圆测底，应该要打到 14.51，昨天最低为 14.81，差不多到临界的时候。这种超跌回马枪也只能盘中监控，运用老师的理论，在几分钟内要作出判断。要学的东西太多太多……加油，不要气馁。

（2）rachel2017 – 04 – 25 05：20：37：000912 泸天化 0411 主动下跌，百低，0414 跌8.92% 放量，0417 缩量二一跌停，0418 双阳盖阴初胜，0420 和 0421 平量柱，0421 踩 0927 回稳，0424 回马枪涨停！这是我参加过的培训课程中，干货最多的，从早到晚，排得满满的。黑马王子老师的人品更是应该大赞，唯恐你不懂，语言深入浅出，内容高度精练，不断精益求精。做股票，是有专业的。

（3）阿力 2017 – 04 – 24 23：32：55：泸天化我是上周买入的，只是试试手。上午又加了点仓，本来可以出来的，还是看看平量阳胜阴的后续吧。

王子收评：大盘今天的最低点 3117，最高点 3145，开盘点 3123，精准对应特训课上之前预测的峰间凹底对称平衡线，见图 99。

明天的三线可以预设为 3123、3134、3148。昨日预设的 3137 依然可以作为明天的介入参考线，操盘策略依然参考昨日预定策略。未来的行情，很可能依托 0424 大阴实顶 3164做现场直播。

个股方面，王子昨日收评的最后一句话是："明天将有超跌回马枪批量出现"，今日得

图 99

到完美验证。两市共计37只股票涨停,其中次新股和复牌涨停18只,6只属于普通回马枪涨停,属于超跌回马枪的有13只涨停。这就是量学提前预判的涨停趋势。

这种涨停趋势明天还会延续。特训班的同学们都知道,这种涨停趋势后面将有另外两种涨停趋势接力,那是后话,且待盘面验证。今晚可以继续寻找超跌有底缩量到位的股票。

069

回马枪果然延续，雄安股有望接力
（0426 收评兼 0427 预报）

2017-04-26

祝贺明灯论坛今日有 1 354 人次成功伏击涨停！王子昨日预报的两只超跌股也在其中，今日双双涨停。所有原始预报记录详见明灯论坛涨停预报专栏。网友留言如下：

和贤 & 量学 2017－04－26 21:01:39：王子老师，求助求助，如何让我的胆量大起来，昨晚你的收评超跌回马枪涨停趋势继续，今天继续发生，其中 000050 深天马是我的自选股，由于工作关系，今天早盘只能看手机，大概 2～3 个点时，有介入的冲动，可惜还是不够胆大……就像昨天的 000856 冀东装备一样。000050 是 0421 跳空开始关注的，0424 和 0425 好像没特别的地方，今天的量波，正三维，可惜可惜可惜……可能跟我的操盘习惯有关系，一般我是收盘前买票，盘中介入的经验很少……

王子回复：不用求助，你就成功了。因为你看到了差距就是进步；同样，只要你发现了弱点就能弥补。怕的是自高自大，目中无人。今天没有时间抓到回马枪，来日可以伏击凹底淘金或凹口淘金嘛。

北大特训班今日下午 4 时胜利结束，许多同学不愿离开教室，纷纷要求再延长两天特训时间，但北大特训班的计划是五天（人大特训班也是五天），不能满足延长课时的愿望，希望大家谅解。

关于今天的盘面，见图 100，我在特训班的实盘课上总结如下：

第一，今日上方压力线对应 3148 点，勉强过 3137，说明反弹力度不够，一是等候回撤不破 3130 的机会；二是等候站稳 3148 之后的机会；

第二，今日下午一点开始实盘，当时的环保板块名列第三，我在实盘课上讲解，由于排名靠前的两个板块股票数量太少，是假领涨，实际领涨板块应该是环境保护，聚焦在雄安新区，至尾盘，果然环保名列第一。这个板块可以结合"一带一路"大建设来继续关注；

第三，今日反弹个股主要是回马枪形态，超跌回马枪依然占据主流，日后的涨停趋势还是回马枪形态。回马枪之后的两种接力涨停形态一是凹底淘金；二是凹口淘金。如果不善于擒拿回马枪形态，可以等候这两种形态。

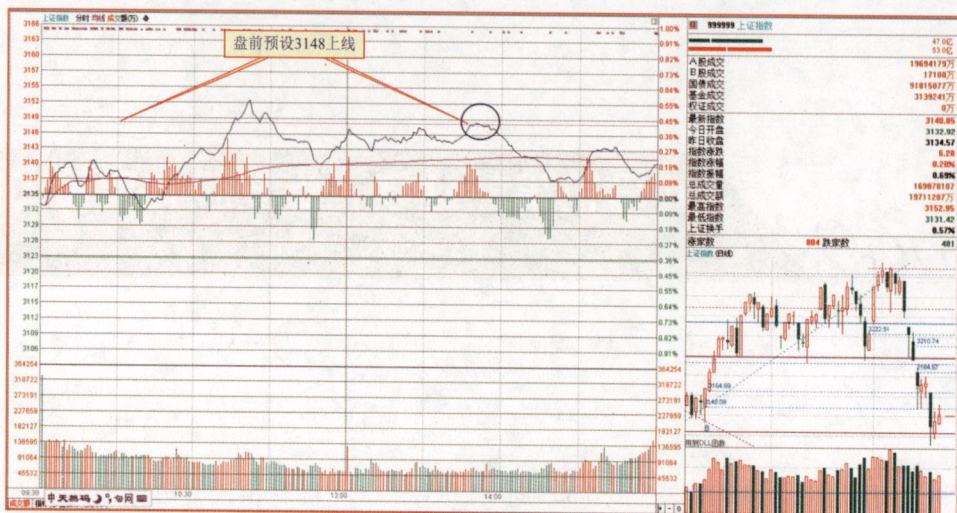

图　100

这五天的特训课实在太累了,今天就讲到这里,希望大家谅解。

"一带一路"果然起，凹底淘金露端倪

（0427收评兼0428预报）

070

2017-04-27

祝贺明灯论坛的网友今日有1101人次成功伏击涨停！原始预报记录详见178448.com论坛涨停预报专栏。

随风2017－04－27 11:23:25:不是预报吗？没看到。兼0427的预报,在哪里?

王子回复:最近几天大盘大跌,新来的网友却大涨。你可能是新来的,没有加关注,所以看不到前面的盘前预报。只要加关注后,点击"盘前预报"右上方的"小人头",再点击"查看历史消息",就能看到前面所有的文章和视频资料。我也是刚刚学会这一招,特介绍给你和大家试一试。

所谓"收评兼预报",就是根据当天的日象预判明天的日象,实际上,王子每日的收评就是次日预报,都是从当天的分析中预判明天的行情。例如,昨日的收评对今天(0427)的预报是:"今日(0426周三)下午一点开始实盘,当时的环保板块名列第三,我在实盘课上讲解,由于排名靠前的两个板块的股票数量太少,是假领涨,实际领涨板块应该是环境保护,聚焦在雄安新区,至尾盘,果然环保名列第一。这个板块可以结合"一带一路"大建设来继续关注。今日(0426周三)反弹个股主要是回马枪形态,超跌回马枪依然占据主流,日后的涨停趋势还是回马枪形态。回马枪之后的两种接力涨停形态一是凹底淘金,二是凹口淘金。如果不善于擒拿回马枪形态,可以等候这两种形态。"

以上就是昨天的收评兼预报。都是根据当天的行情预判明日的行情。

今天,见图101,大盘一度下跌到我们在特训班预测的3095附近(参见《0424收评:线下卖涨的验证,关注超跌回马枪》的图示),收盘于3152点,与特训班学员神州之剑昨日预报的3152点精准对应。

个股方面,今日"一带一路"果然领涨。涨停形态以回马枪为主,另有三只凹底淘金股票涨停。由此可见,我们在特训班和在昨日收评中提示的涨停接力形态已初露端倪,今晚可继续选拔回马枪和凹底淘金的股票。

明日三线可以预设为3130、3152、3164。大盘今日首次站上3148线,应该看涨,但分时

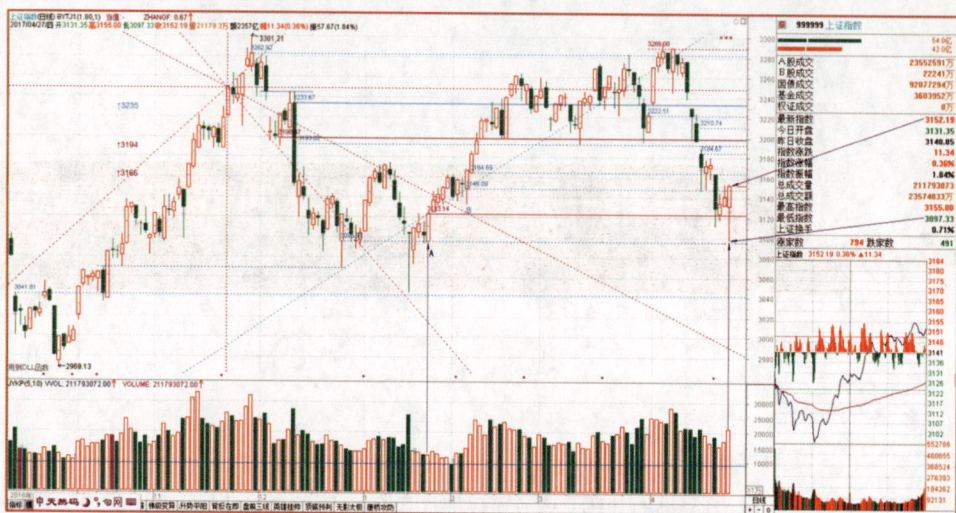

图　101

量波呈现为假阳，所以应该提防。操盘策略继续执行昨日方案，即"一是等候回撤不破3130 的机会，二是等候站稳 3148 之后的机会"。

标准和策略都讲清楚了，就看个人的看盘、操盘能力了。

071 若一味追求涨停是要吃亏的！（0501 答疑）

2017-05-01

今天是五一节，首先祝大家节日愉快，万事如意！

王子外出旅游，因网络不畅，已有三天没有和大家见面了，非常想念大家，今特意找到网络向大家祝福！王子有千言万语想和大家说，实在找不到更好的祝福语，只好借大家的祝福向大家祝福！顺便答疑如下：

（1）宏狼 2017－04－29 21:49:52：凹底淘金，持续 2 周，接着凹口过左峰，站上 21 位，老师真神。

（2）骑马人 2017－04－29 17:45:09：王子老师你把大家变得更贪婪了，你感觉到那一双双贪婪的眼睛了吗，人性太可怕了。

王子回复：首先，祝大家五一节愉快。骑马人提出的"贪婪问题"，应该是给我们大家的警示。贪婪病，必须通过市场来治理，谁贪就治谁。量学提倡的伏击涨停，只是方法训练，从伏击涨停中掌握市场规律才是王道。现在只是让大家尝尝量学的滋味，若一味追求涨停是要吃亏的。

（3）物极必反 2017－04－28 21:43:00：感恩量学，感谢王子老师为中国股民求生，股海传授独门奇学，您是股户心中当之无愧的股海明灯！近期中国股市乱象丛生，网喷帖子令人感慨万千！世间万物，生死轮回都有其自然规律，为什么股市 26 年都弄不出退市制度，供需严重失衡，任由发展。还是那句话，大道至简。望王子老师借助您的威望向监管部门力推退市制度，力推 T＋0 制度，还广大股民一片投资净土，一个公平公正的投资环境！量学不仅要发扬光大，成就更多的股市特种兵，还要让更多的普通民众穿上防弹衣。再次向老师致敬，您辛苦了！

王子回复：谢谢你提出这个严肃的问题。中国股市的痼疾，不是呼吁就能解决的问题。我一再强调"到什么山头唱什么歌，下什么河里开什么船"，就是希望量学同仁不要去想那些自我力量不能解决的问题，不要参与网喷，不要视乱象为猛兽，要看清市况，顺势而为。量学伏击涨停的成千上万案例说明，只要练好基本功了，什么样的市场都能赚钱。请看下面这些网友的实践：

（4）stream2017 – 04 – 28 10:19:36:敬爱的老师,历史在重演! 我好幸运,二龙战法今天应该大涨大卖,我执行了! 感谢老师!

（5）杨武威 2017 – 04 – 28 10:05:43:王子老师我太佩服你了,超跌有底才反弹。

（6）白沙祥子 2017 – 04 – 28 08:50:30:虽然我持有的一只股票收盘比前一日略有下跌,但根据王子老师线下买涨和替领战法,反而赚钱了。

（7）天上神仙 2017 – 04 – 28 00:30:24:今天满仓买入四只次新股,盘中全部涨停,收盘两只封死还是缩量的,另外两只收 8 个点,另外还有前晚挑的四只因为没有仓位错过四个涨停,相当于一天抓住了八个涨停板。王子老师的量学技术实在太牛了,我操作的四只和另外几个都在盘前发给朋友和几个群了,群友们都把我称为天人! 其实天人是王子老师,哈哈!

（8）imp2017 – 04 – 27 23:31:40:我前天伏击的碳元科技、数据港、创业环保,大家看看一共几个板?

（9）孙强 2017 – 04 – 27 23:17:24:感谢王子老师的 QQ 战法! 按照老师的提示,学生本周一以 0330 日的最低价 3 195.85 元为圆心,以 0407 日的最高价 3 295.19 元为半径画圆,对应最低价 3 096.51 元,没想到今天精准踩线! 再次被量学的精准神奇震撼了! 精准回踩后在量波第二个低点抬高确认后成功抄底! 这感觉太美妙了!

（10）大堤 2017 – 04 – 27 22:29:31:王子老师,您好。按照您量学超跌反弹三到位的标准,我在 0421 这天选出新宏泽002836。从 0323 至 0421,20 个交易日中沿途缩量三一和长阴短柱,假阳真阴比较明显。虽然 0406 这天涨停,但随后两天重归跌势,0414 这天近四倍的倍量柱却只涨 4 个点,未过前 0412 阴柱实底。至 0420 长腿踩进 0309 起涨前期平台,0421 缩量小阴已进至平衡底部区域,并精准对应 0228 的 25.6 元。就将其选进预报栏了。0422 平量十字星 24.5 也精准踩线。果然至今已获两个板。老师的量学真神奇。一定要认真学习啊!

（11）刘布斯 2017 – 04 – 27 22:25:12:时隔将近一年,再次抓到涨停,当时刚刚接触量学买了湖南天雁,昨天伏击了 002158 汉钟精机两天收获 16 个点,虽然底气比之前足了很多,但仍然有许多需要学习之处,前几天重仓的 000856 没有拿住,都怪自己学艺不精,买的时候是按照量学分析买的,卖的时候忘了按照量学又回到以前凭感觉做股票的状态,这种冲突不知何时才能解决,之前买数据港也是,战胜自己真不容易,唯有用量学武装起来才能突破贪婪与恐惧! 再次感谢老师,愿您健康长寿!

（12）张述华 2017 – 04 – 27 22:16:49:今天抓了两个涨停板,很有成就感太感谢王子老师了,认识您是我们的福气。

（13）睡狮 2017 – 04 – 27 22:09:43:记得我关注王子的预报时买入同力水泥是涨停的,今天又买入同力水泥并涨停,历史就那么巧,昨天博深工具被震出很不爽!

（14）老忙了 2017 - 04 - 27 21:45:38：老师好，我在 0424 买入汉中精机，理由是 0423 极阴次阳，结果当天被套，然后两天长腿踩线，形成双剑霸天下，今天开盘一字板，感谢老师并祝您节日快乐！

（15）叶开 2017 - 04 - 27 21:44:54：我的进步点：预测富春股份有大阳，最佳入场点 26 号、27 号顺利涨停。我的不足点：最近大盘风险比较大，未实盘操作。想到，看到，没做到，等于零。其中想到是最难的，分析能力才是学股最大障碍，另外，学量学容易造成频繁换股的毛病，我未实盘也是基于技术不到家，频繁换股需要很高的技术，《涨停密码》第八页最后一句：实盘操作，有些环节只需几秒钟就可以完成。我知道老师有这样的能力，我们没有，所以除了书本之外的功力，是我们最缺乏的。

王子回复：希望特训班的同学们向上面这些网友学习，客观真实地讲述自己学习和应用量学的心路历程，王子不可能一一点评，但自学就要有自我监督，自我要求。一个人对自己的要求越高，他可能取得的成绩就会越大，他对人类的贡献可能越大。

关于节后的行情，王子周五在特训群的提示如图 102 所示。

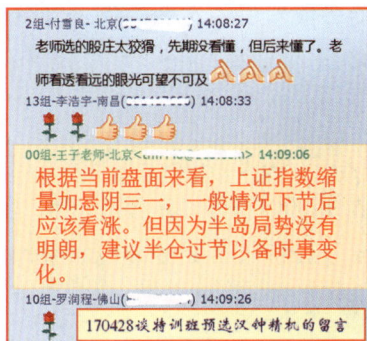

图 102

雄安基建环保火，凹底淘金必延续

（0502 收评兼 0503 预报）

2017-05-02

祝贺明灯论坛今天有 1 731 人次成功伏击涨停！原始预报记录详见明灯论坛 1784487.com 涨停预报专栏。

王子在昨日五一祝福帖子中指出："一带一路"、雄安新区相关之基建类可以长期关注，波段操作……当前的涨停趋势依然集中在凹底淘金、凹口淘金两种形态。今天是五月的第一个交易日，大盘走得不好，可雄安新区和一带一路之基建股却走得很好。特训群今日热闹非凡，有实盘擒拿几个涨停板的，请看他们的留言：

（1）银尧远留言：在老师的量学教导下，姜师兄的引导中，礼拜四分析，礼拜五介入，我今日成功伏击到 002158 汉钟精机、300117 嘉寓股份。感谢老师和师兄师姐们的付出！

（2）朱明同学留言：昨天反复分析了几只雄安股的量价，今天确认都是分析对了。感谢老师给的复训机会，真心的好。

（3）老忙了 2017－05－02 11：53：31：上周四买的中化岩土，今天开盘又是一字板，这是我参加别的股票培训所没有取得过的成绩，从心里感激老师，感激老师的量学！

王子回复：以上选录三位特训班同学的留言，"老忙了"的留言我点评过好几次了，以为是一般网友，没有想到是特训班学员。这三位同学的伏击方法比较好，伏击而不追涨，这是需要认真历练的。下面选录三位普通网友的留言：

（4）平凡简单 2017－05－02 16：54：30：我在 0418 收盘后复盘 002307 北新路桥。我把 0316，0405 实底连线，0320 实顶画黄金道、平行线。0419 后面有 3 天不过上线，0424 跌停板缩量。我就放到了目标池，0425 低点刚好在黄金道下轨支撑点拐头向上。分时线 10：25 升破均价线。于是在 16.26 元伏击。目标看左峰 21.99 元不过就出。量学神奇。谢谢老师发明的量学！

（5）只为海 2017－05－01 20：11：05：《特训班的盘前三线》这篇文章太有价值了！做股票其实是考验人心。能把炒股人心态剖析的如此准确，我想定会引起量友们的共鸣。

（6）魏先恒 2017－05－01 15：19：54：看了《特训班的盘前三线》这篇真实的文章，热泪满眶。股市尔虞我诈，坑蒙拐骗（指有的公司）。而我们的量学，量粉互相帮助，取长补短。尤其在王子老师的带领下带出那么多好师兄帮助量粉找缺点、找思路。可以讲没有哪一个团队像量学这样。我们真的是亲如一家人。佛学也是一门学问，如果再去许愿，第一个愿望就是保佑王子老师身体健康！全家幸福，平安！因为是您教会了我们如何去做人。

王子回复：《特训班的盘前三线》希望大家认真看看，对照自己的实践认真想想，用量学伏击涨停成功一两次真的不值得骄傲，失败一两次也不值得悲伤。一个人能有多少进步，完全看他心中有多大空间可以容纳。

明日盘前三线可以预设为3130、3143、3154。我在0501五一祝福帖子中讲过，一带一路和雄安新区的建设既是长线目标也是波段目标，尤其要防高位反手做空，那么可以提供一个思路：大建设、大消费、大国防是三大轮动题材，场内资金博弈，就是跷跷板，你上必然我下，你下必然我上。大家千万不要追涨杀跌，不要频繁进出，看准的目标股忍一段时间也许就要动了，主力比我们还要急。所以，凹底淘金、凹口淘金才是我们追求的效果。

073 跷跷板果然应验，高科技有望接力

（0503 收评兼 0504 预报）

2017-05-03

做主力就是要心狠，上证指数今天连续三次回踩 3130 蓝线，明明就要上攻了却再次向下踩了一下 3123 红线，拉起后又两次回踩 3130 线，才向上走。这就是量学的双线战法，守住上线、打击下线，保护自己、打击对手。

王子昨日收评指出："大建设、大消费、大国防是三大轮动题材，场内资金博弈，就是跷跷板，你上必然我下，你下必然我上。大家千万不要追涨杀跌，不要频繁进出，看准的目标股忍一段时间也许就要动了，主力比我们还要急。所以，凹底淘金、凹口淘金才是我们追求的效果。"

见图 103，今日以雄安为代表的大建设果然领跌，而以新疆为代表的丝路和航空逆市大涨，这种跷跷板效应将持续上演。

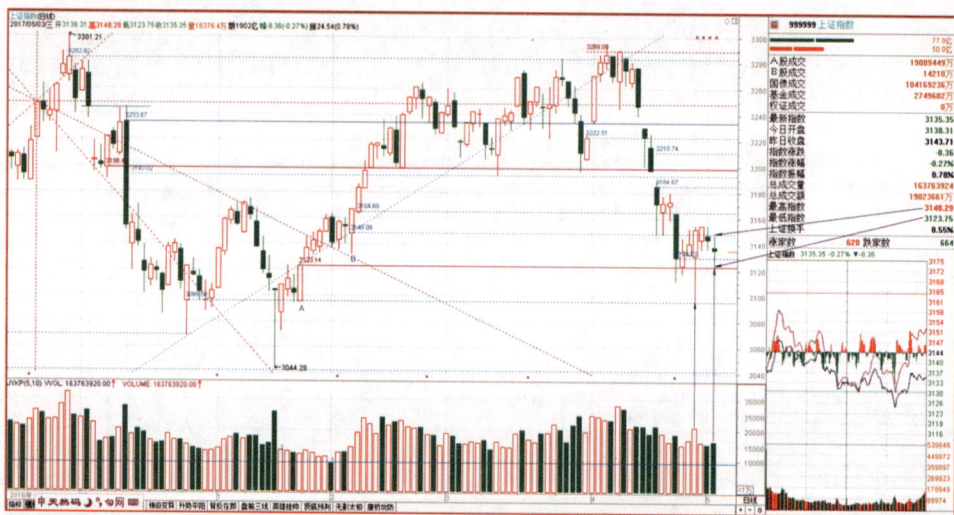

图　103

正如网友张鹏 2017－05－03 14：57：19 所言：规律不可战胜，科学谱写凯歌！王子老师

昨日收评强调小心雄安高位做空,我自凹底淘金实在是高!今日雄安果然回调,凹底金光闪闪!我今日盘前预报数据港,盘中果然涨停,盘中预报中昌数据过 4.26 高量柱时可介入,果然温和倍量封板,更有长期缩量下跌,百低筑底,卧底黄金就拉板的三祥新材,更有意思的是三祥新材前期就在同一水平处拉三板,量柱同比缩小 1/3,下面或有好戏!

王子回复:有人看我的收评只看结论不看前提,只找股票,不看趋势,谢谢你能看懂我的收评,并能知行合一,这是最难的。我在 0425 收评中指出过:"未来的行情,很可能依托 0424 大阴实顶 3164 做现场直憋。"今天的行情进一步确认了这种趋势。但愿大家能看懂。

量学基本原理告诉我们,在现场直憋行情中,容易出现超跌反弹行情,出现凹底淘金和凹口淘金涨停趋势。今天两市共计 48 只股票涨停,除去次新股、复牌股以外,几乎全部都是凹底淘金和凹口淘金形态。凹底淘金和凹口淘金一定要遵守"三到位"标准。

074

继续上演跷跷板，八字方针显神通

（0504 收评兼 0505 预报）

2017-05-04

今天是"五四"青年节，首先祝全体青年网友节日愉快。王子送大家一句话：青年是未来的精英，是可以创造奇迹的新人，望大家珍惜今天，成就未来。

王子昨日收评指出："今日（0503）以雄安为代表的大建设果然领跌，而以新疆为代表的丝路和航空逆市大涨，这种跷跷板效应将持续上演。"

见图104，今日雄安果然上翘，尾盘却突然下蹲，这种节奏让许多人难以适应，主力却游刃有余，事实再次验证了0422北大特训班制定的选股操盘策略完全正确（见图105）。用吴树文同学的话说，"上了特训班，果然技高一筹！"

图 104

还有很多成功案例我就不一一列举了。他们为什么成功？就是遵循科学的选股思路和选股方法。请看同学们的思路和方法：

13 组—吴晓红 2017 - 05 - 04 11:36:45:跷跷板有两层意思，一层是这个板块上去，那

184

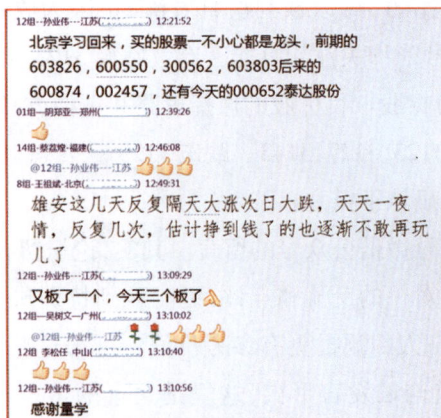

图 105

个板块就会下来，因为是场内资金的博弈；另一层是同一只股票在直憋行情中起伏。

00 组—苏天发 2017 - 05 - 04 11:42:08：上午收盘了。我们早上说过，今天的大盘，只要 0425 的王牌柱实底不被有效击破，大盘就会走双阴洗盘的走势，短期内仍有机会。但要是被有效击穿，那就还有一波下杀，最近的小凹峰就是下跌中继。而早盘的急跌，刚才在 0425 王牌柱的实底 3110 的头顶戛然而止，然后逐步恢复向上，而 10:15 分的一根放量长阳，透露了后面向上走的信息，并且得到了 1103 高量柱的验证。但是，由于只出现高量柱，没有出现高量堆，这里是否变盘，还有待下午验证，我们不可得意而忘形。很多时候，事故就是在不经意中发生的。

个股方面，雄安概念股延续启动前的手法，通过下跌甚至是破位下跌来制造恐慌，当大家都割了之后，他就拉了，因此，我们如果不能在第一时间出逃的话，就不能随意乱割，进而把自己割死。大家好好体会老师上午说的话，里面既有操盘思维的谋略，也有个股选择的策略，我们要是把老师的话给吃透了，消化了，融为自己的操盘理念了，我们就可以笑傲江湖！

13 组—陈瑛 2017 - 05 - 04 11:48:23：今天王子老师盘中指导归纳如下。

（1）目前行情：近期一段行情将延续"现场直憋"，"现场直憋"就要买跌，卖涨。

（2）操作思路：不要频繁进出，要有亏 3 ～ 5 个点的心理准备，争取 10 ～ 20 个点盈利。

（3）选股思路：把握优先级别，目标板块及个股特征（雄安→环保→基建→管网→外围→高铁→找龙一龙二或滞涨待涨的）。

王子点评：以上同学的发言，基本上领悟了我上午盘中讲解的内容。本来想全部截图发表，但篇幅太大，只好选择几位同学的总结性留言，供其他未能参加实盘的同学参考。

大盘今天又收了个假阳，而且是几乎均等的长上下引线十字星，结合量能来看，连续三天价跌量升，呈阴性左向喇叭口形态。可以初步认定有大资金底部吸筹建仓，如果不是收盘于 0427 最近高量柱实底下方，可以预判次日看涨，正因为收盘于最近的高量柱实底下方，明天应该观察"确认信号"，即关注明日能否有效站稳 3123～3131 防线。一旦确认站稳 3123 防线，即可适当伏击目标股。目标股的选择思路和选择方法参见上面同学的归纳。

明日三线可以预设为 3123、3127、3143。跌破 3123 就要忍。现场直憋行情要舍得大涨大卖、大跌大买。关键在于确认下线。

许多网友留言，要求打开微信公众号的留言。其实，论坛留言比微信留言更宜于保存，更宜于截图说话，更方便一对一的交流和点评，更能看到特训班学员（如老兵帅克、神州之剑）的盘前预报，比单看我一人的预报更有参考价值。因为这些学员的预报效果往往超过王子本人，希望大家能适应论坛发言形式，这里是大家的留言板和训练场。熟悉一下就好了。

075

跳空赶底极阴现，亟盼三低出次阳

（0505 收评兼 0508 预报）

2017-05-05

图　106

　　周四的收评指出："明日（0505 周五）三线可以预设为 3123、3127、3143。跌破 3123 就要忍。现场直憋行情要舍得大涨大卖、大跌大买。关键在于确认下线。"

　　周五的大盘跳空于 3114 开盘，直接跌破 3123，那么，周四收评中的最后一句话"关键在于确认下线"就成了周五的焦点。我仔细观察了四个小时，几乎没有找到理想的介入点。盘中最低点跌破了峰间凹底测幅线 3095，瞬间抵达 3092，午后一直以 3100 为中轴横盘，似乎可以介入，但没有确认信号实在不敢介入。

　　众所周知，王子除了发表《收评》以外很少发《提醒》，王子在 4 月 10 日收评之后又发了一篇《提醒》，当时说短期的阵痛必然到来，也实在没有料到会有这么深的跌幅。4 月 22 日的特训班上也讲过图中这个峰间凹底测幅线，从内心不敢想到会有这么深，说心里话，在欧美及香港股市迭创新高、中国一季度 GDP 增长 6.8% 的情况下，中国股市却连续大跌，王子的确不敢相信会跌到峰间凹底测幅线，但它竟然就真的跌到这条线上。在令人惊心的同时，又无不令人寒心。我们许多投资人，实在经不起这样无休止的屠杀了，在希望管理层认真反省的同时，也希望投资人不要倒在黎明的前夜。

见图106，从收盘的量价组合看，量柱稍微缩量，价柱跳空大阴，与前面的三阴组合成第四个跳空阴，与左侧0110的五连阴相似，那么明天（0508周一）很可能出现与0116相似的长腿（不一定完全相似）；另外，只要不是有效跌破3095防线，当量波健康地站到3105上方，可能就是最近的介入点。这是从大盘的角度研判的两个介入信号。

个股方面，应该考虑"三低股票"（详见0410盘后提醒），重点考虑超跌回马枪形态，特别是最近有过百日低量而没有大跌甚至翻红的股票，对于涉及"一带一路"、雄安新区的基建、环保很可能继续玩跷跷板，所以不能忽视。

连续跳空五连阴，不见信号不动手

（0508 收评兼 0509 预报）

2017-05-08

见图 107，今日大盘继续跳空下跌，异常惨烈。和昨天一样，我仔细观看了全天的量波形态，跳空阴后拉拐很小，下跌平缓，全天没有出现介入信号，所以今天没有动手。

图 107

大盘从 0502 开始，连续五个跳空下跌，形成了第五个梯量阴柱，这是大资金底部吸筹的迹象，有些个股呈现超跌大阴柱，更是底部吸筹的迹象。所以，没有空仓的网友请不要再割肉了。因为从 0313 灯塔柱 D 线来看，大盘很可能在 3053 左右触底回升。回升的主力可能由大金融和高科技来承担。

明日重点关注 3053 一线能否守稳，能守稳，可以视量波的形态（最好是出现 V 型尖角波加健康回升波）适量打点底仓，如果不能守稳，请继续观望。

个股方面，依然寻找三低（即低市盈率、低市净率、低价蓝筹）股票。详见我在 0410《提醒》中的解读。

极阴次阳抵阴半，真假反弹待确认

（0509 收评兼 0510 预报）

2017-05-09

王子昨日收评指出："明日(0509)重点关注 3053 一线能否守稳，能守稳的话，可以视量波的形态(最好是出现 V 型尖角波加健康回升波)适量打点底仓，如果不能守稳，请继续观望。"

见图 108，今日最低点 3056，有凌厉的 V 型尖角波，但波幅不深，没有形成量学的介入信号，所以王子今日还是观望。最近一周，王子边看盘边看《人民的名义》，每天 10 集，今天终于看完大结局。明天，也许本轮大跌就是大结局吧。因为今天的最低没有抵达 3053，大盘缩量抵达昨阴二一位收盘，这应该是企稳信号，但反弹的力度松松垮垮，反弹的战线稀稀拉拉，充分体现出抄底者犹犹豫豫的心态。

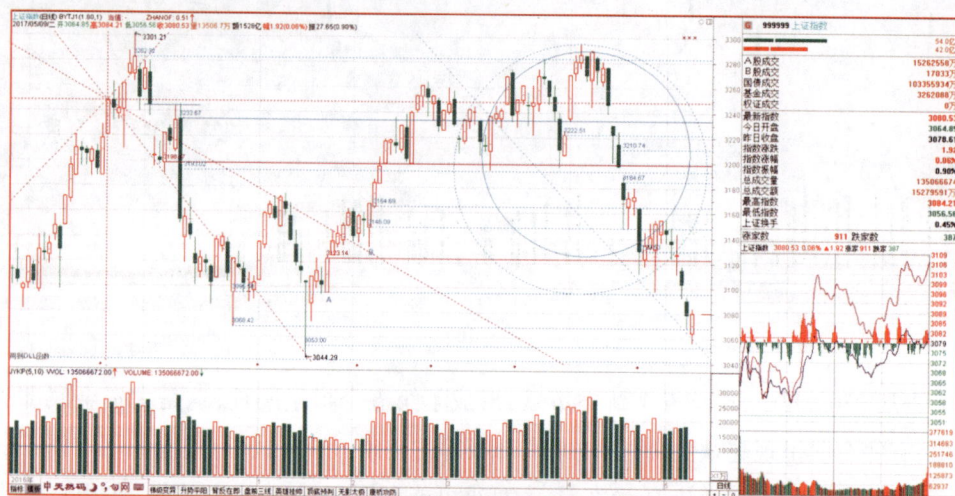

图 108

那么，明天应该还有一次探底动作，特训班的同学们请注意，只要有深幅 V 型尖角波出现，且在 3053 上方出现有效反弹，那就可以适量打底仓了。我已做好明日建仓准备，只要信号出现，就可适当参与。

选择的目标股主要是 3S 形态加超跌三低。

精准回踩预报值，静待伏击信号现

（0510 收评兼 0511 预报）

2017-05-10

王子昨日收评指出："明天（0510 周三）应该还有一次探底动作，特训班的同学们请注意，只要有深幅 V 型尖角波出现，且在 3053 上方出现有效反弹，那就可以适量打底仓了。我已做好明日建仓准备，只要信号出现，就可适当参与。"今天下午我在特训群补充了一句话："今天即使到了 3053 也不要急于抄底，因为时间不够"。

见图 109，上证指数今天最低打到 3051 点，收盘于 3052，误差 1 个点。收盘后，我让特训群的同学们用斜衡线的计算方法计算如下数据：

以 0313 的实顶 3237.12 点与 0315 的虚底 3227.74 点连线，测算此线最近几天的当值是多少？

图　109

结论：明天当值 3051.42 点，与今日最低点 3051.59 误差仅仅 0.17 点。

今天的量波没有建仓信号，王子没有动手，也提醒特训班学员不要动手。明天请注意：

今日低点创新低，我们的介入点也应适当降低。明天的指数可能继续创新低，只要不是有效跌破 3044～3037，当量波回到 3051 上方且量波健康无忧时，可以适量打点底仓而不能大举建仓，因为要防止大盘回补 3020 缺口，请继续等候抄底信号的出现。已经被套的网友请不要急，中到大阳近两日随时可能出现，关键在于忍。

个股方面，王子周一、周二连续两天提醒的大金融今日周三表现良好，张家港行逆市涨停，带动一批中小盘银行股普涨，但大盘银行股没有跟进，我们可继续关注这个板块和大消费板块的动向，一带一路、大建设已下跌多日，也有随时爆发的可能。现在重点选拔近期有百日低量、有卧底王牌柱、有底部异动的股票。例如今日涨停的太极实业、天科股份、上海亚虹的形态可以参考。

希望大家能选到如意的目标股，但明天不一定要伏击。一定要等候大盘出现介入信号后再介入。

如期小反雄安强，不过此线不加仓

（0511 收评兼 0512 预报）

2017-05-11

特训群的同学们今天守候介入信号整整两个半小时，大盘 13:31 时跌破 3020 防线，2 分钟后又收上去，13:40 出现健康波，见图 110，王子在 13:43 时发出适量打底仓信息。目标是雄安"一带一路"和三低股票，雄安中的真正龙头是环保，和 0422 北大特训班上分析的完全吻合。今天只是初步确认反弹，仓位不要超过三一位。由于昨晚孙鹏班长和同学们视频交流做好了功课，今天许多同学成功伏击了涨停，非常开心，但最开心的是有同学在今天的守候中，坚守自己的操盘策略，不追击涨停而是冷静做自己的目标股。请看同学们的对话（见图 111）。

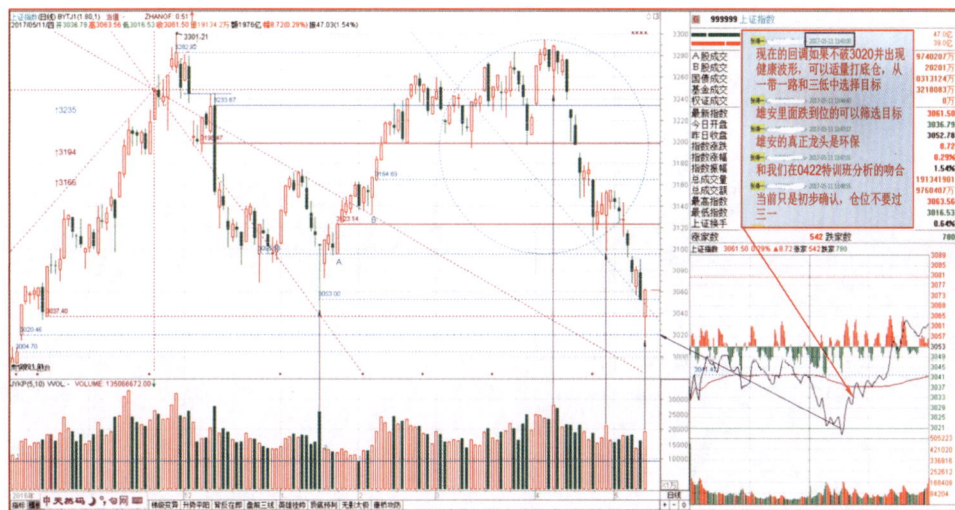

图　110

今天的大盘表面上是"中阳"，用量学透视镜来看，应该是假阳，"假阳真阴，务必小心"，所以仲展同学提示防止明日再杀回马枪。

今天午后的反弹，特训班的同学们没有抢反弹，而是伏击昨晚自己筛选出来的目标股，

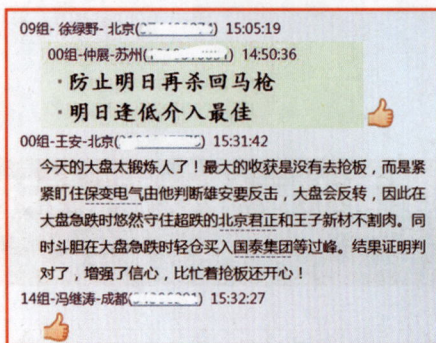

图 111

王安同学在大盘急跌时悠然守住超跌的北京君正和王子新材,同时斗胆在大盘急跌时轻仓买入国泰集团等候其过左峰。结果证明其研判对了。

任凭风浪起,稳坐钓鱼船,这就是特训班学员应该有的作风。王子特向特训班的同学们致敬!

明天若继续反弹却不能站稳 3071 上方则要防止突然回落,那么我们的操盘策略就是"大涨大卖,大跌等待"八字方针;若能站稳 3071 上方且量波健康,就可加仓三一位。

目标股今天已在上面的盘中交流中讲过,这里不再重复。祝大家今晚找到如意的好股票。

中到大阳如期现，两种预案迎峰会
（0512 收评兼 0515 预报）

2017-05-12

祝贺明灯论坛今日有 1 360 人次成功伏击涨停。详见 www.178448.com 涨停预报大赛预报表，见图 112。

伏击人	成功	成功率	伏击股票	伏击理由	伏击时间	当日	当前价	涨幅	涨停	涨停日期
i52013	38	71.70%	创业环保	创业环保	2017-05-12 10:36	21.7	22.480	3.59%	1	2017-05-12
freesky73	3	25.00%	中昌数据	触底反弹	2017-05-12 10:38	17.99	18.820	4.61%	1	2017-05-12
凌寒子	359	29.33%	中昌数据	黄金	2017-05-12 10:41	17	18.820	4.79%	1	2017-05-12
潜伏只为抓小偷	165	40.84%		搭梯	2017-05-12 10:45	21.4	22.180	3.55%	1	2017-05-12
廖伯通	915	59.53%			2017-05-12			3.61%	1	2017-05-12
非常阳光	509.5	49.90%	银龙股份	涨停基因	2017-05-12 10:50	27.96	29.390	5.11%	1	2017-05-12
飞鹰过岗	442	43.25%	中昌数据	600242双阴洗盘	2017-05-12 10:52	17.94	18.820	4.91%	1	2017-05-12
秦时明月@	2	12.50%	银龙股份	过左峰	2017-05-12 10:53	28.29	29.390	3.89%	1	2017-05-12
fzh888888	82	33.61%	坤彩科技	涨停密码	2017-05-12 10:54	23.85	25.710	7.80%	1	2017-05-12
商品竹饿	23	25.27%	中昌数据	长阴框柱+连续缩量31+回踩黄金顶倍量涨停+长腿回踩黄金顶+黄金顶上阳盖阴	2017-05-12 10:56	17.93	18.820	4.96%	1	2017-05-12
日积硅步	47	45.19%	中昌数据	回马枪	2017-05-12 11:05	18.18	18.820	3.52%	1	2017-05-12
只在下午抓小偷	23	22.12%	中昌数据	4日缩恐量+踩底踩顶	2017-05-12 11:06	18.19	18.820	3.46%	1	2017-05-12
忆思2012	344	45.44%	银龙股份	过左峰	2017-05-12 11:08	28.48	29.390	3.20%	1	2017-05-12
老忙了	2	15.38%	银龙股份	缩量上涨，双阴洗盘	2017-05-12 11:13	28.21	29.390	4.18%	1	2017-05-12
元宵花瓷	237	40.17%	联泰环保	倍量伸缩	2017-05-12 11:13	25.22	26.880	6.58%	1	2017-05-12
lxzh	17	40.48%	联泰环保	涨停基因	2017-05-12 11:15	25.99	26.880	3.42%	1	2017-05-12
i52013	38	71.70%	联泰环保	联泰环保	2017-05-12 11:15	25.72	26.880	4.51%	1	2017-05-12
xtrrdf	45	24.32%	银龙股份	涨停板的理由	2017-05-12 11:20	28.39	29.390	3.52%	1	2017-05-12
xavier333	55	39.01%	信募达鑫	准备拉升	2017-05-12 13:07	7.23	7.690	6.36%	1	2017-05-12
磕死庄家	7	87.50%	坤彩科技	回马枪	2017-05-12 13:22	24.61	25.710	4.47%	1	2017-05-12

图 112

有成千上万人不相信能够伏击涨停，结果，这成千上万人都参与并实践了伏击涨停。当然，不可能人人天天成功伏击涨停。量学的目标是：取法其上，得乎其中，以伏击涨停的最高标准训练自己的眼光，每周能够有 3 个点的收益即心满意足矣。

王子前天（0510 周三）收评指出："中到大阳最近两天随时可能出现"，从昨天到今天，两天两个中阳，应该合成一个大阳吧。从 0410《收评》后补充的《提醒》开始，我们成功地连续减仓三一至空仓等候抄底，最难熬的最后一周终于过去了，从昨天周四建仓到今天周五加仓至五三，量学指导我们走过了一个完整的轮回。

这 20 多天来，大盘从 3295 跌到 3016，跌了将近 300 点，我们没有怨天尤人，没有模棱两可，除了一天预报错位外，几乎天天预报精准。特别是 0422 北京大学实盘特训班上王子对当前行情的研判，对基建、雄安、环保的预判，以及最近两周对大消费、大军工、大金融轮动的预报，均一一如期兑现。这就是量学给我们带来的喜悦。请看特训群对博天环境交流：

图 113：昨天的交流。

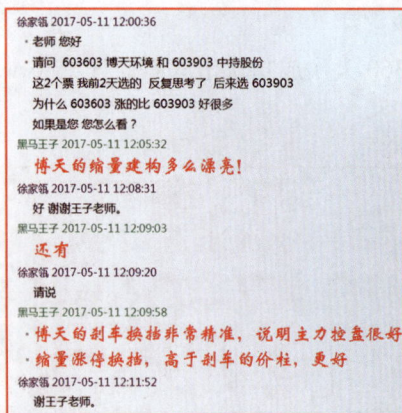

图　113

图 114：今天的交流。

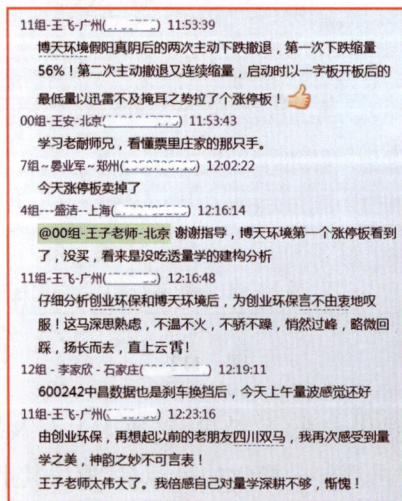

图　114

　　明天(0515 周一)应该重点关注 3095 防线。我在 0422 特训班上讲过"利好兑现是利空"的基本原理,5 月 15 日是全球"一带一路"峰会结束日,我们的预案是在峰会结束之前将"一带一路"股票逢高出货。但是从目前的盘面来看,这个预案应该"顺势调整"。

　　第一种情势:因为峰会之前没有出现疯涨,昨天和今天也没有过度热炒,有可能峰会结束日形成"一带一路"及基建环保股的高潮。那么,只要目标股在周一没有出现发烧柱,就可以持股待涨;一旦目标股出现发烧柱就要及时出货。

　　第二种情势:A 股主力素有投机取巧本能,很可能在早盘迅速拉高出货,一旦发现冲高出货的量波形态,我们就要顺势及时出货。

　　就目前情况来看,为了保证全球峰会的热烈气氛,主力最可能顺应第一种情势,我们的操盘策略应该集中到量线上:

　　第一预案:若大盘有效守住 3095 防线,就可持股待涨,否则出货;

　　第二预案:若大盘有效突破 3105 防线,可以继续加仓,否则不动。

　　以上预案仅供参考,一切以实际盘面信号为准。

勒索病毒勒大盘，关注超跌到位股

（0515 收评兼 0516 预报）

2017-05-15

本月股海明灯《伏击涨停大奖赛》即将进入下半场，当前名列第一的是特训班学员舒适（预报 30 只股获得 22 个涨停，成功率为 73.33%）按照大赛的公平原则，第一名若是特训班学员，第二名自然升为第一名，也就是两个冠军可以同时享受 19 800 元奖学金免费参加 6 月 10—14 日的人大量学特训班。望参赛者继续努力，见图 115。

伏击涨停大奖赛

股海明灯论坛 WWW.178448.COM

| 我的预报 | 他人预报 | 涨停记录 | 年排名 | 月排名 | 特训 |

请选择： 2017年5月排名 ▾ 提交

2017年5月1日 至今的排名（实时更新）1225

| **1** | 2 | 3 | 4 | 5 | 6 | 7 | 8 | 9 | 10 | ... 41 | 1 / 41 页 |

下一页 ▶

排名	班级	预报人	预报总数	涨停数	成功率	绩效分
第1名	Q1503	舒适	30	22	73.33%	16.13
第2名		言之早	45	26	57.78%	15.02
第3名		三严三实	42	25	59.52%	14.88
第4名		三人行有我师	41	24	58.54%	14.05
第5名		分享涨停	22	17	77.27%	13.14
第6名		friendsli2008	45	24	53.33%	12.80
第7名		风哥001	38	22	57.89%	12.74
第8名		漫步南山	39	22	56.41%	12.41
第9名		盯二高	36	21	58.33%	12.25
第10名	R1607	易文斌	39	21	53.85%	11.31

图　115

今天的大盘被勒索病毒勒索了。十大信息安全股一字板涨停，和 0405 雄安一字板一样，除非你原先就在里面，否则根本无法进去。美亚柏科开板仅仅一分钟，就有大量筹码涌出来，可见场内筹码对突然的涨停板很不适应也很不放心。这就是当前的投资者心态。

主力也饱受这种投资心态的苦恼。面对王子昨日设定的 3095 防线，早盘的瞬间突破是勒索病毒引发的无效突破，然后三波攻击都未能突破 3095 点，收盘于 3090。全天没有主攻方向，没有核心板块，说明主力也担心为他人做嫁衣。因为摆在雁栖湖上的天大利好世人皆知，所以不敢做。要做，只能做世人不知或世人后知的板块。今日午后的京城地产拉升，就是世人不知或世人后知的板块。但其持续性应该不能与雄安相比。

上周四开始的反弹，今天收于 3090，这是收在本轮下跌的二一位上方，目前价升量缩，持股者不愿在这个位置卖出，要么提高售价引诱出货，要么继续打压逼迫出货。所以，明天（0516 周二）的走势非常关键。

我们应该把主力想得更坏一点，明日盘前三线预设为 3078、3090、3108。主力陈兵 3090 不冲，有待金融或超跌板块发力。

个股方面，注意力还是应该放在大建设的基建环保领域（雄安、京津冀、粤港澳以及"一带一路"），高科技今天被勒索病毒激活，此前一直绵延下跌，跌无可跌，正好可以借机反弹一下，但其持续性有待观察。那么超跌绩优股或超跌三到位的股票将是下一波反弹的主力。

超跌到位大反弹，回踩此线可大买

（0516 收评兼 0517 预报）

2017-05-16

见图 116，今日大盘先大跌后大涨，昨日收评中强调的雄安环保果然一路领涨，尾盘竟然真的到达预设的 3108 上方。许多网友留言：太神奇了！太过瘾了！王子老师的 3108 是怎么来的？

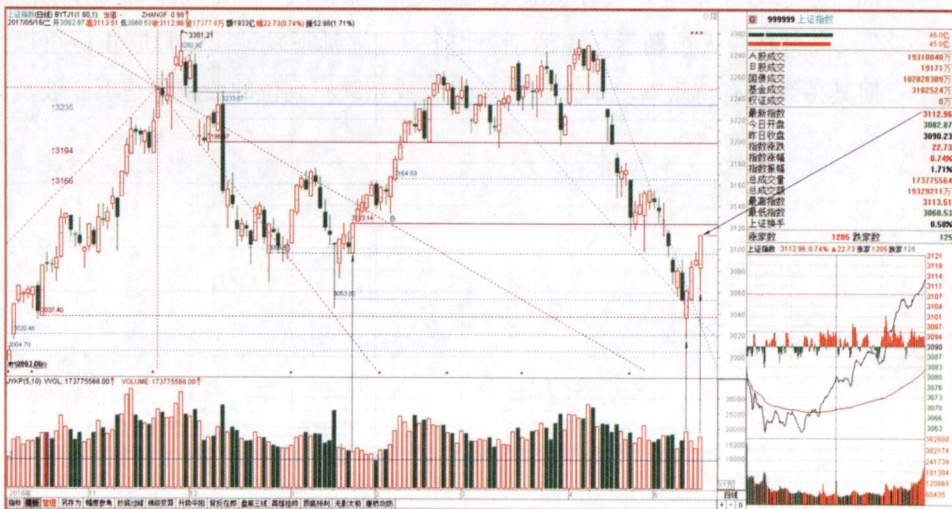

图 116

王子答曰：按照量学的 3121 法则，预判今日应为强势震荡反弹，所以取 0428 的最高点减去 0511 的最低点除以 3，求得今日 31 位即 3108 点。若不会计算，可以用通达信画线工具里的测幅工具也能求得。

今日特训群里捷报频传：

讨论一：胜不骄，时刻想着还有更高的高手，见图 117。

讨论二：认真看懂收评的内在逻辑必有收获，见图 118。

今日大涨了，大家喜笑颜开，但王子心中还有些许不安，请看今日上证日象图的右下方

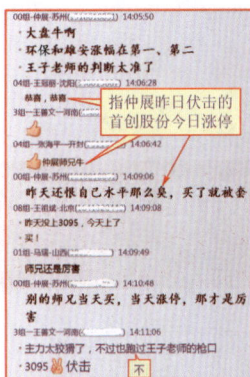

图 117

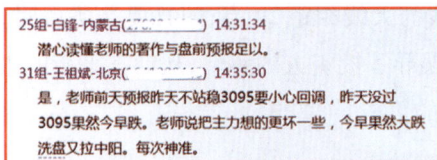

图 118

分时图，人线与天线相距 29 点，明日要严防重回 3095。所以大盘三线预设为 3095、3112、3130。就当前行情看，只要不是有效跌破 3095 又可以大跌大买了。

　　个股方面，今日是超跌到位股大面积反弹，明日可能还是这种势头，所以今晚要重点选拔这类股票。明天看盘操盘时，雄安环保股则要视反弹幅度结合量波情况适当减仓。

如期调整未到位，矫枉过正等机会

（0517 收评兼 0518 预报）

2017-05-17

王子昨日收评指出人线与天线相距 29 点，明日要严防重回 3095。见图 119，今日最低点 3101，是 3100 整数关口误导了投资人的感情，从动态平衡的角度看，这里没有回调到位，还有继续下探 3095 ~ 3090 的可能。

图 119

因为，昨日人线与天线相差 29 个点，今天至少应该向下回调 14.5 个点打到 3097 左右才能找到平衡，按照调整必须矫枉过正的原理，所以应该预设打到 3095 ~ 3090 点，有待日后验证。

操盘策略：可以参见昨日收评的讲解。

个股方面：昨日收评指出的超跌到位股今日大面积启动，特别是超跌三到位的股票借助凹底淘金手法大面积涨停。今晚可继续筛选此类股票。

许多读者留言，要求详解 0410 ~ 0511 量学精准逃顶抄底的全过程，因时间有限，只能放到明灯论坛的周末讲座去讲。

矫枉过正收精准，不破此线打底仓

（0518 收评兼 0519 预报）

2017-05-18

0516 大盘大涨（见图 120），全网股评人士都在大叫反弹开始了，但王子在收评中指出：今天人线与天线相距 29 点，属于量学假阳，应该严防回调。明天看盘操盘时，雄安环保股则要视反弹幅度结合量波情况适当减仓。

图　120

0517 大盘微调，王子收评再次指出：0516 天线与人线相距 29 点，至少应该回调 14.5 点到 3095～3090 左右。今日果然精准收于 3090 点。特训班陈佑东同学兴奋地写道："3090！九天五精准。可以戏称为九五至尊精准线也。"

0518 大盘大跌，雄安股果然大幅回调，我们特训班的同学们是怎么应对的呢？请看特训群的留言（见图 121）。

陈佑东班长 14:05 时留言："雄安的票主力做票手法风格变了，不同于第一波的单边上涨，买进就能有收益。现在必须把握进出的节奏感，波段操作。因为雄安票振幅很大，节奏

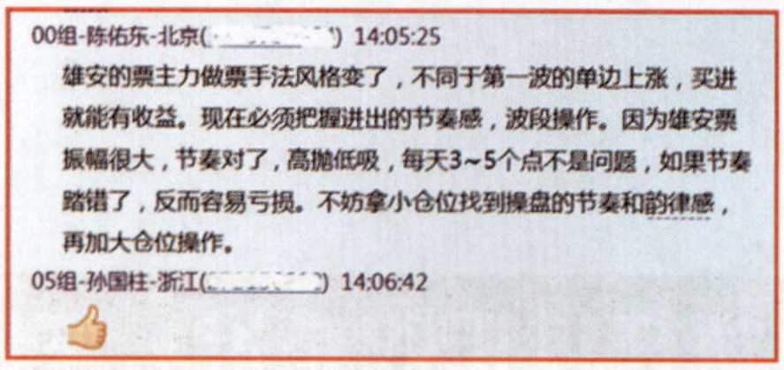

图　121

对了，高抛低吸，每天 3～5 个点不是问题，如果节奏踏错了，反而容易亏损。不妨拿小仓位找到操盘的节奏和韵律感，再加大仓位操作。"其操作方法见图 122。

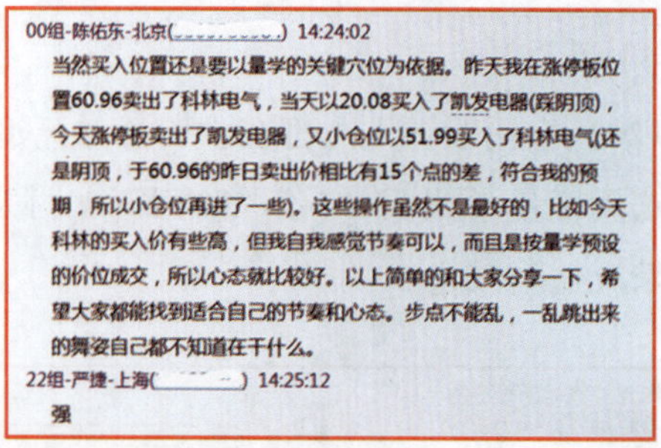

图　122

陈佑东的操作方法非常具体："当然买入位置还是要以量学的关键穴位为依据。昨天我在涨停板位置 60.96 卖出了科林电气，当天以 20.08 买入了凯发电器（踩阴顶），今天涨停板卖出了凯发电器，又小仓位以 51.99 买入了科林电气（还是阴顶，于 60.96 的昨日卖出价相比有 15 个点的差，符合我的预期，所以小仓位再进了一些）。这些操作虽然不是最好的，比如今天科林的买入价有些高，但我自我感觉节奏可以，而且是按量学预设的价位成交，所以心态就比较好。以上简单的和大家分享一下，希望大家都能找到适合自己的节奏和心态。步点不能乱，一乱，跳出来的舞姿自己都不知道在干什么。"

量学的操盘，"一要看准穴位，二要看准位置，三要看准目标，四要看准节奏"。陈班长把握得很好，一气呵成，自由自在。

明日三线预设为 3071、3090、3108。当前的回调是正常回调，只要不是有效跌破 3071 线，可以适当打底仓。目标股参见 0410 和 0516 收评。

085

试解 3090 十日六精准的量学奥秘

（0519 收评兼 0522 预报）

2017-05-19

今天的大盘又精准收于 3090 点，这是最近十天六次精准对应了。许多网友希望王子讲讲这"十日六精准"的奥秘。请看网友"天地人"留言：

最近十天，大盘六次精准对应 3090 点，全被量学预测到了，这是任何一门传统技术无法实现的预测，量学真是太神奇了！能讲讲其中的奥秘吗？

王子答曰：量学的任何预测，都是根据量柱价柱留下的痕迹作出的，也就是根据主力在盘面上走过的足迹来探测股市内在的动态平衡规律，这类似于侦探破案，就是根据小偷的行为足迹来探测小偷的行为意图。

以图 123 为例，本轮大跌至 B 柱是现场直憋后的挖坑动作，但是其开盘价刚好打在3090 点，即打在 A 柱的精准二一位。

图　123

为什么要盯住这个位置呢？因为 A 柱是前轮行情的起点。量学告诉我们，任何一轮行情的起点，都是一个重要的平衡点。这是3090第一次引起我们的关注。

再看B柱后隔一日即0510周三大阴：其最高价精准对应3090，即确认这个点位是当前的重要平衡位。王子在当天的收评中预判"最近两日将有中到大阳"，果然其后两天实现了中到大阳，其C柱的最高价第三次精准对应3090，这三次精准对应3090都是隔一天对应一次。这好比是跷跷板运动，在3090一线找到了平衡点。接下来两天的行情和预判，详见昨日收评见图124。

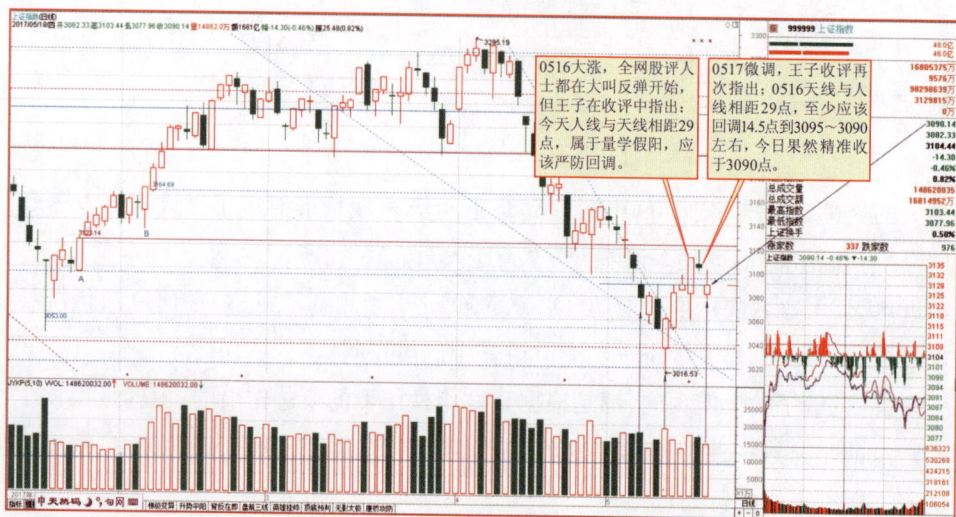

图　124

直到今天收盘，十日六次精准对应3090，说明这个平衡点非常准确。

但是，请看这六个精准对应的价柱，都在3090下方，只要能突破3090的压制，行情才能向上。刚刚看到特训群有同学预测周一必然向上，理由是3090一线对应的量柱已呈红肥绿瘦，即十天七红。

王子提醒一下，这十天内还有四根假阳真阴，务必小心。所以周一的三线依然沿用今日三线3071、3090、3108。操盘策略依然沿用今日操盘策略。

086

关注三到位的凹底淘金股票

（0522 收评兼 0523 预报）

2017-05-22

特训学员留言：周五看王子老师的收评，感觉不过瘾；今天结合盘面来看收评，突然感觉太过瘾了。特别是王子老师关于"十日六精准"的论述，是从这六个精准点的位置和方向预判压力，令人感触颇深；另外，王子老师针对我关于"十日红肥绿瘦"的观点，提出了"十日四假阳"的分析，简直是点睛之笔。今日的大盘完全应验了王子老师的预判。

王子回复：孔子说"温故而知新，可以为师矣。"其意是："温习旧知识，从中获得新的理解与体会，凭借这一点就可以成为老师了。"这位同学结合今天的盘面理解周五的收评，得到了新的体会，这就是收获。把这样的收获完整地讲出来，并告诉其他的网友，这就是"为师"。师道就是传道授业解惑，帮助别人就是提高自己。要是每个网友每天都能进步一点点，那就了不起了。

见图 125，今日指数虽然打破了预设的 3071 点，但在其下方的时间累计不到一小时，从量波形态上看，没有发出介入信号，故今日不宜打底仓。

图　125

一般情况下，明日盘前三线可以预设为 3060、3075、3095。但考虑到今日量价双向胜阳的建构，明日有打到 0512 大阳实底 3054 的可能。这里是本轮行情的起点，但愿能在此探底回升。如果量波健康，可以适量打底仓。

个股方面，要重视三到位的"三低股票"，特别是近期缩量一倍或缩为百日低量的股票，将有凹底淘金的机会。

087

放量精准探底后，反弹逼近临界点

（0523 收评兼 0524 预报）

2017-05-23

王子昨日收评指出："一般情况下，明日盘前三线可以预设为 3060、3075、3095。但考虑到今日量价双向胜阳的建构，明日有打到 0512 大阳实底 3054 的可能。这里是本轮行情的起点，但愿能在此探底回升。如果量波健康，可以适量打底仓。"

见图 126，今日大盘最低点 3050，比预期的低 4 个点；收盘于 3061，比预期的高出 1 个点。在如此连续大跌的态势下还能如此精准，说明主力对当前的动态平衡把握得非常到位。正如特训班有位同学讲的，这种有计划、有节制的撤退之后，必然会有计划、有节制的进攻。从今天的放量阴柱来看，今天的确有主力资金在底部吃货，而且比昨日吃得更多。

图 126

刚刚收到许多网友来信，说许多股评人士都说上证指数失真了。真的失真了吗？为什么我们昨天预报的数值今天却能精准兑现？为什么最近连续大跌五天我们的预报却天天精准？事实再次说明：不是上证指数失真，而是传统技术失真！从股灾 1.0 至今，总有人说上证指数失真,可我们的预报每次都能精准兑现。动脑筋想想吧,不要再上当受骗了。

从今天的量波来看,没有进场点,明天应该有。并且很有可能重演 0511 的探底回升走势,只是时间周期差一点,所以明后两天将有反弹出现。

明日盘前三线可预设为 3050、3061、3087。根据当前主力的吃货需要,还有可能打到 3036 再回升。那么,空仓者可以在此线上的凹口伏击一把,但不要重仓。因为反弹的后劲现在很难预判,只能从反弹的有效量波出来后才能预判。

个股方面,除了次新股以外,今天两市只有三只股票涨停,它们是:

龙建股份:缩为百低后的凹底淘金;

回天新材:假阴后缩量有底回马枪;

绿景控股:平量卧底王牌凹底淘金。

这三只股票的逆市涨停,再次说明昨日选股提示的正确性和实用性。即:要重视三到位的"三低股票",特别是近期缩量一倍或缩为百日低量的股票,将有凹底淘金的机会。今天再加一条,还要重视回马枪。

088

如期长腿反攻后，对付假阳看两招

（0524 收评兼 0525 预报）

2017-05-24

0516 周二，全网都在大叫要大涨时，王子在收评中指出"今日是假阳真阴务必小心"。次日果然跳空向下连跌 5 天。

0524 周二，全网都在大叫要跌破 3000 点，王子却在收评中指出"逼近反弹临界点"，将会出现 0511 式长腿反攻，回马枪将批量涨停。今天果然长腿反攻，出现回马枪批量涨停。初步统计，特训班的同学们先后擒获了濮阳惠成、石化机械、盾安环境、中材节能、大禹治水、建新股份等股票。

这都是量学动态平衡规律提前给出的信号。今日特训群里捷报频传，鲜花如瀑。今天早盘 09∶46 时，北大特训班马瑞同学指出："我感觉庄家开始按照王子老师的剧本演戏了。"此后果然如此。先跌破 3036 防线，然后升到 3050 一线，再次下探 3036 防线后开始反攻，而回马枪股票从早盘即开始出现，午后开始涌现，最终收盘于 3064，见图 127。

图　127

许多传统技术派人士留言：王子老师说 0508～0519"十日四假阳"，我们只能找到一个假阳，请问怎么识别"假阳真阴"。量学的标准非常明确，第一，凡是低开高走未能攻克昨日半阴的就是假阳，如 0509 的中阳实际是假阳；第二，凡是低开高走攻克昨日阴柱但人线远离天线的就是假阳，如 0516 的大阳实际上是假阳。再看今日这根缩量长腿阳柱，没有攻克昨日大阴二一位，人线低于天线六格，是明显的量学假阳。所以这里有必要多一份警惕。

按照量学"左证明、右确认"的原则，若明日跳空向上则可确认反弹成功，否则不宜乐观。因为本月只有最后两个交易日了，此后便是端午节长假，在当前盘势纠结的情况下，主力不敢重仓过节，我们也要顺势而为。

如何应对今日假阳？我在特训群的建议是：对于今天回马枪涨停的股票一分为二，凡自救型的今天或明天宜逢高出货，凡稳健型的明天可看势而定，若拉拐超格也出货。

今天在特训群对于雄安股票的建议是：根据三一二一和踩脚原理，区分出强庄、精庄、狡庄三个类别，按照 0422 特训班上制定的波段轮动法则和各自的操盘级别，选择对应的操作预案。

有同学反映：最近又犯了"特训归来灵半月"的困惑，0422 北大特训归来的前半月操作很顺，后来就犯迷糊了。为此，新华社湖北分社原社长王安先生结合自己的操作实践，将在 0611 人大特训班上帮大家解开"特训归来灵半月的困惑"。经与人大特训班沟通，北大特训班的中级班学员可以参加人大中级班的复训。

089

黑马王子老师 0524 在北大特训群的盘中交流（0524 实盘）

（班长吴启华根据 QQ 群文字整理）

00 组－苏天发－厦门（＊）8：49：24：见图 128。这是真正为可燃冰钻采设备提供零部件的上市公司，此前的可燃冰概念中的个股，大多都出来否认了。

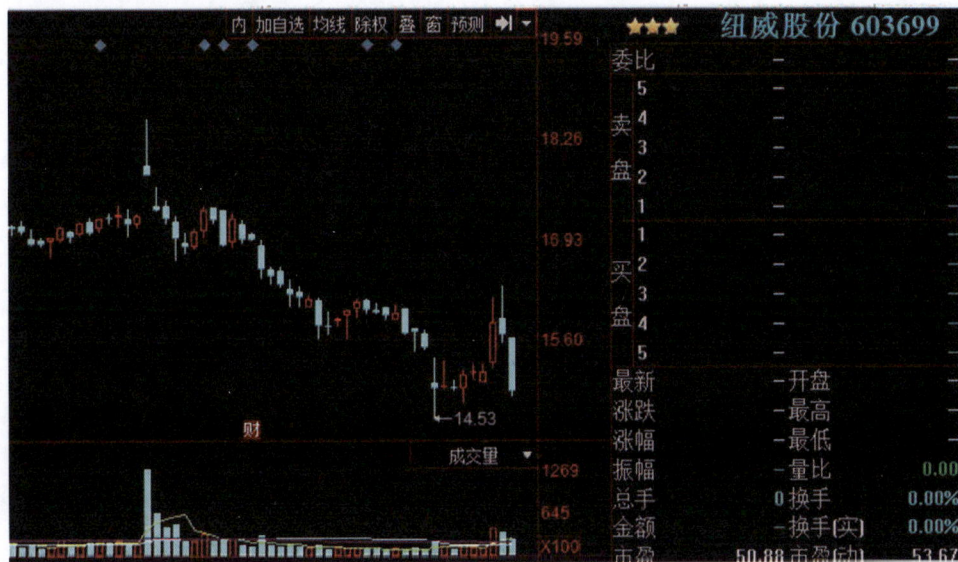

图　128

12 组－梁键枝 8：51：28：奇怪了，他没有例如可燃冰的概念。

08 组－王祖斌 9：03：09：可燃冰属于海洋油气，按照三大石油公司分工，属于中海油业务范围内，真心和中石油中石化没半毛钱关系。

王子老师 9：24：51：对！纽威股份，头部首跌缩倍、近日长阴短柱，可以关注！

目前大盘，陡峭的急跌之后，注意量波变化。

王子老师 9：42：35：不要急于抄底，等 3036 上方出现可靠的圆角波，最可靠的时机应该在量波过左峰出现回踩式圆角波，见图129。

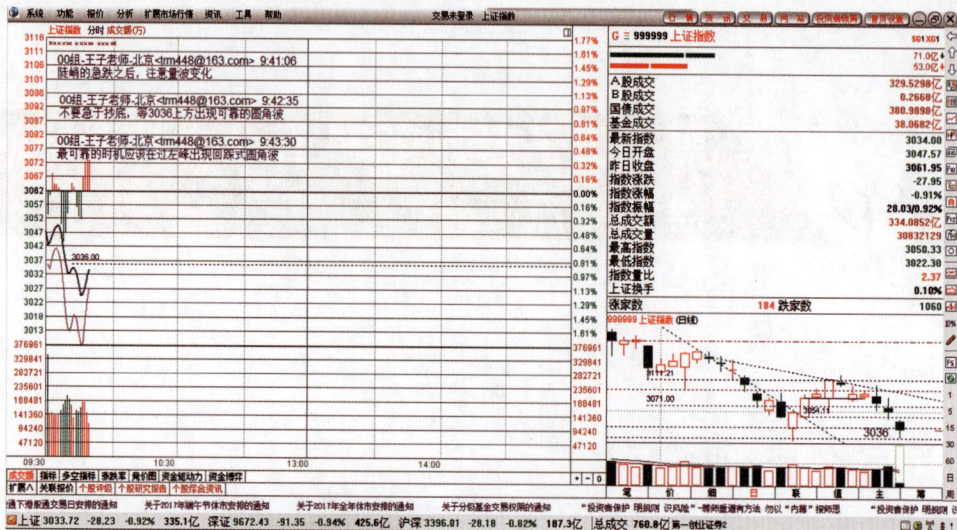

图 129

王子老师9：51：04：石化机械，回马枪涨停！见图130。

图 130

04组—张海平10：07：47：麻烦各位学长帮忙看看，手上的票300481濮阳惠成现在涨停，目前还套3个点多，要不要先出来？谢谢！

12组－梁键枝10：09：40：筷子夹肉！

王子老师10：16：27@04组—张海平：濮阳惠成，反正我现在没有出。你自己按量学标准看着办，见图131。

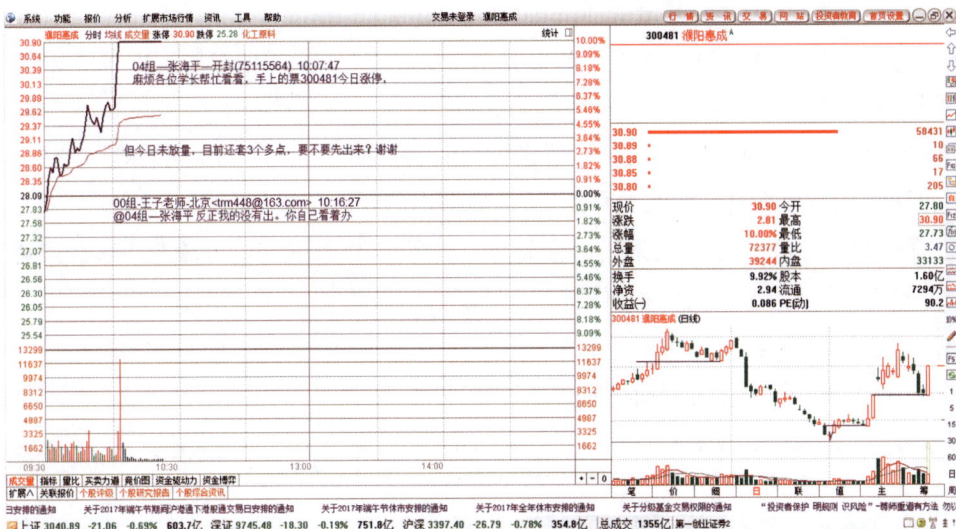

图　131

王子老师 10:23:28:对！回马枪批量出现。大盘刚才的这个圆波要是底在 3036 上方就好了。

王子老师 10:25:18:刚才 10:24 分,大盘下跌 22 点时,两市出现 8 只回马枪涨停。昨日收评预测今日有回马枪行情基本确认,见图 132。

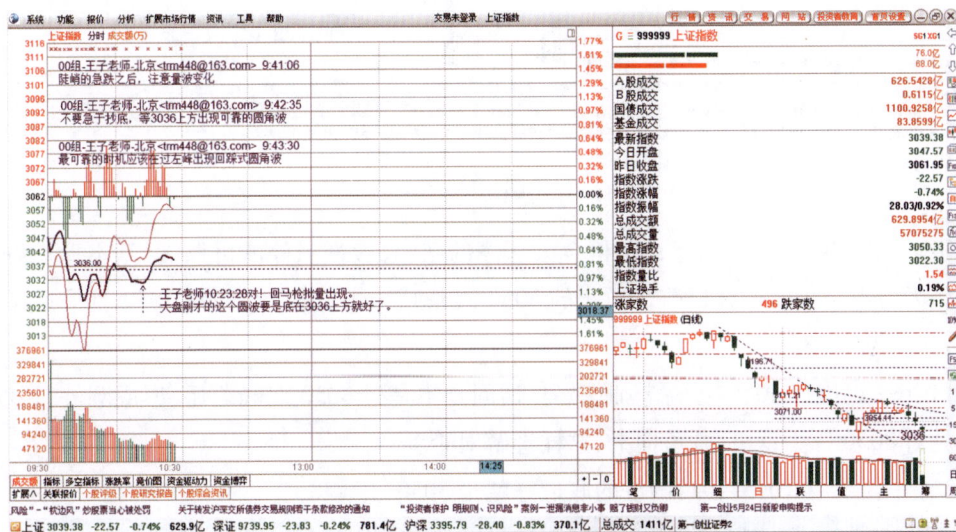

图　132

王子老师 10:26:54:昨日长阴短柱假跌的,或者底部大阴吸筹的,近几天踩底的,容易出现回马枪……耐哥笑得真灿。雄安又成反弹龙头。

00 组—孙鹏 10:34:07:感恩王子老师,感恩量学。

王子老师 10:35:01:雄安的波段一定要做好。这是 0422 特训班制定的基本策略。雄安的波段,按照量学的三一二一和踩底法则,一抓一准。

王子老师 10:39:30:今天收盘后,请将雄安的票按照三一二一和踩脚标准,分出强庄、精庄、狡庄。然后根据自己的实力和能力,选择那个对应的庄家操作。

王子老师 10:40:11:注意:采用田忌赛马的法则,弱者跟强庄……像老耐这么狡猾的才可以跟狡庄。我今天想在大阳实顶做石化机械的,结果踏空了,见图 133。呜呜。雄安的不要乱抓,一定要做环保。

00 组—孙鹏 10:43:32:谢谢恩师。

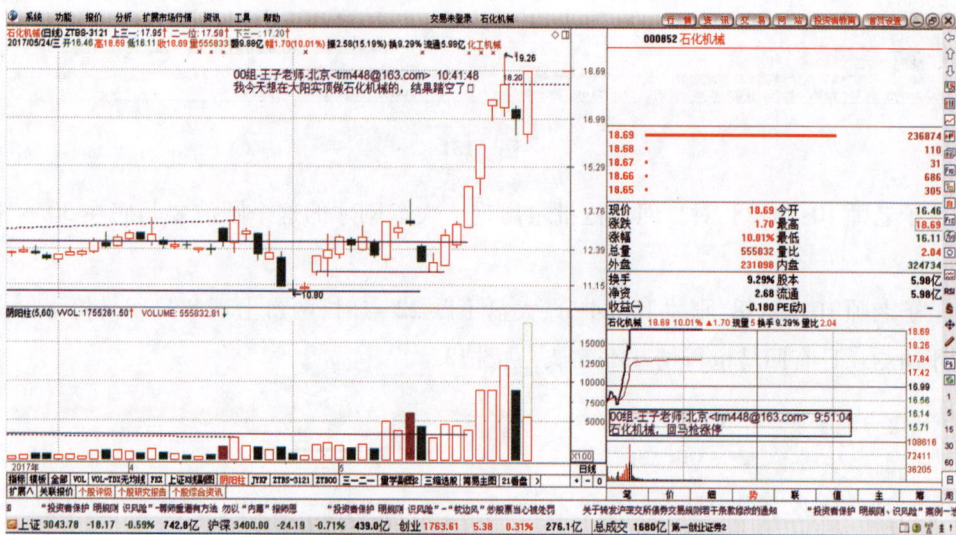

图 133

王子老师 10:46:48:对于回马枪今天涨停的票,自救性涨停的可以卖,基本形态好的,可以明天再看。大盘量波目前在预测的 3050 线形成双峰,若过峰回踩 3050 且形成圆波,那才安全,见图 134。

14 组—冯继涛 10:53:06:老师您好!请问是不是过 3050 双峰之后,形成圆波,说明市场意见对 3050 撑力认可,则可向上,这样理解对否?

3 组—王善文 10:55:04:圆波的底最好就是 3050 一线吗?

王子老师 10:55:18@14 组—冯继涛:对!

王子老师 10:55:45@3 组—王善文:对!

王子老师 11:08:58:对呀!就是要确认再做。大盘有大盘的确认线,个股有个股的确认线。

08 组—王祖斌 14:22:02:王子老师预报 3036,刚好是今天震荡上下限的中值,精准。

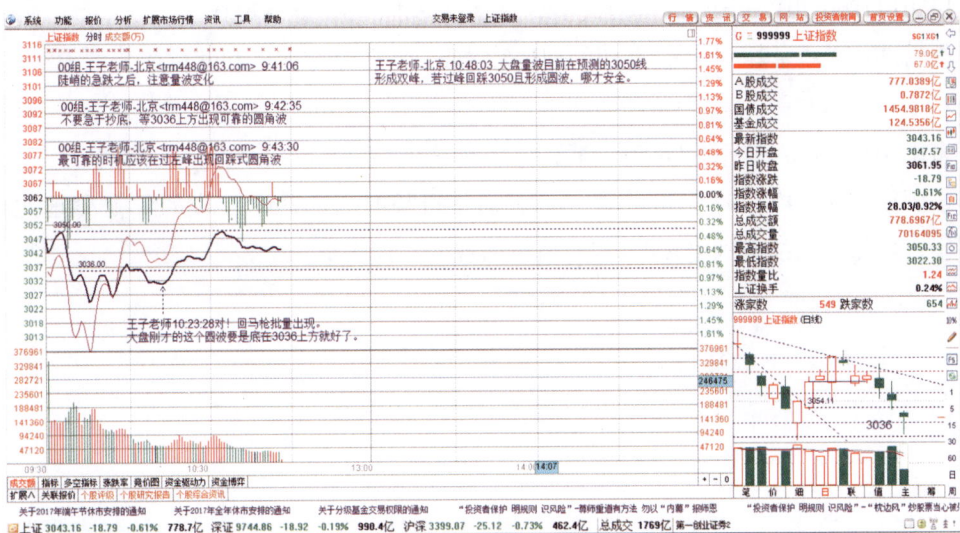

图 134

可这个 3036 点是怎么得到的？

01 组—阴郑亚 14:26:08:5 月 11 日开盘价。

王子老师 14:26:36:对！

01 组—阴郑亚 14:26:57:是最近的高量柱，也是拐点。

王子老师 14:26:58:对！量学的所有数据都在盘面上，重要的数据都在穴位上。

大家不要神化王子，看懂了穴位，人人可以超越王子！

3 组—张华 14:28:09:谢谢老师！

01 组—阴郑亚 14:28:34:知识都是老师教的，感恩王子老师。

12 组—孙业伟 14:28:52:老师的人品比技术更让我们叹服！

12 组—梁键枝 14:29:26:感谢王子老师！

12 组—李家欣 14:30:22:珠海港板了！

12 组—梁键枝 14:30:49:不是吧？

8 组—黎昆 14:30:49:感恩王子老师！

王子老师 14:31:58:祝贺梁健枝的珠海港涨停！

……捷报、鲜花、掌声……

读者留言：

金元帅 2017 - 5 - 24 23:51:此帖看得真过瘾！

张国花 2017 - 5 - 25 06:16:运用之妙，存乎一心，王子知行合一。

自由时光 2017 - 5 - 25 07:00:分享这个很有意义！对我们这些量学的初学者帮助很大，谢谢！

1420147896 2017 - 5 - 25 08：15：看到这么精彩的交流，感慨啊！

李易 2017 - 5 - 25 08：16：老师的理论和指导，是支撑特训班和学员成长的太极线、灯塔线！

富阳小徐 2017 - 5 - 25 08：38：精彩对话，精确指导，特训好！学习学习再学习。

金阳线 akm2017 - 5 - 25 08：44：感谢吴启华班长的辛苦整理！识货的，赶紧把此帖收藏好了。希望今后能看到更多的、如此精彩的现场点评文章。

090

一柱擎天三精准，白马行情应声来

（0525 收评兼 0526 预报）

2017-05-25

图 135

昨天写完收评后，我又在北大、人大特训群布置了新作业。内容如下：

王子老师 2017 – 05 – 24 22:27:21：今天特训群的作业做好了没有？大家像姜灵海这样做就行！设一个用户板块，然后，按照这种方法，在端午节期间做出"白马 30"！就是大消费、大金融、大军工三结合。

王子老师 2017 – 05 – 24 22:30:47：当前重点是雄安，还要有备选。那么我们做的"白马 30"就是后备军。端午后的行情可能向白马转移。

王子老师 2017 – 05 – 24 22:36:31：每个时期都有一个主要矛盾。当前是雄安，雄安之后呢？白马股可能要香起来了。特别是茅台的示范效应，让主力看到了新的方向，也是管理层期待的方向。

今天上午 10:17 时，再次在人大、北大特训群提示：

王子老师2017-05-25 10:17:14:用好《量学的一统天下看盘法》，注意调整自己的预案，向"白马30"靠拢。

详见QQ留言图（见图136）。

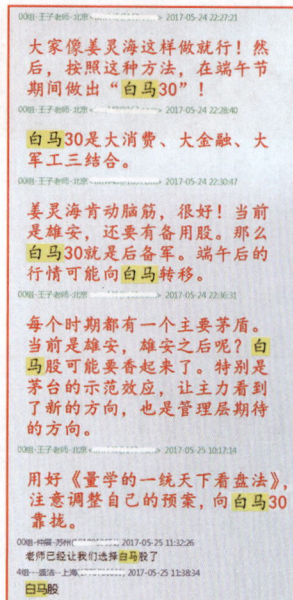

图 136

今天的行情，就是白马行情。保险、证券、银行等大金融领衔大涨，王子0523周二收评中预测的"明后两天将有中到大阳"再次兑现。

今天这个大阳有点特殊，如图135所示。

第一，最低点精准对应0510大阴实底3052；

第二，最高点精准对应0505大阴实顶3114；

第三，收盘点精准对应0517小阴实顶3107。

一柱三精准，可见主力对当前股市的动态平衡把握得相当到位，也就是说，他们的操盘规划非常精明。王子昨晚以为"端午节后"才有白马行情，没有料到主力今天就启动了白马行情。正如特训群同学们调侃的那样：到底是王子老师昨晚布置的作业走漏了风声，还是主力今天的计划被王子老师提前看到了？

哈哈！反正我没有看到他们的计划，但特训群的确有不少高级操盘手。我以后在群里说话一定要谨慎谨慎再谨慎了。

明天的行情盯住一条线即可：只要不是有效跌破3095，就可放心调仓换股。换股的对象就是向"白马30"靠拢。"白马30"的选择方法我已在特训班里讲过，这次0611特训班将继续讲解。

091

二十点内大洗盘，端午节后下即上
(0526 收评兼 0531 预报)

2017-05-26

见图 137，今天的指数上下正好二十点，最低 3100，最高 3120，收盘于 3110，上中下各占 10 个点，均衡运行，不偏不倚，符合主力节前洗盘的需要。因为昨天的（0525 周四）这个大阳太张扬了，洗洗更健康。

图　137

望特训班的同学们注意：周三收评后我在特训群又布置了一个新作业，希望大家抽时间用量学方法找出"白马 30 强"，我估计端午节后将是白马行情。但是，次日周四即上演了白马行情，一柱擎天，时间提前，往往有"早产"的嫌疑。特别是我们的"白马 30"在全网产生了极大影响，估计这个端午节有许多投资人都要关注"白马 30"，那么，主力会不会继续白马行情就成了一个未知数。据此，我们的操盘策略就要做好两手准备。一是关注白马行情能否继续上演；二是关注雄安行情如何运行。

需要说明的是，雄安行情一直是波段起伏的，0 422 特训班制定的策略是"做好波段，阴进阳出"，有的个股有时候要做好亏损 5 个点的准备，才能换取 10 个点的利润。因为雄安主力非常精明，我们要筛选出符合自己操盘逻辑的雄安 20 来做，而不要胡子眉毛一把抓。雄安的建设以环保为先锋，那么就要以环保为主要目标，其他为辅助目标。

关于白马股，也要根据其量柱建构形态选择适合自己的操作对象。我们在 0422 北大特训班上给大家讲过一个案例，该股从来没有涨停板却上涨了两倍。这样的走势将在白马股中形成共性。所以我们要用涨停板的要求来选择涨不停的白马。

有网友问如何选择白马股，最简单的方法就是从上证 50 和沪深 300 中筛选符合量学建构的股票，适当添加漏网之鱼。我们在布置作业之前已经选定了白马 30，但是不能贸然公布，否则会引起跟风，建议大家自己筛选。

重复一下，因为白马行情提前于端午节前启动，有早产嫌疑，因为给大家留下了准备时间，压缩了战略行为空间，主力难免会另找出路。而雄安行情多是当天高抛低吸，一般人难以适应，所以要找到适合自己的目标来操作。

端午节后将于 0531 周三开盘，五月的最后一个交易日应该收红。周四收评中预计的 3095 还有 5 个点没有踩到位，端午节后很可能先抑后扬。周四预判周五应该封闭 3123 这个缺口，还差 3 个点没有封闭，端午节后很可能封闭此缺口并向上攻击 3135 防线。所以三线预设为 3095、3110、3123（或 3135）。

本轮顶底研判回顾及六月操盘要领

（0531 收评兼 0601 预报）

2017-05-31

今日早盘在盘前预发表特训班学员解读坚持新规的一篇文章，因涉嫌抄袭被微信平台删除，特向大家致歉。下面是王子今天的收评兼次日预报。

图 138 是王子盘前预报 10 年来破天荒的两次"补充"说明。

第一次是 0410 收评后再次发布《提醒》，标题是《特训班同学和广大网友请注意》，提醒大家关注保险调整对大盘的影响，关注本次过峰保顶的成败，关注三低股票。此后的行情证实 0410 前一日就是本轮行情的顶部。

第二次是 0524 收评后再次发布《作业》，专门请特训班同学筛选"白马 30 股票"，关注大金融的动作。次日大盘一柱擎天，证券股大涨，全天从最低到最高振幅高达 62 点，已基本验证 0524 就是本轮行情的底部。

一顶一底，都由收评后补发的专题文章指明，这在王子 10 年预报史上尚属首创。这两次顶底预判以及其后重要的预判过程详见图中标注。回顾这段历程，有一次误报（见图 138 中蓝色方框所示），有一次延迟，值得我和特训班学员认真研究以吸取经验教训。

关于端午节后的行情，王子在 0526 周五的收评中已经做过预判，标题是《二十点内大洗盘，端午节后下即上》。凡是长期跟踪王子收评和预报的网友都知道，每次长假后的行情都是长假之前提前预判的。目的是把量学放到最难以预料的行情中去接受市场检验。这次同样如此。

今天的大盘受减持新规的影响，高开低走，收了一个假阴。从盘面上看，主力利用减持新规高开，引诱散户追高，然后逢高减仓，从这根高开低走的假阴柱来看，有调仓换股嫌疑，因为部分主力未能在减持新规公布之前找到新的目标股，所以正好借机冲高调仓换股。王子今日早盘在特训群留言，希望大家不要追高，得到验证。

从今日盘面情况分析，主力调仓换股的目标可能还是白马股和大消费，从特训班学员初选的"白马 30"来看，今日有 8 只现绿，3 只现白，19 只现红，涨幅在 1 个点以上的有 12 只，3 个点以上的有 3 只。当然，这初选的 30 只股票有待进一步优化。我在端午节前给大

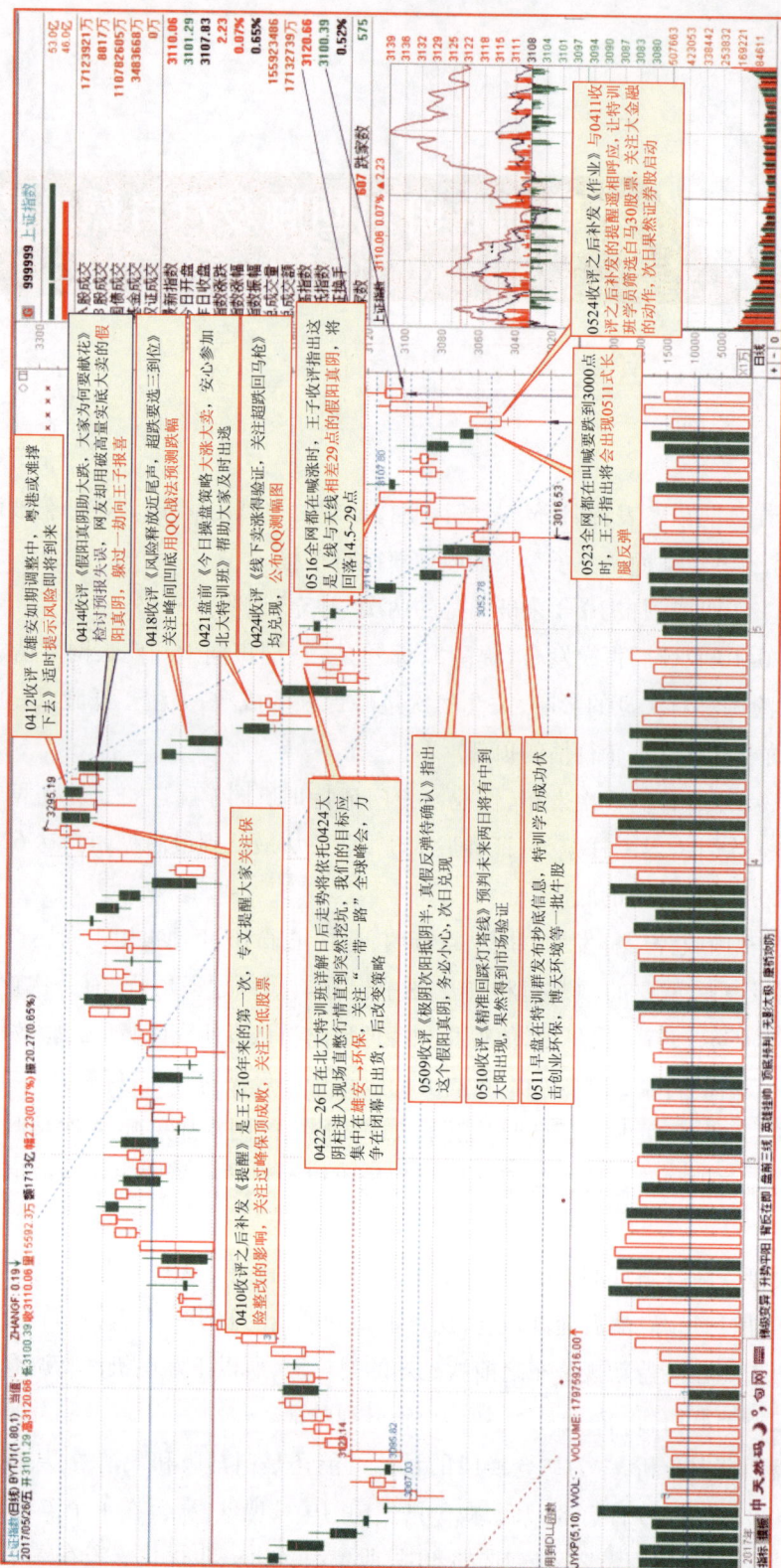

图 138

家的选股要求是：以涨停板的目标筛选涨不停地白马股，今晚可继续筛选。

重复一下：白马股中要重视大消费和新能源，雄安股中要重视新环保。从0412雄安股集体停牌至今的走势来看，雄安股的主力非常精明，常常用盘中洗盘的方式来打击对手，波段进出水平相当高明。这可能会演变成白马股的操盘范式，即盘中洗盘加波段进出。特训班的同学一定要用好"拉拐战法"和"替领战术"才能应对这么精的主力，否则，可以旁观一段时间，选准可以操作的目标股之后，再作出切实的操盘计划。切勿盲目跟风，切勿追高杀低。反而，对于选准的目标股可以卖红买绿，有时，甚至可以以微亏换取大赚。这就是我们在操作雄安股时制订的准备以亏损5个点的方式博取15个点的收益计划。

明日三线预设3095、3117、3135。细心的读者可能已经发现，这三线的上下二线和端午节前0526收评完全一致，只是根据今天的收盘点位换了中线。操盘策略当然也应采用节前的预案。即只要不是有效跌破3095线可以适当介入目标股，一旦有效跌破3095即放弃操作以待新的机会。

白马行情如期至，如何精选白马股

（0601 收评兼 0602 预报）

2017-06-01

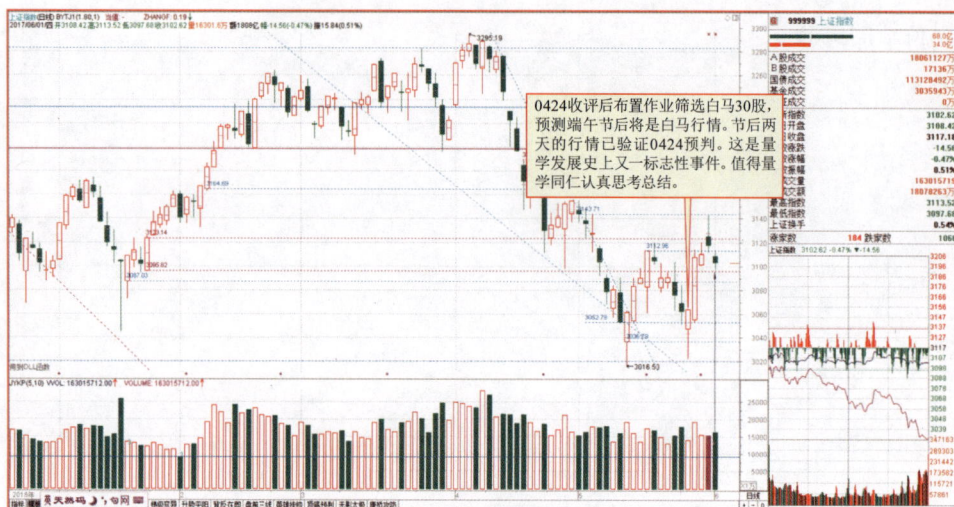

图 139

见图 139，今日最低点 3097，比昨日收评预测的 3095 高 2 个点，精准兑现。

今天是典型的白马行情，两市只有 4 只股票涨停（次新股除外），却有 88 只股票跌停，而美的集团、工商银行、上汽集团等白马股迭创新高。王子 0524 预判节后将是白马行情的预测，再次得到市场验证。

请看图 140。

图 140 是 0524 收评后又给特训班学员布置的作业，即筛选"白马 30"股票，次日便发到网上。昨天收评中我专门介绍过"白马 30"的突出表现，今天的表现比昨天更好。特训班的"白马 30"股票，今天 3 只微绿，27 只全红，18 只涨了 1~3 个点，2 只涨 5 个点左右。只要做了这个作业的网友，端午节后的这两天应该尝到了白马股的甜头。

有人提问：量学是如何研判白马行情的？

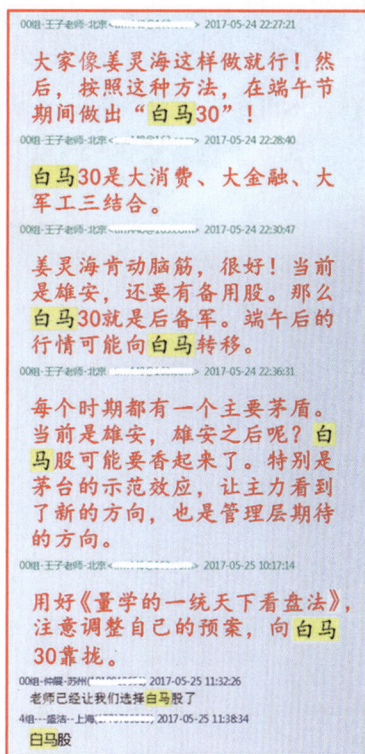

图　140

王子答曰：这个问题不是三言两语可以说清楚的，我们将在0610特训班结合《一统天下选股法》详细讲解，此处简述一二，望勿断章取义，作茧自缚。

首先，我们要把板块当作一只股票来分析；然后从上证50和沪深300中筛选出30只合乎量学标准的股票建立"白马30股池"，其标准是：

第一个量学标准就是要量柱建构的健康完整；

第二个量学标准就是要价柱登上第三级台阶；

第三个量学标准就是要量价结合康量过康桥。

从300多只股票中筛选出30只股票比从3 000多只股票中筛选肯定要容易得多。但要根据行情趋势予以筛选和替换。

例如我们在0422北大特训班制定的选股策略是重在大消费、大金融、大军工三大板块，那么每个板块可以预选10只，一旦行情变化，就要用新的趋势来替换旧的股票。这一个多月来，我们还建立了"雄安20"和环保进行替换，随时保持预选股票能够体现大趋势。再如涨得太好的贵州茅台我们就要剔除，换成有望启动的有潜力的××××。

总之，量学所选的白马股要求用涨停的标准选出涨不停地股票。特训班上选股参考的样板就是海康威视和三安光电。大家可以看看这两只股票是否符合上述标准，这两只股票从元旦到今天的走势，没有给咱们特训班丢脸，倒是争了光、添了彩。

只要弄懂上述标准，用好上述标准，相信大家一定能选出更好的股票。

备注：如果周末有时间，将在周末讲座里讲讲精选白马 30 的方法。

明日三线预设为 3087、3102、3120。重点观察 3095 是否有效跌破，操作方法可参考昨日收评。

094

超跌反弹收假阳，关注极阴回马枪

（0602 收评兼 0605 预报）

2017-06-02

　　王子昨日收评强调"重点观察 3095 是否有效跌破，操作方法可参考昨日（即 0531 周三）收评"。0531 收评指出的操作方法是："只要不是有效跌破 3095 线可以适当介入目标股。"

　　这是王子在最近的 4 个交易日里 3 次用了 3095 做下线，昨天收评又强调 3095 线的重要性，这是为什么呢？这是因为量学的动态平衡原理告诉我们 3095 是当前最重要的平衡点。

　　如果我们把今天的最低点 3081，和今天的最高点 3110 相加，再除以 2，刚好等于 3095。今天的最高点和最低点刚好在 3095 找到了平衡，所以今天大面积反弹。这就是量学的动态平衡原理。

　　见图 141，今天这个反弹，就是市场内在的动态平衡造成的，若用分时量波解剖刀来看，今天是假阳，前面几次假阳都造成了不同程度的下跌，今天这个假阳是否再次造成下跌呢？量学告诉我们，位置决定性质，今天是精准平衡之后的自然反弹，所以不能与前面的假阳相提并论。明天（下周一 0605）只要不是有效跌破 3095，就不会造成下跌。

图　141

现在，大家应该明白在不破 3095 线上介入目标股票的原因了吧。掌握了量学的动态平衡原理，就能在自己能够把握的节点顺势操作了。

特训群有位同学在昨天下跌时大面积介入了雄安和中小创股票，我问他为什么介入？他说：王子老师前天讲过，雄安股票的主力非常精明强悍，我们要尽量买阴卖阳，昨日未破 3095，凡是缩量下跌的我就买了。今天收盘后，他把他买入的这几十只股票亮在群里，都有 3 个点以上的涨幅。

哈哈！我说，你买这么多能看得过来吗？他说：我们群里可能有庄家，买少了怕被庄家抄家，我就多买几只，我就不信我们群里有几十个庄家。

大家都被他逗乐了……

他说，昨天的情况比较特殊，以后不会买这么多了。大家给他许多掌声和鲜花。

明天（周一）的三线可以预设为 3095、3105、3120。

今日涨停板的股票值得大家认真复盘，几乎都是超跌极阴回马枪。只要能守住 3095 平衡线，这种回马枪将批量涌现。当中小盘反弹之时，白马股将会适当调整，我们要有思想准备和技术准备。

095

回马枪全面开花，中小盘绝地反攻

（0605 收评兼 0606 预报）

2017-06-05

王子在周五收评《超跌反弹收假阳，关注极阴回马枪》中指出：当中小盘反弹之时，白马股将会适当调整，我们要有思想准备和技术准备。技术上重点要关注极阴回马枪形态。

今日果然中小盘反弹，白马股进入调整，而回马枪全面开花。今日两市共计 39 只股票涨停，除了 15 只次新股以外，其余 24 只全部都是极阴回马枪形态的涨停。这就是量学涨停趋势预报的独特风景，这 24 只回马枪齐刷刷地摆在我们面前，仿佛仪仗队那样整齐潇洒而庄严地向我们量学同仁敬礼。

周五预测今日大盘下线为 3095，实际收盘于 3091，误差 4 个点，属于预测失误。原因是：周五的假阳真阴，应该小心，但王子认为周五这个位置的假阳找到了平衡，所以不能与前面的假阳并论。现在看来，周五的这个假阳的平衡位只是自证明，没有其他确认。

今日大盘量柱明显缩小，但还有再度缩小的空间，一旦低量柱确认后才是真正的自平衡。所以最近以观望为主，但可以根据手中股票的条件做做三一替领。王子上午在特训群演示的通合替领基本成功，若下午在预设的下线区间再做一个回合那就完美了。

明日三线预设为 3083、3091、3110。鉴于主力最近常用矫枉过正手法，明日有可能打到 3080 左右，若回升不过 3095 线还是以替领为主，有能力做回马枪的网友要尽量做好回马枪，否则继续观望。

指数方面有个新情况，今日上证、深证、主力三大指数各走各的路，各唱各的调，互不买账，甚至互不影响。沪指受金融股拖累走得很糟，而创业板、中小板都走出了价升量缩的上攻形态，我们要关注这种势态的发展，多从中小板中筛选回马枪股票。

096 回马枪再显身手，低量柱孕育反弹

（0606 收评兼 0607 预报）

2017-06-06

　　谢谢大家的厚爱，最近关注盘前预报 pqyb123 公众号的网友越来越多，老朋友带来的新网友与日俱增。特向大家致谢。今天有位网友留言：

　　看王子老师的收评兼预报一个多月来，有一种特殊的感觉，当时看收评觉得一般般，但是次日盘中的走势越来越和王子老师讲得一样，每到今日收盘后再看昨日收评，突然感觉太棒了！这走势不就是王子老师提前规划出来的吗？

　　昨日王子老师收评中说："明日三线预设为 3083、3091、3110。鉴于主力最近常用矫枉过正手法，明日有可能打到 3080 左右。"你看今日最低点就打到了 3078，比预报值低 2 个点，误差千分之一内，精准兑现。

　　昨日王子老师收评说："今日大盘量柱明显缩小，但还有再度缩小的空间，一旦低量柱确认后才是真正的自平衡。"今天真的就再度缩量，可说是 0203 低量柱以来的次低量柱。一找到自平衡，尾盘在 3087 精准点呼啦就上去了。

　　再看王子老师昨日收评说的："多从中小板中筛选回马枪股票"，今日两市总共 28 只涨停，除去 13 只次新股，其余 15 只全部都是中小板回马枪涨停！仿用王子老师的话说：这 15 只回马枪齐刷刷地摆在我们面前，仿佛仪仗队那样整齐潇洒而庄严地向我们量学同仁敬礼！真的太神奇了！

　　我学过的股市理论不下 30 种，没有任何一种理论能像量学这样，在精准预报行情的同时，又精准预报涨停趋势。真的太棒了！

　　王子回复：谢谢你的留言，你对昨日收评的解读非常到位，三个层次清楚明白，是量学同仁很好的榜样。我和你有同感，我写收评和预报的时候，完全都是根据当前的量学知识来写的，为的是给量学同仁一种提示和参考，没有想到次日竟会一一应验。量学只是沧海一粟，希望你不要迷信。上周五的假阳真阴，应该小心，可王子就没有预报准确，昨天要不是预报的回马枪批量涨停，王子就老丢脸了。王子对今天行情的预报也有欠缺，3083、3091、3110 是用量学的基本标准预报的，若在"鉴于主力最近常用矫枉过正手法，明日有可

能打到 3080 左右"之后，再加上一句"明日有可能打到 3080 左右，那么上线将顺势向下降低"那就完美了。

见图 142，今天的量柱是 0203 以来的次低量柱，它很可能就是本阶段最低量柱。今日大盘价升量缩，初阳盖阴，一般情况下明天应该跳空向上开启反弹行情，否则还要等候低量确认后才有反弹。

图 142

个股方面，超跌回马枪的涨停趋势将会延续，超跌三到位的中小盘是关注重点，特训班的同学应该关注"3S"股票。祝大家今晚能选到如意的好股票。

强力反弹过左峰，过峰保顶有一冲

（0607 收评兼 0608 预报）

2017-06-07

祝贺明灯论坛今天有 1 865 人次成功伏击涨停！原始预报记录详见股海明灯论坛 178448. com 涨停预报专栏。

许多网友来信留言，畅谈自己最近在最糟行情里用量学成功伏击涨停的体会。在此感谢大家的支持和厚爱，感谢越来越多的网友关注 pqyb123 公众号。有些新来的网友感觉王子的预报精准得不可思议，以为是故意选发的，对于这个问题，建议到"王子文汇"专栏去看看今年的全部收评和预报文章，也可查看十年来的所有预报和收评文章，对照行情看，才能真正体会到量学的奥秘。

王子老师昨日收评标题是《回马枪再显身手，低量柱孕育反弹》，今天的行情大家都看到了，祖国山河遍地红，而且走出了特训班神州之剑同学预测的中到大阳。有许多网友说，看了王子老师前天（0605 周一）在特训群演示替领通合股份的记录，昨天在王子的第二道防线买入通合股份，今天就涨停了。这是王子老师给我们送的大礼。太感谢王子老师了！

呵呵！千万千万不要把功劳记在王子头上。这是你们自己的成绩，应该记到你们自己头上。我们特训班和特训群从来不推荐股票，只说自己的操盘过程和心路历程，怎么看就怎么讲，怎么做就怎么说，实事求是，指柱道线，对了错了都由市场来裁判。

有人问：王子老师的通合股份卖了没有？这个问题真的不好回答。因为我们这个论坛的影响太大了，一不小心就会有人跟风，有人做戏，无论我怎么回答都不利于大家的学习。建议大家认真看懂通合的量柱建构，探明量学的标准来做，不要探明任何人的指令来做。

见图 143，今天大范围的普涨，中小盘回马枪功劳最大，但明天这种普涨格局就要分化，有些跟风大涨的可能就要大跌，有些没有准备好在今天启动的就要大涨。这都是由主力的计划和准备决定的。凡是量柱基础好的，最近都在走牛，而有些股票只能昙花一现。

明天三线按常规可预设为 3130、3140、3154。若主力矫枉过正可能回踩 3125 左右；若 3154 不能迅速通过，就要注意获利为安。今天的行情已经展示出刹车换挡成功，进入加油

图 143

行情了，若最近三天内不能有效跌破 3125 线，大盘将会攻击到 3184 左右。这只是提前预判，一切以走势为准。

个股方面，建材、环保、消费这三大主题值得继续关注，超跌回马枪的股票要认真筛选。

过峰保顶第一天，凹口淘金初现形

（0608 收评兼 0609 预报）

2017-06-08

最近关注王子 pqyb123 公众号的网友太多了，王子谢谢大家！王子向大家敬礼！王子将继续用最高标准要求自己，争取每天都能提供精准预报。若有失误，望大家群起而攻之，帮助王子更上一层楼。

图　144

今天，许多新来的网友留言：量学太威武了！王子昨日收评预设今日盘前三线是 3130、3140、3154。这大盘指数真听话，量学指到哪儿它就走到哪儿。今日最低 3132，最高 3153，盘前三线又精准兑现！不得不服啊！

王子回复：请新来的网友不要这么夸张，特训班的同学从来不这样赞美自己的老师，因为赞扬多了或者过头了，就会成为"棒杀"的同盟而"棒杀"自己的老师。其实，王子昨天的预报还是有待提高的，王子在日象图中已画好的下线是 3131.35，预报时偷懒，改成"取整数"就成了 3130。若是负责任的预报，就应该是 3131，那么，今天的下线就更精准了。

个股方面，今日领涨的是大消费，家用电器、食品饮料、汽车酿酒成了前三名。两市共有 46 只涨停板，除了次新股复牌股，几乎全是回马枪，新面孔的就是凹口淘金，这也符合量学涨停趋势的接力，往后在关注回马枪的同时，要适当关注凹底淘金和凹口淘金。这三种连襟的涨停形态，我们在股海明灯论坛的周末讲座中有多次讲解。

论坛上的周末讲座一直是图文讲座，大家可以查阅到十年来的全部讲座内容。为了方便大家学习和交流，为了培养和造就更多的量学人才，经与人大教培中心协商，准备于今年七月一日推出"量学视频大讲堂"，将分期分批推出量学同仁的"视频讲座"和"视频直播"。到时候，将把量学优秀学员在特训班上分享的精彩视频给大家分享。

明天的盘前三线预设为 3140、3150、3154 或 3164。注意：3154 是应该可以迅速突破，若不能迅速突破，就是后劲不足，我们可以将近几天的获利盘顺势高抛（视手中个股的具体情况灵活处理）。

王子正在为人大量学实盘特训班备课，0610～0614 期间是特训班最紧张的五天，王子要全身心投入特训班去，不一定有时间和大家交流。若有怠慢，敬请谅解。

过峰保顶第二天，凹底淘金来接力

（0609 收评兼 0612 预报）

2017-06-09

因为今天晚上在人大特训班上课,特抽下午的休息时间和大家讲讲周五的收评和周一的预报。

周五的最高点是 3165,比预测的 3164 高 1 个点,收盘于 3158,见图 145。

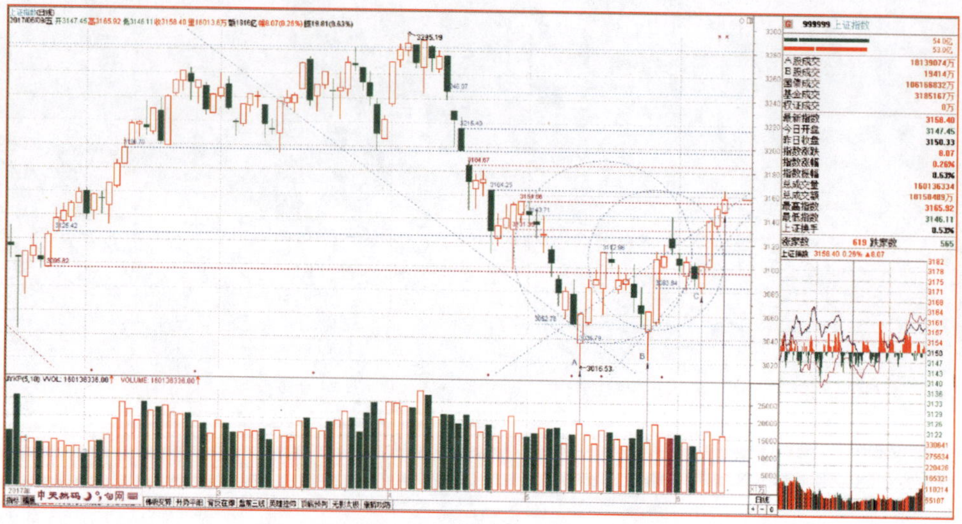

图 145

从量波上看,早盘是中小盘强势,从 10:30 时开始走弱,下午是权重股走强,公共交通、仪器仪表、建筑和工程机械领涨。白马股有卷土重来的味道。

从日象上看,ABC 三个小周期的涨幅基本相仿,C 周期最近三天的价柱呈大阳、中阳、小阳的递减建构,有短期见顶的征兆。而周五的小阳,正好骑在平衡线 3154 线上,若以 AB 二柱的实顶连线,明天 0612 周一正好与此线交叉。这就是变盘的征兆（节点）。只要不是有效跌穿 3154 平衡线,就有大幅向上的可能。因为平斜叉上的规律是大涨,平斜叉下的规律是大跌。所以明天周一的三线可以预设为 3147、3158、3173。重点是看准回踩 3154 的量波动作来决定操作。按照基本规律，要想突破 3164 防线，必须要有大金融或大建设发力，否则难以过峰。我们要注意这个细节。

个股方面，要关注超跌有底的或形成卧底二级黄金梯的股票，如津劝业、哈高科、光力科技、四通股份等股票就是超跌有底的并且形成了二级黄金梯的股票。量学将这种形态的股票称为凹底淘金。

上述这四只股票还有一个共同特征，也就是它们从底部启动以来，一定有一个向上跳空的缺口。根据缺口附近的量柱建构质量，就能提前判断出这类股票能否大涨或涨停。对照上述标准，望大家今晚能找到如意的股票。

变盘日如期下跌，超跌股凹底淘金

（0612 收评兼 0613 预报）

2017-06-12

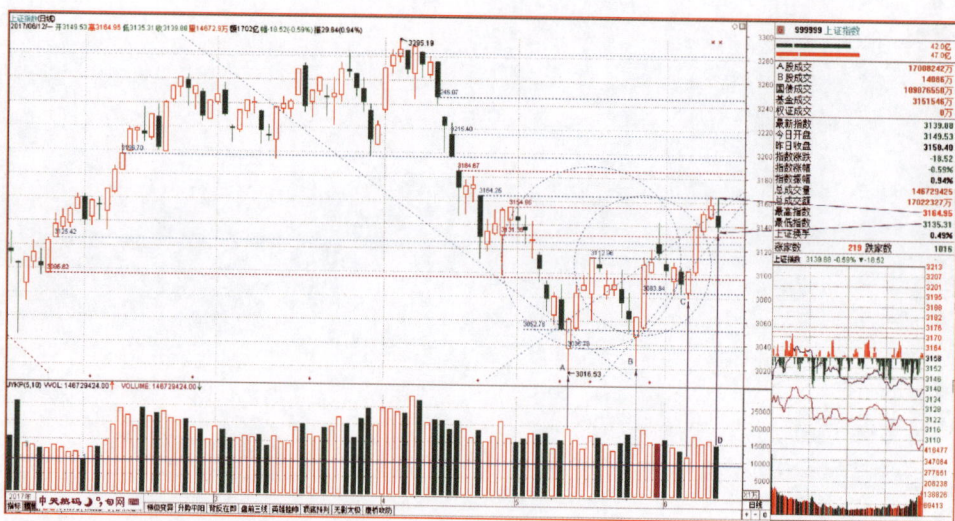

图　146

网友天地人留言，王子老师昨日收评有三处精准兑现：

第一，昨日收评指出"从日象上看，ABC 三个小周期的涨幅基本相仿，C 周期最近三天的价柱呈大阳、中阳、小阳的递减建构，有短期见顶的征兆。"今天果然应验。

第二，昨日收评指出"周五的小阳，正好骑在平衡线 3154 线上，若以 AB 二柱的实顶连线，明天 0612 周一正好与此线交叉。这就是变盘的节点。"今天正好在此二龙交叉处下跌，再次验证了量学二龙定位的科学性。

第三，昨日收评指出"按照基本规律，要想突破 3164 防线，必须要有大金融或大建设发力，否则难以过峰。"今天最高点精准指向 3164，没有大金融或大建设发力，果然下跌。

王子点评：天地人网友结合今日盘面对昨日收评的解读完全正确。但王子昨日收评只是指出了"AB 上斜线"的意义，忘了指出"BC 上斜线"D 的意义，今日上证最低点刚好回踩

BC 上斜线，这里是向下变盘的今日当值。明日有可能继续向下回探 3125 凹间峰。

　　王子定义最近的行情是过峰保顶，这个顶在哪里却要由市场主力来确认。目前的这个凹里有 0531 凹间峰实顶 3125，还有 0516 凹间峰实顶 3112。可以预见第一个目标是 3125，第二目标是 3112（详见图 146）。所以，我们目前的任务是继续等待主力确认。

　　明日三线预设为 3125、3139、3149。操作策略详见盘前三线讲座。不见保顶成功的信号不要急于建仓。

　　个股方面，昨日特训课上演示的预选股票中有多只涨停，特训班的同学有 31 人成功伏击涨停。根据今天的涨停趋势来看，预测最近将是超跌凹底淘金加二级卧底王牌组合式涨停。样板股是罗顿发展、得利斯、香江控股。

　　望大家今晚能选出更好的股票。

新能源领衔反攻，接下来何去何从

（0613 收评兼 0614 预报）

2017-06-13

　　祝贺人大特训班今天有 55 位学员成功伏击涨停。其中有 20 人获得 2 个涨停,有 5 人获得 3 个涨停,孺子牛同学预报 6 只,4 只涨停。原始预报记录详见 178448.com 涨停预报专栏。

　　见图 147,今日大盘先抑后扬,收盘于 3153 点。以锂电池为龙头的新能源板块绝地反击,失宠多日的次新股超跌反弹,打响了保顶反击战。从价升量缩的日象看,明日有攻击左峰 3164 的可能。若明日不能迅速突破 3164 高点,对于手中涨速减缓的获利股可以落袋为安。若能迅速突破 3164 高点,可以继续持股。

图　147

　　昨日收评中指出的"超跌凹底淘金加二级卧底王牌组合式涨停趋势"今日得到印证,两市共有 58 只涨停板,除去次新股和复牌股,有 35 只符合标准,这 35 只涨停股基本上都具备这次特训班重点讲解的"3S 涨停基因",并符合"康桥战法"。

预计"超跌凹底淘金加二级王牌组合式涨停趋势"将继续下去。这是当前行情下出现的一种最新的涨停趋势，被量学提前捕捉提前布局并被行情验证，这是我们特训班全体学员的福气，也是王子的运气。我们每次特训班除了讲解基础理论之外，重点就是针对当前行情讲解适合当前行情的战法。例如这次安排的"3S 战法""康桥战法""替零战法""拉拐战法"都恰好迎合了当前行情。

今天晚上，全体教辅人员开了一个很好的总结会，经过热烈讨论决定，将在今后的特训班上每晚举行两个"复盘选股实战课"，力争特训班越办越切合当前行情，越办越有任何人不可复制的核心价值。

明天的三线可以只设下线 3145，若向下回踩不破下线可以加仓，若向上攻击 3164 受阻可以减仓。重点关注锂电池等新能源的后劲，适当关注大金融能否助攻。

祝大家今晚能选到合意的股票。

102 放量回踩凹间峰，保顶尚需看主峰
（0614 收评兼 0615 预报）

2017-06-14

今天的大盘受美联储加息预期和安邦保险老总受调查的双重利空影响，跳空低开，安邦系股票带头向下。特训班正好是昨天下午讲解"三维假阳真阴"和"跳空拉拐战法"，今天即接受市场检验。

今天下午是我的实盘课，一开讲就在特训班上指出今日可能打到 3125 凹间峰。14:20 时，果然如此，课堂上骤然响起热烈的掌声。实盘课上用"一统天下看盘法"点评四只股票，两只涨停：一只涨 5 个点，另一只涨 7 个点。预计明日盘面继续向下探底，可能在第二凹间峰 3112～3117 左右回升。因为主力可能借美联储公布降息的消息打压吸筹，然后拉升。所以我们的策略是等候底部第二凹出现圆角波顺势而为。

个股方面，今日是"超跌凹底淘金加卧底二级王牌组合式涨停潮"，完全符合预期。今晚继续选拔这类股票。

今日人大中级特训班圆满结束。特训班有 68 名同学成功伏击涨停，其中有 45 人伏击 2 个涨停，24 人伏击 3 个涨停，14 人伏击 4 个涨停，孺子牛同学三天预报 9 只，6 只涨停，名列第一名。孺子牛就是上期特训班班长陈佑东同学。王子有点累，今天就简单讲这么几句，敬请大家谅解。

103

假阳真阴要小心，凹底淘金正当时

（0615 收评兼 0616 预报）

2017-06-15

昨日收评指出："预计明日（0615周四）盘面继续向下探底，可能在第二凹间峰3112～3117左右回升。"

见图148，今日最低点"点击"3117即回升，收盘于3132点，比昨日高出2个点，但今天是放量假阳。酿酒、保险、银行领跌，矿物制品、软件服务、互联网领涨，次新股是今日领涨龙头。

图 148

但仔细查看全部板块的排名却可以发现，"近期新低"板块排名高于"次新股"板块，可见王子连续四天收评强调的"超跌凹底淘金加二级王牌组合"得到验证。今晚可继续筛选超跌凹底淘金形态。注意：并非所有超跌的都会反弹，只有超跌有底的、有卧底黄金柱支撑的，才会反弹。

从今日这个假阳来看，明天还有回踩凹间峰3112实顶的可能，若安邦系的股票不能止跌回升,大盘可能还要回踩3108附近。所以我们要在做好防范的前提下精选精做个股。

本周4个交易日,特训班学员至今有72人成功伏击涨停,擒获2只以上的有47人,3只以上24人,4只以上18人,5只以上11人,孺子牛同学4天预报12只,获8只涨停,继续名列第一(详见明灯论坛涨停预报专栏)。

特训学员龙渊2017－06－15/10:52:06留言:我是第二次上特训班,认识量学是我的幸运。这次收获很大!我用王子老师传授的"沉鱼落雁战法"选到了国栋建设,昨天买了,今早加仓了,现在涨停了!量学神奇!我要继续努力,天天向上(其他学员留言省略……)

104

缩量探底未到位，周一可能要变盘

（0616 收评兼 0619 预报）

见图 149，今日上证缩量横盘，与昨日相比，高点不高，低点持平，有继续下探找底的需求。下周一的三线可以沿用今日预设底线构成，即 3112、3123、3134。今日安邦系的股票有企稳迹象，但还有盘古系发酵，所以周一不排除还有下探 3108 的可能。

图　149

从量柱上看，今日明显缩量，但还没有达到 0606 的标准，所以还有继续缩量探底的需求。所以我们用上述量线和量柱的两个标准来等候探底成功。

现在的探底，还是过峰保顶的继续，只要能在 3112～3108 附近企稳就是保顶成功。

周一是个变盘节点，因为 AB 太极线精准切合 C，并将在周一与 3112 平衡线相交。根据平斜二龙交叉的原理，只要不是有效跌破 3112 线，此处将有中到大阳出现。但因为其对应的上方有二龙挡道，所以不破底线只能出中阳。这就是上线设在 3134 的原因。能否兑现，有待周一验证。

　　个股方面，请继续关注凹底淘金和卧底王牌组合，特训班的同学请注意使用沉鱼落雁战法选股，昨晚 11:20 刘海涛同学在特训群留言的平潭股份就是经典的沉鱼落雁加突破康桥的股票，今日 13:56 时蛟龙出海，直封涨停。氯碱化工也是沉鱼落雁加突破康桥的股票，它依托 0605 黄金实顶打劫，0613 缩量二一探底，今日早盘突破康桥逆市涨停。事实说明，特训班的这些战法既实用又管用，只要用到位了，逆市也能成功伏击涨停。

105

如期变盘出中阳，左峰附近有阻力

（0619 收评兼 0620 预报）

2017-06-19

王子周五收评指出周一可能要变盘出中阳，见图150，今日周一如期变盘出了中阳。这是在全网一片看空声中用量学二龙定位技术得出的研判。

图 150

操盘方面，特训群的许多同学用特训班传授的"替领战法"获得了不菲的收益，一个个喜笑颜开，规划着次日的作战计划。量学特训班都是根据"一统天下看盘法"和"一统天下选股法"来看盘和选股的，当前行情最适合什么战法，我们就精解什么战法。特训群的"量学白马30"今日再度红火，只有 5 只微跌，其余大涨，最高涨幅 4.49%。

个股方面，今日大消费、大军工、大金融三大板块领涨，这是上周预指过的主要板块，一旦大建设启动，大金融可能就要退居二线。因为军工和金融往往都是搭台的，唱戏的还得看大建设和大消费。继续关注凹底淘金或底部形成黄金梯的股票。

明日三线预设为3137、3144、3158。没有突破左峰之前，伏击涨停不是主要目标，请大家结合个股自身的三线做好替领，但可以伏击涨停的标准选股，做好涨不停的个股。

106 高开低走等靴子，三不管的燕归来

（0620 收评兼 0621 预报）

2017-06-20

　　见图 151，今天的大盘高开低走，最低点 3134，比预报值低 3 个点；收盘于 3140，量柱阴盖阳，这是不好的日象。据说许多机构都在等候 MSCI 明天出结果，所以今天不给力。量学是不听消息、不看指标、不管价格的，只管量柱量线的建构。明天的关键在于 3143 线能否守稳。明天是 0524 太极线与 3143 平衡线交叉，横斜二龙交叉处的规律是：线上中到大阳，线下中到大阴。

图　151

　　明日三线预设为 3134、3140、3148。

　　个股方面，今日环保、有色、电气领涨，公交、保险、餐饮拖后。特训群在 0530 预选的"雄安 30"只有 2 只微跌，其余普涨，并有 3 只逆市涨停。这次 0610 特训课上讲解的一统天下选股法之"燕归来"形态今日多只涨停。其中的深赤湾和泸天化被特训班学员昨日伏击今日涨停。这种形态的股票日后将越来越多，望大家能抓到这样的机会。

凯发电气是我在特训班上讲解的一只"王子替领案例"，今天看到特训群有几个同学替领了它，很好。它的确太适合替领了。雄安股票都有一个共同特点，参与其中的主力都是股场老手，都是按照规律操盘的高手，只要我们看懂了他们的操盘规律，跟着规律走，守着阴线做，你就成高手。

本次人大中级特训班强化了实战技法，同学们一致反映好用实用。下次的北大高级班将全部采用实战化教学，理论课少讲或不讲，希望准备参加北大高级班的同学认真看懂《量柱擒涨停》和《量线捉涨停》的内容，这两本书中的内容这次将不再重复讲解，腾出时间，专讲实战，即专门针对当前行情讲解实战技法。

靴子落地大震荡，燕子归来谢康桥

（0621 收评兼 0622 预报）

2017-06-21

见图 152，今日大盘股指最高点和最低点精准对应我们预设的两条红线，最低点 3132，最高点 3157，振幅 25 个点，属于长腿中阳，最高点距 3158 凹间峰 1 个点。

图　152

今日是 MSCI 公布纳入 A 股 220 只股票指数的第一天，主力如此折腾，其实就是盘中调仓换股，其换股的重点是面向大消费和大蓝筹。所以今日酿酒、家用电器、食品饮料领涨。量学"0524 白马 30"普涨，其中大华股份冲击涨停，收盘跌 1 分钱，仍大涨 9.96%。

昨日点评的"再过康桥燕归来"形态，今日又有多只涨停，如山东章鼓、国祯环保、雪峰科技、海立股份都是这种形态。希望特训班的同学认真研究，今后这样的量形建构将越来越多。

明日三线预设为 3148、3156、3164。若不能迅速突破 3164 就是盘中替领或调仓换股的机会。

提醒网友注意：未来的行情中，可能只赚指数不赚钱的人将越来越多。我们要提防自己陷入这个怪圈，尽量向三低优质股靠拢。

金融三胖突飙升，拉拐替领一身轻

（0622 收评兼 0623 预报）

2017-06-22

　　王子早在 0606 收评中就用图示法标示了本轮行情将要到达的位置即 3184 点左右，稍后又在 0610 特训班上专门讲解了本轮行情高点的预测方法，今天大盘最高点 3186，比 0608 预测高 2 个点。

　　昨日收评预测今日下线在 3148 左右，许多人以为难以兑现了，可今日实际最低点 3146，比预测低 2 个点，见图 153。上证指数再次神奇地对应着量学预判。

图　153

　　今天，应该向特训班的同学们祝福！他们在班长、兄长们的指导下，从早上 8 点即开始有备而战。请看班长吴启华早晨 07：51 时的留言（见图 154）。

　　再看仲展同学中午 11：12 时的提示。今天中午，他们成功运用"量学拉拐替领战法"，躲过了今天午后的大跌。今天晚上，将由仲展学长给大家分享替领战法的运用体会（见图 155）。

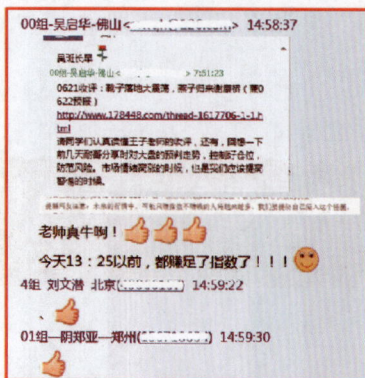

图　154

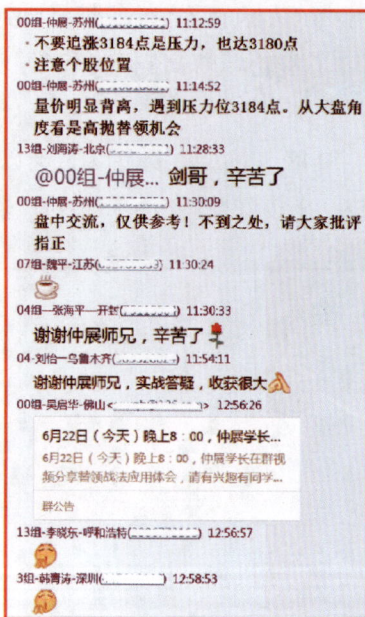

图　155

今天下午大盘跳水，特训班学员沉着应对，做得比较出色，有好几个同学今天都以最快速度空仓。请看他们的盘中交流（见图156）。

还有很多内容难以一一复制，敬请大家谅解。

大盘虽然今天收了假阴真阳，但还是要提高警惕。明天重点关注3140线能否保住。凡是今天没有出货的网友，建议明天拉高出货，因为现在临近半年对账关口，所有的证券公司、基金机构都要向银行汇款交账，对账后再把资金放出来。这是半年关口的重要节点，一般情况下都会这样，今年应该不会例外。

出货的经典战法就是这次特训班上反复讲过的"量学拉拐替领战法"。今天晚上大家

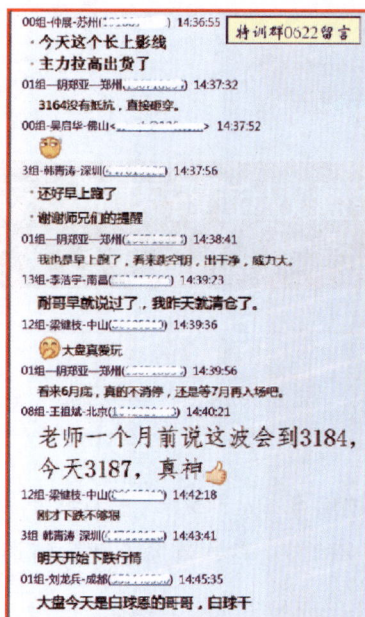

图 156

的任务是给手中股票画好三线，上线可以稍微定低点，凡是攻击上线乏力的，果断出货，即使出错了也要出。只有出了才有机会进，否则我们被套着，有天大的本事也施展不出来。

109

大盘双剑霸天地，不破中线可低吸

（0623 收评兼 0626 预报）

2017-06-23

　　周五的大盘又坐了一次过山车，从 3150 几乎直线下跌至 3118，午后回升，收盘于 3157.87 点，振幅高达 40 点，见图 157。这次准备上北大特训班的同学务必把周五的这幅分时图保存下来，以备讲解替领战法。

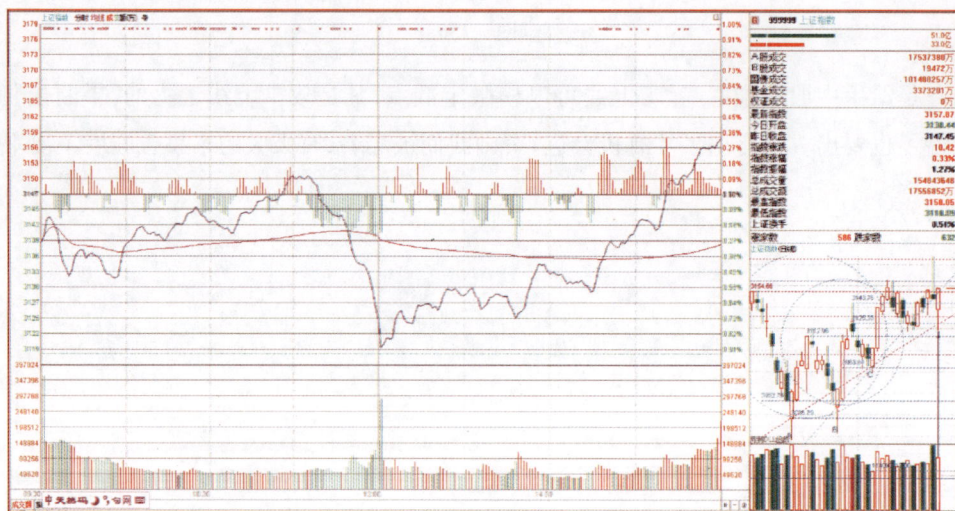

图　157

　　从日象上看，周五的长腿与周四的长臂形成阴阳双剑，一般规律应该向上，但从分时上看，周五的人线没有到达零轴上方，所以是假阳真阴。从量价双向结合研判，是缩量克阴，只要周一能站稳周五二一位 3138 上方，就有突破左峰的可能。所以周一的操盘策略以 3138 为多空分界线，不破此线可大跌大买。

　　个股方面，依然注意回马枪和凹底淘金形态，大消费依然是当前主旋律，房地产当前是首次突破凹间峰，一旦踩稳可继续向上。量柱建构上，凡周五缩倍量抵达周四阴半的股票可以重点关注，若是具备凹底淘金、卧底双王的可优先考虑。

110 双剑发力过凹峰，八大金刚立头功

（0626 收评兼 0627 预报）

2017-06-26

见图 158，今天的大盘由工程机械领航，一路高歌猛进，一举突破 3184 高地，最高点上探 3187，收盘于 3185，充分展现了量学双剑霸天地的威猛。有网友问：什么是双剑霸天地？

图　158

王子答曰："双剑霸天地"是量学特训班的保留节目，因为有人一直跟踪剽窃量学精华，所以一直没有发表到论坛上，但是特训学员们经常零星地向大家作了些讲解。今天给大家简单解说一下。

双剑霸天地的形象请看图 158 黄色方框的两根价柱：一根向上指天（量学侦察兵）；另一根向下戳地（量学传令兵），先上后下，指天戳地。上下引线越长越好（侦察传令到位），上下双剑的节点越精准越好（侦察传令有度）。

例如，0622 的上剑几乎精准对应 3184 左峰，其最低点精准坐在 BC 太极线上；再看0623 的下剑，最低点精准对应左侧 0531 假阴真阳的实底和 0616 真底的最低点。这种结构

是主力上下扫清障碍的动作，所以越精准越好。

对于这种结构，特训班陈佑东班长解释的非常形象：

不论是侦察兵（苏班长管它叫毙命朝天戟）还是传令兵（高教授管它叫美女大长腿），但没有比王子老师讲得更明白。我的理解是：

侦察兵向上：一是侦察敌方火力，以便为下一步的攻守方向作决策；二是诱敌出动，捅出一部分筹码聚而歼之，为以后的进攻减少阻力。

传令兵向下：是跑回去看看，后方粮草器械准备的如何，我方基础是否扎实，援兵是否到位，以便报告元帅（或王牌）来做出攻守的判断。

侦察兵上探之后，报告大帅，敌方兵力布置如何，粮草在什么位置，请指示！大帅说，知道了，下去吧。

传令兵回探之后，将援兵到位情况，粮草到位情况，基础到位情况告诉了大帅。大帅略一思忖，心中暗喜。于帅帐之中，拔出金牌令箭，众将听令，给老子攻吧！所以大盘今天这个大阳就产生了。

当然，以上只是简单的解说，还有量价配合、时空配合、量波配合等要素，特训班将有详细讲解。

大盘当前的态势很好，工程机械、多元金融、矿物制品、酿酒、房地产、家居用品、汽车、旅游八大金刚已过凹间峰，有继续上攻的动能和欲望。但会不会出现月底拉高出货应付银行对账有待观察。据说，为了稳定金融市场，有些银行将对账时间向前调整了，这只有当事人知道，我们只能从盘面上来观察。

明天的行情主要看下线，只要不破今日大阳二一位 3172 就无忧。但 3196 这个位置上攻乏力可以出货或调仓。凡是趴在地下不动的、没有卧底双王、没有凹底淘金机会的股票，可以暂时弃换成属于大消费、大建设、大军工的股票。

111

上攻力度渐弱，建议逢高出货

（0627 收评兼 0628 预报）

2017-06-27

今天的大盘走得非常聪明，见图 159。

图　159

第一，今日最低点精准回踩昨日预设下线 3127，因为 3127 是昨日大阳的二一位，所以其下探如此精准，主力非常聪明；

第二，今日最高点 3193，比昨日预设上线 3196 低 3 个，误差千分之一内，属于含蓄的精准上探，主力留有余地，所以也非常聪明。

量学看盘就是看动态平衡，平衡是正常的，不平衡是反常的，打破了旧的平衡，构建新的平衡，就是正常与反常的轮动，这就是股市千变万化的内在动力。量学几乎每天都能精准地预测盘前三线，就是找到了其内在动力的平衡节点即穴位。

今天再看图中的两个圆，内圆是以 A 柱实底为半径的小圆，今天的指数收于内圆顶线 3190 和缺口平衡线 3196 之间。

再看图中的外圆，是以 A 柱虚底为半径的大圆，其圆顶线 3210 可以看作本波行情的极值，虚底圆的圆顶线一般是很难冲过的，所以这里的过峰保顶行情将随时展开。

鉴于上述分析，再看今天的量价建构，价升量缩，明日有上攻的可能，但上攻到 3196 附近可能有一波回返，若后续没有做多资金参与，很可能就要继续下探，进入过峰保顶行情。

综上所述，明日重点关注 3196 能否冲过，若上攻乏力时应该逢高减仓，有把握者可以调仓换股。换股的对象应该从今天有后劲的板块中筛选。

个股方面，今天还是大消费领涨，而互联网是后起之秀，能不能后来居上还有待明日观察。

112

如期回调保顶中，盯住最近凹间峰

（0628 收评兼 0629 预报）

2017-06-28

　　网友"天地人"留言：我仔细观察了王子老师 6 月份的收评和预报，发现图中的 ABC 三根量柱及其对应价柱非常重要。再往前看，王子老师最早于 0607 标示的 AB 两柱，然后于 0612 标示了 C 柱。这三根柱子很好地帮助王子老师预测了 6 月的行情。今天的最低点精准回踩 BC 太极线今日当值，往前 0623 回踩 AB 太极线，再往前 0606 精准回踩 AB 线当值。简直太神奇了！

　　王子答曰：你看盘非常仔细，看出了这三根量柱的重要性，但没有看出这三根量柱的性质。其实，ABC 三柱都是当前的卧底黄金柱。这三根量柱对应价柱的顶底，就是当前很好的看盘把脉穴位。量学的量线不是随意画的，一定要找到最好的穴位才能画出最好的量线。这就是量学的量线生根法则。除了你上面讲的几个要点，还有一个重要穴位你没有指出来，那就是 0516 大阳实顶。这个是本轮行情底部的第一个凹间峰，以这个实顶为圆心，以两个最近的实底为半径，其构成的圆顶线就是当前应该达到的位置。大家想想，一个圆心，一个半径，一个圆顶，其实就是当前股市动态平衡的态势。

　　我在特训班讲过股市的"三不定律"，第一是"股数不变定律"，任何一只股票一旦上市，其股数是不变的，大盘可以看作一只股票，其总量是个定数，然后根据当前的变数，就能找到未知的变数。例如，我们找到了凹间峰和实底线，根据"股数不变定律"，就能推算出本轮行情应该攻击到的位置。这个位置就是动态平衡位，也就是圆的顶底位。当然，这个位置不是绝对的，而是相对的，其误差的大小，又可以帮助我们推算出修正值。根据这个动态平衡原理，股市就能在我们预测的上下线之间精准运行了。

　　见图 160，今天的大盘如期调整，精准回踩 BC 太极线的当值，明天该怎么走呢？因为目前处于过峰保顶行情中，我们就要找到保顶的相应位置，这个位置体现在盘面上就是最近的左峰即 0609 阳柱的实顶或虚顶之间，也就是 3165～3158。考虑到主力向下洗盘往往会矫柱过正，不排除击穿这个区间，这就需要临盘决策技巧了。

　　因此，明日三线可以只设下线 3165～3158。只要不是有效跌穿这个区间，说明这里将

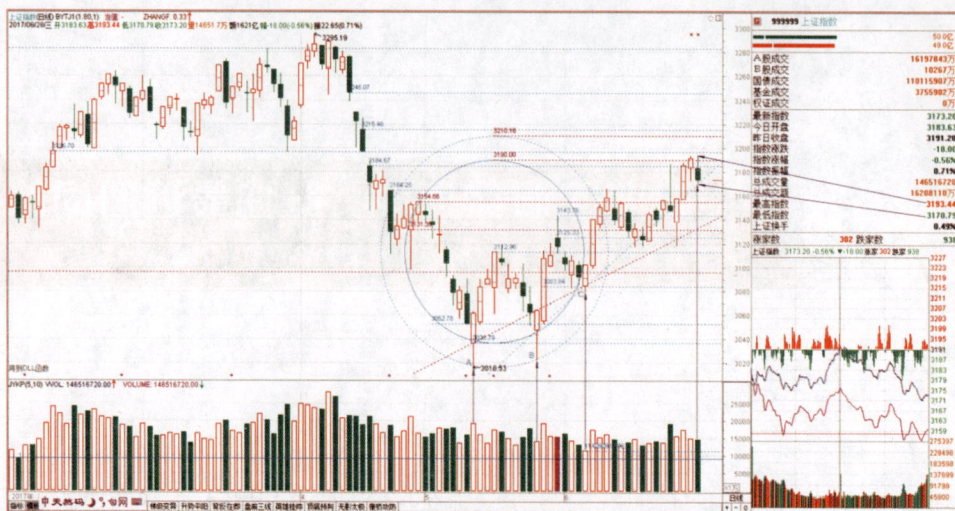

图　160

会形成新的平衡，所以我们可以视量波的情况伺机伏击目标股或强势股。

　　个股方面，前期涨得很好的保险、家用电器、酿酒等消费类今日领跌，这是极为正常的，而前期涨得不好的化纤、钢铁、建材今日领涨，这也是很正常的。说明今日的调整完全的正常调整。那么，我们可以趁调整之机，适当调整自己手中的股票。没有调仓换股经验的网友，当前最好的办法就是静观。千万不要频繁进出。

113

太极线威力再现，黄金梯不劫看涨

（0629 收评兼 0630 预报）

2017-06-29

今天的大盘精准回踩 BC 太极线震荡向上，没有出现回踩凹间峰的动作，可见 BC 太极线的撑力相当强大。现结合图 161 分析如下。

图　161

第一，从 0511 的 A 柱探底回升以来，大盘形成了 ABCD 这四根黄金柱，但真正起作用的是 BCD 这三根黄金柱，因为 A 柱基本被 B 柱消化，所以只能看成三根黄金柱起作用。

第二，在一般情况下，三级黄金梯形成之后是最容易引发黄金劫，即借助三级黄金梯的撑力，可以用打劫洗掉跟风盘、获利盘，又可以踩实底部。所以我们昨天预计今天应该向下保顶。

第三，应该向下保顶而不下，BC 太极线的撑力起了很大作用，同时也说明当前主力的持仓筹码不允许打劫，于是依托 BC 太极线向上。但一探到 A 峰对应的凹底圆顶线 3190 时，又不敢向上。

　　这就是当前的动态平衡状态。鉴于这些情况，今日价升量缩，明日可能继续向上，但很难有效突破 A 柱凹底虚底圆顶线 3210。从二龙定位上看，后天才是突破的最佳位置，这个位置必须要有权重股来领衔突破后，才有普通股的突破行情。所以，明天应该做好两手准备，在上攻乏力时适当减仓或顺势调仓，若发现权重股如大金融领衔过峰，则可加大仓位。

　　明日三线可预设为 3175、3188、3210。

　　个股方面，当前重点是关注凹底淘金和回马枪形态，卧底双王形成的股票也应关注，可参考大盘的三王分布图，选择如意的股票。

114 价升量缩收新高，闭月羞花看路桥

（0630 收评兼 0703 预报）

2017-06-30

昨天收评讲过：依托三级黄金梯是最好打劫的。昨天没有打下去，是因为 BC 太极线的支撑；今天跳空向下，大有打劫的态势，只是打到 3171 就打不下去了，见图 162。因为这个 3171 就是我们前天收评指出的 0626 大阳二一位，这个二一位正好是平衡位，所以今日大盘在最低点逶迤向上。又因为其上方受到 3190 实底圆顶线动态平衡位的制约，所以向上的力度有限，最高在 3193，收于 3192。等于是握住了 3190 杠杆。能不能引体向上呢？

图 162

从量价组合来看，今日是缩量收了新高，属于含蓄向上的态势，一般情况下应该看涨。但是请看右下角的分时量波，人线处于昨日零轴下方，是一个隐性的假阳。这就带点隐忧。

从日象上看，横龙 3184 与斜龙 BC 太极线将于明日交叉，量学认为这个二龙交叉点就是变盘日，只要有效守稳 3184 线，这里将会出中到大阳。否则就会出中到大阴。只要下周一不出中到大阴，当前这个三级黄金梯就不会打劫，从而成为引体向上的新起点。

　　昨日收评讲过，当前即使突破实底圆顶线 3190，也会在虚底圆顶线 3210 受到压制。所以我们的操盘策略还是昨日预设的方案，只要大金融不能带头冲关，我们就要在上攻乏力时适时减仓或调仓。

　　个股方面，凹底淘金和卧底双王依然是当前首选。昨日特训班班长给大家讲解的罗顿发展，今日果然涨停，仔细看看它的卧底双王，很有意思。其第一张王牌藏在 0602，是缩量过阴半的元帅柱；其第二张王牌就是 0623 的缩量探阴半的元帅柱。这两个隐形元帅后面五天左右都拉出涨停板，其中既有价升量缩的背反基因，也完全符合量学的 3121 时间周期原理。这样完美的量学活教材是值得大家珍藏的案例。

　　特训班的同学可以认真研究一下浙江世宝和成都路桥，其基因布排和罗顿发展几乎一样，但它们更具有闭月羞花的特色，结合特训班教材的案例看看这两只股票，未来这样的股票将会越来越多。

　　六月的行情终于红盘收官了，七月的行情在向我们招手。请大家盯住最近的三级黄金梯，只要不打劫坐失第三级，牛市的基础可能就由这三级黄金梯托举起来。个股也是这样，让我们展开双臂，拥抱火热的七月吧！